JIANYU ZHIFA WENSHU
SHIXUN XIANGMU

监狱执法文书
实训项目

严庆芳　编著

中国政法大学出版社

2015·北京

图书在版编目（ＣＩＰ）数据

监狱执法文书实训项目/严庆芳编著.—北京:中国政法大学出版社,2015.7
ISBN 978-7-5620-6205-9

Ⅰ．①监⋯ Ⅱ．①严⋯ Ⅲ．①监狱－法律文书－写作－中国 Ⅳ．①D926.13

中国版本图书馆 CIP 数据核字(2015)第 172703 号

出 版 者　　中国政法大学出版社

地　　址　　北京市海淀区西土城路 25 号

邮寄地址　　北京 100088 信箱 8034 分箱　　邮编 100088

网　　址　　http://www.cuplpress.com（网络实名：中国政法大学出版社）

电　　话　　010-58908586(编辑部)　58908334(邮购部)

编辑邮箱　　zhengfadch@126.com

承　　印　　固安华明印业有限公司

开　　本　　720mm×960mm　　1/16

印　　张　　17.25

字　　数　　280 千字

版　　次　　2015 年 7 月第 1 版

印　　次　　2015 年 7 月第 1 次印刷

定　　价　　49.00 元

　　监狱执法文书是一门融刑务处理、狱政管理、罪犯教育、狱内侦查应用写作为一体的综合性应用型学科，监狱执法文书制作能力是监狱人民警察从事执法工作所必须具备的基本业务技能。《监狱执法文书实训项目》编写目标定位在刑事执法能力和应用写作能力双重能力的培养。通过课程的学习与实训，培养学生刑事执法能力及监狱执法文书制作能力。

　　《监狱执法文书实训项目》是在新时期为解决高职刑事执行专业综合实训教育用书短缺而编写的，其内容主要以实践教学为主，着力于技能训练。

　　本书与其他同类实训指导书比较，有如下显著特点：本书改变传统实训课程体系，设置了项目化工作任务，以典型案例为指引，提出完成训练任务的要求和步骤，在每个项目中设计有实训目的、工作要领、工作要求、实训操作步骤、任务完成与学生自评、拓展训练及理论知识链接等环节，学生在该书的指导下能够清晰地了解本项目实训要达到什么目的，清晰地知道在实训中应该"做什么""怎么做"、"应遵循什么程序做"，引导学生完成实训项目。学生在通过完成课程项目实训后，能够基本掌握本专业的核心能力和关键能力，为进入教学练战阶段做好准备，并最大限度地增强对就业岗位的适应度。

　　本书以刑事执法工作过程为载体，用流程图的形式直观再现执法工作过程，并在流程图中标注了执法文书的制作环节，使学生能够在执法工作的具体流程中去认知需要制作的执法文书，熟悉这些法律文书的"前因后果"，而不是孤立地去认识某一个执法文书，从而使学生形成一个系统的认知体系，深刻领悟这些"环环相扣"的执法文书是如何推动着工作进程的。

　　本书还特别设计了错误文书样本"病因诊断"，一方面让学生通过案例分析，灵活运用相关的法律知识完成监狱相关执法任务，并能够对监狱执法内容进行正确地法律表达，形成相关的执法文书；另一方面要求学生通过错误文本分析，既要诊断出监狱法律理论运用上的错误，又要诊断出语言文字上的表达错误，通过对学生刑事法律素养训练及学生写作能力训练的双重重视，使学生能够熟练掌握监狱执法文书的制作技能。

编者通过在监狱一线广泛调研，吸收归纳了监狱提供的案例，再结合课程目标及教学计划，编著了《监狱执法文书实训项目》。本书得到监狱一线的大力支持，在此特别感谢成都女子监狱干警黄霞的支持和帮助。

由于编写时间仓促，再加上本课程尚处于改革探索阶段，书中难免会有疏漏之处，恳请使用本教材的同行、专家、学者和广大读者随时提出宝贵的意见，以便能够更好地对教材进行修订和完善。

编　者

2015 年 5 月 12 日

第一编　监狱执法文书实训项目

第二编　监狱常用公文实训

《监狱执法文书综合实训项目实施方案（试行）》

  《监狱执法文书》是刑事执行专业的专业必修课之一，隶属于刑事法律实践课程体系。本门课程开设在学习刑法、刑事诉讼法、监狱法等基础法律理论之后，与刑罚执行、狱政管理、教育改造、狱内侦查等课程平行开设，旨在把所学的刑事法学理论和监狱执法技能，能够以文字为载体转化成最终的"作品"。

  刑事执行专业主要为各监狱及相关行业培养具备刑事执行（监狱管理）等方面知识和实践技能、并具备良好的职业素质，以及具有可持续发展能力和勇于创新精神的基层监狱工作人员。在现实的监狱执法实践中，监狱文书的写作能力是监狱人民警察从事执法工作所必须具备的基本业务技能。《监狱执法文书》的实践教学目标就是定位在刑事执法能力和应用写作能力双重方向的培养，首先，在实训中既注重对学生对监区工作相应的刑事执法能力的培养，提高学生对监狱管理程序的认知度；坚定自己的专业价值观，培养对监狱人民警察代表国家严格执法的崇高责任感。其次，通过从由易到难的循序渐进的实训方式，培养学生整合、应用专业知识能力，能够熟练地运用语言文字对刑事执法活动进行正确地法律表达，不断提高自己的职业能力，逐步养成学生爱岗敬业、依法办事、严谨细致、注重实效的职业素养。

  我们编写实训项目实施方案，就是为了更好地做好项目实训，鼓励学生认真参与实训，同时也加强专业教师对学生实训的指导作用。相信这样能对完善刑事执行专业教育教学起到有益的帮助。

课程属性	必　修
实验属性	非独立设课
学　时	72 学时

续表

课程属性	必　修
参考阅读课程	《刑务处理》、《狱政管理学》、《罪犯教育学》、《监狱学概论》
参考阅读法条	《监狱法》、《刑法》、《刑事诉讼法》

一、实训的性质和任务

根据高等职业教育的指导思想和要求，以职业技能培养为主线，以实训为基本形式。《监狱执法文书》作为专业核心课程，本课程旨在通过实训强化和整合学生所学的知识，使理论学习与实训相结合，实现法律知识与技能、业务知识与技能的有机结合；实现对实体性知识与技能、程序性知识与技能的有机结合。通过实训让学生将所学的知识运用于实践，使专业知识和职业技能得以融会贯通，达到熟练运用的目的，初步完成从学生到职业人角色的转换。

二、适用层次及专业

本指导书适用于高职高专刑事执行专业、心理咨询专业及政法体制改革试点班的学生。

三、实训的目的与基本要求

将理论知识教学素材、实训教学素材、典型案例教学素材进行有机整合，《监狱执法文书》除了理论知识与实务操作技巧外，十分重视实际操作程序。通过实训，学生能够整合知识、应用知识，掌握刑罚执行、狱政管理等执法过程中的程序，并能够把执法过程通过文字固定下来。通过仿真实训项目的训练，逐渐培养学生法律养成，培养学生法律语言的表述习惯和表述方法，能够独自完成刑事执法任务。从而坚定自己的专业价值观，磨砺自己的意志，提高自己的执法专业水平。

（1）在实训指导教师的指导下，通过选择模拟的工作任务来体验实际的监狱执法工作。

（2）在实训中体会实务技能与课堂上所学知识的相关性，积极地思考和验证所学的知识和技能，提升对监狱理论的理解和把握，并学会用正确的法律语言表达，形成法律执法文书"作品"。

（3）在实训中培养和发展自己，把所学知识转化为执法素质和职业技能。

四、实训小组的划分

实训小组原则上以学生座位来划分，也可以通过自由组合组建实训小组，小组一般以 5 人 ~7 人为一组，每一实训小组设置小组长一名，成员 4 人 ~6 人，其结构相对固定。

1. 实训小组组长的职责

（1）各小组推举一个成绩较好、参与热情高的学生担任实训小组长，小组长负责小组的学习、讨论和开展组织活动；

（2）小组长负责本小组在小组自评中对成员在学习讨论中的表现做出评定，小组长可根据实训成绩的等级，有 1 分 ~5 分的加减分权利；

（3）小组长负责提交各项实训讨论记录和实训作业；

（4）负责组织小组成员对其他组所提供的实训作业进行讨论，评估，并形成相关的文字材料。

2. 实训小组成员的职责

（1）听取小组长对本组学习讨论、实训做的安排；

（2）积极认真参与学习讨论和实训，能够提出自己的见解和主张；

（3）按要求填写呈报在学习讨论和实训中的意见；

（4）积极参与对其他组所提供的实训作业讨论后，提出修改意见或建议。

五、本课程建立的实践教学体系

实践教学设计的指导思想是：以"面向实战、讲究实际、务求实效"为原则，以警学结合为手段构建实践性教学体系，采用"课堂单项训练＋工作综合训练"的校内实践教学模式，以及"认知实训＋顶岗实训"等校外实践教学模式，实现理论教学与实战操作一体化，教学过程与执法过程一体化，实训项目与实战执法一体化。更加注重学生综合能力的培养，合理应用多种教学手段，引导、启发学生主动学习。

实践教学环节分为四种类型：

（一）单项训练

把学生应知应会的重要知识讲授结束后，将监狱警察执法中最基本、最重要、最普遍的技能内容单独列出来对学生进行重点强调性操作训练。（见PPT的课堂单项训练）

1. 单项训练的教学组织

（1）教师根据教材所提供的执法文书例文，划分为若干小模块，要求各实训小组根据本节课的教学内容，完成例文的分析点评，一般要求各实训小组都能够参与。

（2）单项训练是教师在讲授应知应会的知识点后，学生对本节课知识掌握训练，或者是融入监狱执法环节中某项单项技能，通过课堂训练达到强化学生基本知识点的掌握和某个单项技能的运用。

（3）教师在进行单项训练时，一般以小组为单位进行考核，各学习小组任意一个学生都可以回答，小组其他学生可以进行补充，教师考核时记分记在回答问题的学生，记分主要要记下两项内容，一个是参与度的记载，一个是正确率的记载。这是教师进行本课程过程性考核重要指标之一。

2. 单项训练效果评价

课堂单项训练评价表

组别	学生姓名（学号）	评价指标				参与次数	正确率（5分）	点评他组意见得分（5分）	合计得分
		课堂成果展示（20分）							
		思维与逻辑	法律知识、技能	语言	是否具有加分的闪光点				
一组									
二组									

（二）综合项目训练

主要是集中专业岗位群所需要的各种核心能力于一体的综合性训练，通过仿真模拟训练将法律精神予以贯通，使学生初步具备处理具体执法问题的职业能力，能够针对执法文书文本进行析评与修改，或者独立完成相关文书的制作。（见综合实训项目）

1. 综合项目训练的教学组织

（1）教师以真实的案例为载体，设置具体的工作任务。教师在实训前讲明实训目的，安排要完成的工作任务，要求学生在实训前，掌握相关工作的工作要领。学生以完成工作任务为导向，要求学生在解决具体的执法问题时，制作相关的执法文书。

（2）增加监狱相关工作流程图演示，强化学生程序意识。把执法文书文种放到一个复杂的工作实际中，在工作任务中增加监狱相关工作流程图演示，强化学生严格地依照工作程序办事的良好习惯。学生学习后，对执法文书有一个系统、全面的认识和把握，使学生面对实际工作时，能够自如地衔接有关专业知识，有效地运用执法文书进行正确地表达。

（3）实训小组长负责组织本组学生对实训项目的讨论学习，采用会议记录的形式记载整个讨论过程，形成讨论结论。实训小组根据讨论结论，拟写执法文书的结构提纲，并形成相关的文书材料。

（4）在教师讲评环节，各实训小组以小组为单位，在课堂展示各组的成果，要求其他各小组进行评析，按照评定规则给出评分。

（5）各实训小组根据其他各组及教师对本组成果展示情况的点评，梳理各方意见，提出修改方案，形成相关文字材料，并针对点评意见，对本组的实训作业进行修改，完成实训作业的再训练。

（6）建立"学做、模仿做、实训再到实战"的实训体系。学生缜密的法律思维习惯、严格遵循法律程序的习惯、法律语言表达能力、语言文字的驾驭能力不是一朝一夕建立起来的，学生在学做、模仿做、实训再到"实战"的实训体系中，我们通过训练、指导评价、再训练、反思、总结不断地反复这个过程，逐步变成学生的职业养成。所以我们力求通过循环强化训练，使每个学生都有所成长。

2. 项目实训效果评价

项目实训效果评价表

小组名称					小组成员		
实训项目					评价时间		
小组得分	组外对小组实训过程评价（10%）	评价指标		得分	合计	学生评价	教师点评
		项目组长的整体组织是否恰当（2分）					
		学生的参与积极度（2分）					
		该组表现是否有加分项（2分）					
		符合实训过程要求（2分）					
		成果展示是否具有亮点（2分）					
	作品表达其他组评价（30%）	评价指标		得分	合计	学生评价	教师点评
		法律知识迁移是否准确（5分）					
		监狱事务处理是否得当（5分）					
		文书选择是否正确（2分）					
		文书是否符合法律语体、体现了法律程序（8分）					
		语言表达是否准确（5分）					
		文书格式是否正确（5分）					
	作品表达小组自评（20%）	评价指标		得分	合计	学生评价	教师点评
		符合实训作业要求（5分）					
		综合表现（5分）					
		作品表达（10分）					
	教师综合评价（40%）	评价指标		得分	合计	学生评价	教师点评
		综合表现（15分）					
		作品表达（25分）					
小组最后得分	学生打分			教师打分			合计

说明：

（1）每一项目和个人在单个项目中的得分上限为100分；课程成绩以三个项目的总得分按百分制折算。

（2）项目得分与组员成绩挂钩。未参与实训的小组成员不计成绩；组员参与实训不积极，组长可酌情减1分~6分；如有表现特别突出的组员，可由组长申请加 1 分 ~ 5 分。

（3）组长在项目得分的基础上，按下述标准加分：

项目得分	加分
60 分以下	1 分
60 分 ~ 80 分	2 分
80 分 ~ 90 分	4 分
90 分以上	5 分

（三）认知实训

通过"走出去"形式，组织学生到监狱参观，帮助学生直观地了解监狱管理诸要素，建立起对监狱的整体认知；通过"请进来"的形式，邀请一线干警进校内实训场所指导学生实训的方式，使学生能够完整感知各个具体执法环节的工作规程，培养学生对职业的认知，强化学生依法办事、遵守法律程序的职业习惯。

1. 认知实训的教学组织

（1）在学习了《刑罚执行》、《狱政管理学》、《狱内侦查》、《罪犯教育》等专业基本知识后，学生对监狱有了一些基本认识。此时，通过有组织的参观男犯监狱、女犯监狱或未成年犯监狱，帮助学生直观地了解监狱管理诸要素，如警察、罪犯、狱政设施装备等状况，提高学生对监狱管理的性质、任务、功能和特点等理论知识的理解水平。

（2）参观监狱前，教师对学生进行分组，要求每组学生在《刑罚执行》、《狱政管理学》、《狱内侦查》、《罪犯教育》专业各选一个题目，各自准备一个方面的认知提纲。通过组织参观实习基地，了解监狱概况、听取监狱民警监狱管理或罪犯教育工作的基本过程和工作经验介绍，在与监狱民警座谈时，向监狱民警提出认知的疑惑，由监狱民警向学生答疑解惑。

（3）在课程的学习中，可针对当前学习的某一环节，组织学生参观监狱相关职能部门，观看监狱执法过程，听取执法重点和要点介绍，浏览监狱执法文书范本，对照当前所学的课程内容，请教监狱民警。

（4）通过参观监狱，要求学生谈对监狱的认识，填写专业认知实习记录表。学生要制作参观笔记，完成相关实训作业。

2. 认知实训效果评价

认知实训效果评价表

组别	学生姓名（学号）	评价指标					
		认知提纲（25分）				点评他组意见得分（5分）	小组得分
		是否有真知灼见(5分)	法律知识的掌握与运用（5分）	监狱干警答复与自己所获（5分）	文字方案10分		
一组							
二组							

（四）顶岗实习

通过前三个层次的实践教学环节，不仅使学生掌握应知应会的基本知识，并且通过由易到难的循序渐进的实训方式，学生的职业素养已逐步养成，顶岗实习就是检验学生教学练战的成果，进一步强化了学生的职业能力培养，为学生可持续发展奠定了良好的基础。

1. 顶岗实习教学组织

（1）毕业设计动员：由系部指定的专业负责人（或教研室主任）对所负责的教学班级进行毕业实习报告动员。组织学习本系部关于实习报告文件及实施办法。指导学生按照系部实习报告工作流程顺利完成实习报告任务。

（2）选题、撰写指导：由专业负责人（或教研室主任）根据教学需要安排1名~3名教师进行实训报告写作指导，重点讲述选题、实习报告撰写等环节应注意的问题。

（3）学生选题：由专业负责人（或教研室主任）组织所负责的教学班级学生根据指导教师提供的选题指南选择实习报告题目（学生也可以结合自身的顶岗实习自行选题，但须指导教师同意），一般要求每个学生选择一个实习报告，同一个教学班不能有多于 8 人重复选择某一个实训报告题目。

（4）撰写任务书：由专业负责人（或教研室主任）根据《实习报告选题汇总表》上学生所选项目，通知相关指导教师。指导教师将该项目的任务描述、研究内容、参考资料及联系方式等内容通过邮件的方式发到学生的信箱并指导学生撰写任务书。学生填写《实习报告任务书》，提交相关指导教师签字后即可开始写实习报告。

（5）顶岗实习期撰写辅导：学生在顶岗实习期间由监狱一线专家进行实习指导，并通过邮件或其他方式与指导教师进行联系，指导教师在与一线专家沟通的基础上应及时督促、指导与检查，掌握好实习报告工作进度，必要时进行面对面辅导。学生在基本完成实习报告后应将电子文档发给指导教师初审，指导教师应将初审意见及时反馈给学生，一般经过至少 3 次修改，取得指导教师认可后，学生方可定稿，并打印成文。

六、实训项目一览

每组学员可以从实训项目资源库中寻找四个或四个以上的实训项目，组成一个完整的工作环节，其中教师会随机设定两个项目为必选项目，学生按要求完成实训内容。

实训一：刑罚执行文书；（重点）

实训二：狱政管理文书；（次重点）

实训三：狱内侦查文书；（次重点）

实训四：监狱教育文书；（重点）

实训五：监狱机关常用行政文书；（重点）

实训六：监狱机关常用事务文书。（次重点）

学习任务对应实训项目表

序号	学习任务名称	实训项目	实训节数
1	任务一：刑罚执行	项目1：收监环节实训项目	4
		项目2：罪犯"减、假、保"环节实训项目	4
		项目3：对罪犯原判决提请处理实训项目	4
		任务4：罪犯出监环节实训项目	4
2	任务二：狱政管理	项目1：罪犯实施奖惩实训项目	4
		项目2：戒具使用实训项目	4
		项目3：罪犯离监探亲实训项目	4
3	任务三：狱内侦查	项目1：狱内耳目建设与使用实训项目	4
		项目2：狱内讯问笔录实训项目	4
		项目3：罪犯脱逃处置实训项目	4
		项目4：狱内安全隐患排查实训项目	4
4	任务四：教育改造	项目1：顽危犯转化实训项目	4
		项目2：集体讲评教育实训项目	4
		项目3：罪犯教育动态实训项目	4
5	任务五：监狱常用公文	项目1：监狱答复报告实训项目	4
		项目2：监狱工作总结实训项目	4
	总计		64

例如：在刑罚执行程序中可按执法程序对执法文书实训项目做任一的组合，组成一个完整的工作环节。如下例所示所选择组合。

实训项目如下：

项目一：罪犯收监实训项目及收监执法文书制作；

项目二：罪犯个案情况调查及资料搜集与分析；

项目三：罪犯教育实训项目及个别矫正方案制作；

项目四：罪犯出监实训项目及出监执法文书制作。

七、实训过程监测

实训作业要求：

作业内容包括以下几个部分：

第一部分：资料搜集与整理；

第二部分：小组讨论记录；（以会议记录的形式记载）

第三部分：小组讨论结论；

第四部分：拟写文本提纲；

第五部分：形成文书材料；

第六部分：根据教师点评和他组评价提出的修改意见；

第七部分：修改方案。

说明：第六、七部分是第二次或第三次复训时必须具备的部分。

项目实训过程监测单

示例：

关于×××的讨论记录

时间：

地点：

参加人：

缺席人：（写明缺席原因）

讨论内容：

讨论过程：

仲××：（发言内容）

陈××：（发言内容）

以上实训作业以小组的形式展开，记入个人课堂实训成绩。加减分规则参照实训方案。

八、实训指导

指导教师：严庆芳、黄霞、苏飞举、周赟。

制定人：监狱执法文书团队

2014 年 9 月 7 日

第一编

监狱执法文书实训项目

第一章 刑罚执行文书实训项目

◆ 项目一：收监环节执法文书实训项目

一、实训目的

通过组织学生到模拟监禁中心熟悉新犯收监工作流程，帮助学生熟悉监狱收押工作程序，重点掌握罪犯在收押程序中应当制作哪些法律文书。

难点：分析判断罪犯是否符合收押条件，准确使用法律文书，完成相关文书制作。

二、实训内容

（一）工作要领

（1）认真审查罪犯的法律文书是否齐全——刑事判决书、起诉书、执行通知书和结案登记表是否齐全，是否已经发生法律效力、是否记载无误；

（2）如实准确记录罪犯身体健康检查结果；

（3）准确详细反映罪犯入监时的个人基本情况、体貌特征、指纹，详细完整地描述体貌特征；

（4）如实记载罪犯需要监狱代为保管的非生活必需品的状态；

（5）准确反映罪犯的入监信息；

（6）详细填写罪犯家属与监狱的联系方式和乘车路线，准时寄发。

（二）实训要求

（1）根据教师提供的案例，综合分析，判断该罪犯在收押环节中隶属于程序哪个环节，应制作哪些相应的执法文书。

（2）拓展：明确在收监环节我们还要制作其他哪些执法文书。

参考案例

2014 年 8 月 11 日某监狱收押室接收××市公安机关送交的两名罪犯。送交的判决书载明，其中一名罪犯姓名张××，男，1985 年 8 月 13 日出生，犯盗窃罪，被××市人民法院判有期徒刑 5 年。另一名罪犯姓名王××，男，1977 年 9 月 7 日出生，犯贪污罪，被××市人民法院判有期徒刑 15 年。

（三）实训操作步骤

熟悉收监工作规程。

新犯收监工作规程图

根据收监的工作规程，我们应当从以下几个步骤来完成收监程序：

第 1 步：审查收监对象。

是不是被人民法院判处死刑缓期二年执行、无期徒刑、有期徒刑的罪犯。

根据案例判明张××、王××属于收监范围。

第 2 步：审查法律文书是否齐全。

"三书一表"审查：审查法律文书是否齐全、是否发生法律效力、记载是否有误。

经审查张×的法律文书没有问题；

经审查王××送交的法律文书缺少人民法院的执行通知书和结案登记表。——监狱应当作出不予收监的决定，并制作《不予收监通知书》。

第 3 步：身体健康检查。

根据监狱医院的体检结论：张××身体健康，符合收监条件。

第 4 步：与公安机关办理交接手续。

第 5 步：人身物品检查。

违禁品予以没收，非生活必需品由家属带回，无法带回的制作《罪犯物品保管收据》。

第 6 步：安排相关生活事宜。

安排洗澡、理发、发囚服及生活用品；监舍安排，发服刑人员须知。

第 7 步：记录体貌特征。

给新犯拍照、制作手指纹、音像资料填写《体貌特征卡》。

第 8 步：入监登记。

5 日内和新犯个别谈话，了解核实（这个核实指的是"与法律文书记载是否相符"）罪犯个人情况包括以下信息：

个人基本情况、简历、家庭成员和主要社会关系、主要犯罪事实等；

填写《罪犯入监登记表》。

第 9 步：寄发《罪犯入监通知书》。

（四）完成收监环节的文书制作

（1）完成《罪犯不予收监通知书》的制作；

（2）进行入监谈话教育，完成《个别谈话记录》制作；

（3）完成《罪犯入监登记表》的制作；

（4）完成《罪犯入监通知书》的制作。

三、完成任务及学生自评

罪犯入监登记表

单位：×监狱入监监区　编号：20140114　入监日期：2014 年 8 月 11 日

姓名	张××	别名	张巴豆	性别	男	
民族	汉	出生日期	1985 年 8 月 13 日	文化程度	初中	照片
捕前职业	无业	原政治面貌	群众	特长	驾驶	
身份证号	××××××××××	口音		四川巴中口音		
籍贯（国籍）	中国四川巴中市		原户籍所在地		四川巴中市××镇×村×组	
家庭住址	浙江省宁波市北仑区×乡×村×号			婚姻状况	已婚	
拘留日期	2013 年 9 月 8 日	逮捕机关	四川省巴中市公安局		逮捕日期	2013 年 10 月 12 日

续表

判决书号	［2014］巴法刑初字第23号	判决机关	四川省巴中市巴州区法院	判决日期	2014年7月3日
罪名	盗窃罪			刑种	有期徒刑
刑期	5年	刑期起止	2014年8月11日至2019年8月10日	附加刑	罚金10 000元
曾受何种惩罚	无				

本人简历	起时	止时	所在单位	职务（职业）
	1985.9	1994.7	巴中市××小学	学生
	1995.10	1997.6	××中学在巴中市××镇×村×组	务农
	1998.7	2013.7	在浙江省宁波市北仑区××制衣厂	工人

主要犯罪事实	被告人张××以非法占有为目的，采取秘密窃取手段，盗窃他人财物，数额较大，检察机关指控被告人张××犯盗窃罪的犯罪事实成立

家庭成员及主要社会关系	关系	姓名	出生日期	政治面貌	工作单位（职业）	住址	电话
	妻子	寇××	1986年3月	群众	宁波市北仑区××制衣厂工人	浙江省宁波市北仑区×乡×村×号	××××
	儿子	张小×	2008年9月	无	无	同上	

同案犯	姓名	性别	出生日期	捕前职业	罪名	刑期	家庭住址
无	——	—	——	——	——	——	——

针对学生实训作业，教师总结学生制作中存在的问题。

（1）现在我们针对《罪犯不予收监通知书》的制作，来看看同学制作中出现的问题：

不予收监的事由填写要正确：经审查，王××送交的法律文书缺少人民法院的执行通知书和结案登记表。有的同学写得非常笼统，只写了"缺少法律文书"，这是不符合要求的。（此理由必须是法定的事由：应当具体说明缺少哪一种法律文书或法律文书在哪个地方记载有误，不能笼统写之。）

（2）针对学生制作的《个别谈话记录——入监个别谈话》，教师讲评其制作要领：

第一，询问了解新入监罪犯的身份情况、个人经历、犯罪事实、判决情况等情况，还包括了是否认罪服判、有无疾病，目前状况如何，直系亲属及关系；

第二，了解新入监罪犯目前的心理状态和思想状况，通过观察和相互沟通，初步判断罪犯的精神、心理、智力及情绪是否正常等；

第三，进行稳定服刑人员情绪的教育，说明监狱性质和监狱纪律；

第四，有针对性地提出改造希望和要求；

第五，对入监服刑人员谈话要及时。

（3）现在我们针对《罪犯入监登记表》，来看看同学制作中出现的问题：

问题1：刑期起止栏的填写：刑期起止计算要正确，刑期起算日是从被羁押之日起算。有的同学填成入监之日了。

问题2：本人简历栏填写：在时间上尽量要首尾衔接，有的同学在填写时间上有间断。

问题3：家庭成员和主要社会关系栏：要填写详细，这与日后会见、教育改造、追逃、社会帮教工作有很大的关系。有的同学就只选择了父母或子女，简单了一点。

四、任务拓展

（一）根据教师提供刑事判决书文本，提取罪犯信息，制作犯罪入监登记表，对于其他需要的搜集的犯罪信息，请说明搜集信息的途径

北京市大兴区人民法院

刑事判决书

[2007] 大刑初字第 908 号

公诉机关北京市大兴区人民检察院。

北京市大兴区人民检察院以京大检刑诉字 [2007] 第 709 号起诉书指控被告人王×犯抢劫罪，于 2007 年 9 月 7 日向本院提起公诉，本院受理后，依法组成合议庭，公开开庭审理了本案。北京市大兴区人民检察院指派检察员贯×出庭支持公诉，被告人王×到庭参加诉讼。现已审理终结。

北京市大兴区人民检察院指控，被告人王×于 2007 年 6 月 21 日 19 时许，以帮助找工作为名，将事主郑×骗至×旁后，对其实施抢劫，抢走黄色挎包一个（经鉴定价值人民币 21 元），后被当场抓获。

公诉机关就起诉书指控的事实，向法庭提供了事主郑×的陈述，证人高×、骆×、李×的证言，北京市公安局 A 派出所出具的到案经过、户籍证明、接受案件回执单、提取说明、现场勘查笔录及现场照片、被抢物品及事主左手照片、扣押物品文件清单、刑事判决书及释放证明书，B 区价格认证中心出具的价格鉴定结论书等证据，认为被告人王×以非法占有为目的，采取暴力手段抢劫他人财产，其行为触犯了《中华人民共和国刑法》第 263 条之规定，已构成抢劫罪。被告人王×系累犯，应当从重处罚，提请本院依法判处。

被告人王×对起诉书指控的事实未提出异议，其辩解意见为："被害人的伤不是我咬的。"

经审理查明：2007 年 6 月 21 日 19 时许，被告人王×以帮助事主郑×找工作为名，将郑×骗至北京市×旁后，对郑实施抢劫，并抢走郑×黄色挎包一个，经价格鉴定价值人民币 21 元，后被当场抓获。

上述事实，有以下证据证实：

（1）事主郑×的陈述，证实 2007 年 6 月 21 日晚 19 时许，我在×的路上坐着，这时有一个男子走过来，问我说你是不是去找工作，我说我在等朋友，他说找工作，我这有活做"电子"、"厨师"，我说我不做，我是做服装的。他说我打电话给你问问，我说我在等朋友，我不去干服装，后他就说，我就同意了。他用自行车带着我，我问他你了解老板吗，他说不了解，我说你不了解老板为什么把人介绍给别人，他说是中间人，中间得利。我又问他什么时候到，怎么这么偏僻，他说过 20 分钟就到了，他说你重，下来走吧，我就下来走，后他接了一个电话，我对他说咱们出门在外不容易，你别骗我，他说你才知道，这时就到了×周围。他把自行车放好，用手将我拽到一边，我没站稳倒在地上，他用手按住我的胳膊时，我用土洒他，我俩争执，他把我地上的包拿过来，打开后，我俩还在争执，这时我从地上捡起一个螺丝钉扎对方，脚踹对方，他将我右手抓住，我用左手打他，他用嘴咬我虎口一下，我就喊救命，他说你别喊，喊也没用，这里没人，我就骂他，喊救命。他用右手将我的裤子撕破了，后他就拿着我的包骑自行车往东跑了。我就喊："救命"，有人从这里路过就去追骑自行车的人，他跑了十米左右，将自行车和包扔了，他（王×）被人抓住后报警，民警将人带回派出所的事实经过。

（2）证人高×、骆×、李×的证言，证实 2007 年 6 月 27 日 19 时许，三人开一辆金杯车行至大兴×村北时，听见有个女的（郑×）喊："救命"，我们就停车下来，发现一个男的推起自行车就跑，还有一个女的躺在浇水用的沟里喊："救命"，三人就追上推自行车跑的那个男子（王×），将其抓住后就报警了的事实经过。

（3）北京市公安局 A 派出所出具的到案经过、户籍证明、接受案件回执单、提取说明、现场勘查笔录及现场照片、被抢物品及事主左手照片、扣押物品文件清单，证实被告人王×被抓获的时间及其身份；证实高×于2007年6月21日报案，抓住一名抢劫嫌疑人；证实已将犯罪嫌疑人抢劫后放在现场的黄色挎包提取；证实本案的现场及被抢物品情况，并证实事主左手受伤情况；证实已将王×的自行车扣押。

（4）刑事判决书及释放证明书，证实被告人王×曾因犯抢劫罪被判处有期徒刑，刑罚执行完毕后，五年内再犯应当判处有期徒刑以上刑罚之罪，系累犯。

（5）B 区价格认证中心出具的价格鉴定结论书，证实被告人王×所抢物品的价值。

以上证据，经当庭质证，确实无误，本院予以确认。

本院认为，被告人王×以非法占有为目的，以暴力手段抢劫他人财物，其行为已构成抢劫罪，应予惩处。被告人王×曾因犯抢劫罪被判处有期徒刑，刑罚执行完毕后，在 5 年内再犯应当判处有期徒刑以上刑罚之罪，系累犯，故依法对其从重处罚。北京市大兴区人民检察院指控被告人王×犯抢劫罪，事实清楚，证据充分，罪名成立。被告人王×提出的辩解意见，本院不予采纳。据此，本院对被告人王×依照《中华人民共和国刑法》第263条、第65条、第52条、第53条之规定，判决如下：

被告人王×犯抢劫罪，判处有期徒刑 6 年，并处罚金人民币 10 000 元。（刑期从判决执行之日起计算，判决执行以前先行羁押的，羁押一日折抵刑期一日，即自2007年6月21日起至2013年6月20日止。罚金人民币 10 000 元于本判决生效后 10 日内缴纳）

如不服本判决，可在接到判决书的第二天起 10 日内，通过本院或者直接向北京市第一中级人民法院提出上诉，书面上诉的，应当提交上诉状正本一份，副本一份。

二〇〇七年九月二十九日

◆ 项目二：减刑、假释环节执法文书实训项目

一、实训目的

根据教师提供的罪犯案例，学生能够根据刑法修正案八的相关规定，并结合罪犯刑罚执行情况及改造表现，分析判断该罪犯是否符合减刑、假释条件，熟悉减刑、假释的工作程序，制作相关的执法文书。

难点：学生熟练掌握刑法修正案（八）、刑事诉讼法关于假释的最新规定，并能结合具体的实例，提出相应的解决方法，制作相关的执法文书。

二、实训内容

（一）工作要领

（1）深入了解罪犯情况，监区组织专门民警进行广泛地调研，对符合条件的罪犯进行初步摸排。对符合条件的罪犯，监区应组织罪犯书写考核期内的个人总结，罪犯所在小组对拟将提请减刑（假释）罪犯进行小组评议；

（2）召开监区全体警察会议集体评议拟将提请减刑（假释）的罪犯是否符合减刑、假释的条件；

（3）做好监区集体评议的会议记录；

（4）拟定公示的减刑、假释罪犯的名单，将拟提请减刑（假释）名单在监区公示 3 日，无异议后提出减刑（假释）建议；

（5）刑罚执行科对监区上报减刑、假释案卷材料进行审核，对不符合办案要求的一律补正，对证据不足、材料不客观真实的不予呈报；

（6）对监狱减刑假释评审委员会（该评审委员会现命名为"减刑假释暂予监外执行评审委员会"）评议审核后，结果公示；

（7）监狱长办公会议审议决定提请名单；

（8）制作减刑假释建议书及相关法律文书材料整理上报监狱所在地的中级或高级人民法院。

（二）工作要求

（1）监区会议、监狱提请减刑（假释）评审委员会会议和监狱长办公会议均应有会议记录，并由全体参会人员签名。

（2）需上报监狱管理局的减刑、假释案件：

第一，死刑缓期二年执行罪犯的减刑、无期徒刑罪犯的减刑、假释案件；

第二，因有重大立功表现提请减刑的案件；

第三，罪犯因提请减刑的起始时间、间隔时间或者减刑幅度不符合一般规定的案件；

第四，有重大社会影响的案件。

（3）"三类罪犯"、"危安罪犯"、"法轮功罪犯"的减刑、假释要从严掌握。

（4）严格把握"三类罪犯"执法标准，依法从严控制职务犯罪罪犯假释比例。

（三）实训操作步骤

（1）根据教师提供的案例，综合分析后，提出解决方案，并制作相应的执法文书。

（2）拓展训练：根据学生在假释实训环节中制作的执法文书文本，要求学生分组讨论在制作中还存在哪些问题。

参考案例

罪犯基本情况：

罪犯王××，男，现年37岁，汉族，1977年出生，四川省××市王家乡人，因拐卖妇女罪，经××市中级人民法院于2005年1月16日以（2005）绵发刑字第76号刑事判决判处有期徒刑15年，于2005年2月6日送××省第×监狱执行刑罚。

其改造表现如下：

（1）劳动肯干，服从分配，完成任务，身体经常有病，但能长期坚持生产，勇于革新，修旧利废，今年3月，与他犯用两天时间抢修4台损坏的卷扬机。保证了基建现场施工的正常需要。以后又与他犯通力合作，就地取材，先后制作了1台筛砂机、1台电锯、1台气泵，解决了生产急需，为国家节约资金5000余元，因成绩突出曾被记功2次。

（2）2005年11月8日9时15分，及时发现罪犯梁×持刀割手动脉血管，防止了一起自杀事故的发生。

（3）该犯家居农村，爱人2006年病故，现有两个孩子，长女13岁，小儿子9岁，已无人抚养。父亲王××，现年75岁，身患重病，半身瘫痪，分下的责任田荒芜，生活无着落。该犯所在乡政府、司法所已签署了同意假释手续。

(4) 2015年2月15日中午，××县清泉乡石花村农民童成俊家突然失火，顿时浓烟滚滚，烈焰腾空。烈焰中，传出幼儿撕肝裂胆的哭声，一个年轻妇女凄厉地喊了一声"我的孩子！"便跟跟跄跄，扑倒在地，原来，童成俊的两个儿子还在床上睡觉。大孩子两岁，幼儿还不满周岁，烈火像死神一样封住了堂屋门，两个孩子被困火海……

王犯恰在这时，前去童家门前的古井挑水洗菜，见此情景，挑起桶里的水便去救火，当他得知两个幼儿被困室内，来不及多问，扔下扁担、水桶，毫不犹豫地冲进火海。这时，火势越来越猛，室内烟火弥漫，王犯辨不出哪是东南西北，哪是大门，只凭幼儿的哭声摸索，他忽然撞在家具上，头也给碰破了，却全然不顾，心里只有一个念头，一定要把孩子从火魔手中夺回来。1分钟、2分钟……5分钟，突然一声轰响，房顶塌了下来。围观的人们一片惊呼："不好了，全完了……"可是，就在这千钧一发的时刻，王犯一手抱一个孩子从火海中冲了出来，惊得在场的人好半天没回过神来。

前后不到10分钟，童家3间草房化为灰烬，可是两个孩子却安然无恙。事后，王犯又把平时积攒下来的28元零花钱和一个蚊帐，两双鞋捐给了童成俊。童成俊接过这些钱物，激动得说不出话来，泪水像断线珠子一样流个不停。

(四) 实践操作步骤

(1) 熟悉《刑法修正案（八）》关于减刑、假释的最新规定，掌握减刑、假释的法定条件、时间条件等法律法规。

(2) 分析上面提供的基础材料，分析判断该制作什么执法文书。

以下是王××基本情况及在服刑改造期间的改造表现，分析王×该受到何种刑事奖励。

分析提示：

(A) 罪犯是否具有确有悔改或立功表现的事实；

(B) 罪犯犯罪的具体情节、原判刑罚情况，（参照基础）及刑罚执行情况；

(C) 判断罪犯是否具有"没有再犯罪的危险"；

(D) 罪犯假释后的社会接纳情况。

（E）熟悉假释的工作规程：

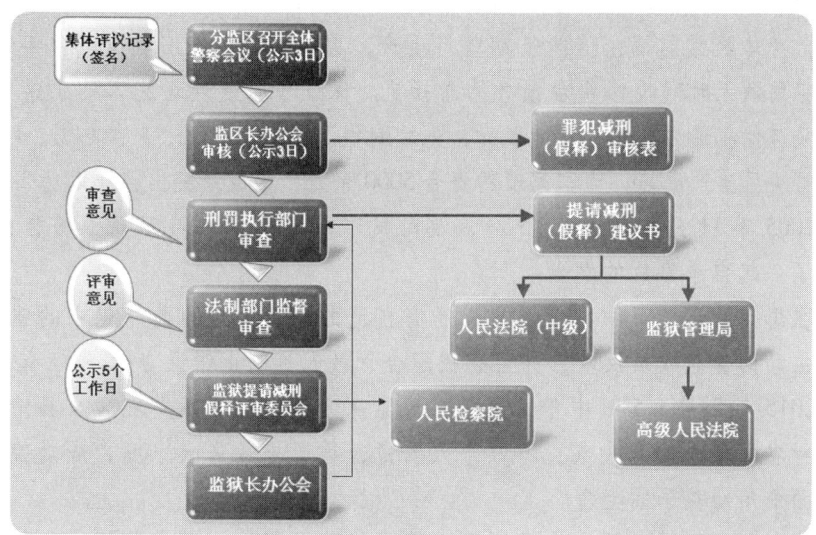

提请假释流程图

（五）完成假释环节的文书制作

（1）监区制作《罪犯假释审核表》；

（2）刑罚执行部门制作《提请假释建议书》。

三、任务完成及学生自评

以下是学生实训时根据以上案例制作的《提请假释建议书》的文本，请你分析文本，指出存在什么样的问题，提出诊断结论。

××省××监狱

提请假释意见书

［2015］×监管释字第 5 号

罪犯王×，男，现年 37 岁，汉族，1977 年出生，四川省绵阳市王家乡人，因拐卖妇女罪，经××市中级人民法院于 2005 年 1 月 16 日以［2005］绵发刑字第 76 号刑事判决判处有期徒刑 15 年，于 2005 年 2 月 6 日送××省第×监狱执行刑罚。

该犯在服刑改造期间，确有悔改和立功表现，具体事实如下：

王犯服刑以来积极改造，严格遵守监规纪律，劳动肯干，服从分配，完成任务，身体经常有病，但能长期坚持生产，勇于革新，修旧利废，今年 3 月，与他犯用两天时间抢修 4 台损坏的卷扬机。保证了基建现场施工的正常需要。以后又与他犯通力合作，就地取材，先后制作了 1 台筛砂机、1 台电锯、1 台气泵，解决了生产急需，为国家节约资金 5000 余元，因成绩突出曾被记功 2 次。

2005 年 11 月 8 日 9 时 15 分，及时发现罪犯梁××持刀割手动脉血管，防止了一起自杀事故的发生。

在思想改造学习中积极发言，痛悔自己的罪行。对同监罪犯中的错误言行能主动向管教人员反映，并且积极配合管教人员制止错误言行。

2015 年 2 月 15 日中午，王犯在离监探亲期间，偶然发现××县清泉乡石花村农民童成俊家失火，不顾个人安危，勇于抢救失火家庭，成功挽救了童家两个年幼孩子的生命。

综上所述，罪犯王×在服刑改造期间能认罪服法，遵守监规，积极参加政治学习，劳动积极，超额完成生产任务，在抢险救灾中表现突出，确有悔改和立功表现。为此，根据《中华人民共和国刑事诉讼法》第 221 条第 2 款规定，建议对罪犯王×予以假释，特提请审核裁定。

此致

××市中级人民法院

××监狱（公章）

201×年 2 月 18 日

附：罪犯王×劳改档案共 2 卷 10 页。

四、拓展训练

（一）根据所提供的执法文书文本拟写《提请假释建议书》修改稿

提请假释建议书

［2014］川××狱假字第 3 号

罪犯刘××，女，197×年××月××日出生，汉族，四川××县人，文化程度高中，现在四川省××监狱服刑。

四川省成都市××区人民法院于 2011 年××月 15 日作出［2011］×刑初字第 917 号刑事判决，以被告人刘××犯破坏计算机信息系统罪、诈骗罪，判处有期徒刑 5 年，并处罚金 3000 元，已执行。刑期起于 2010 年 12 月 15 日止于 2015 年 12 月 14 日。判决生效后交付执行。于 2011 年 1 月 12 日送我狱服刑改造。

该犯在服刑改造期间，确有悔改表现，具体事实如下：

该犯自入监以来，能切实做到认罪悔罪，深挖犯罪根源。在平时的改造中，该犯能自觉遵守监规纪律，服从民警的管理教育，严格用《监狱服刑人员行为规范》及《服刑人员二十条行为规定》约束自己的言行。积极协助民警维护监内改造秩序，团结同改。在监区开展的各项专项活动中，该犯能积极投入活动，还能根据监狱对罪犯内务卫生的要求，自觉搞好卫生。

在劳动生产中，该犯劳动态度端正，服从民警分配，遵守劳动纪律，在劳动中不怕苦、不怕累，踏实肯干。作为监室召集员，协助民警做好新犯的教育工作。

在"三课"学习中，该犯遵守课堂纪律，上课认真听讲，课后按时完成作业，考试成绩优良。

综上所述：罪犯刘××在服刑改造期间，能认罪悔罪，自觉遵守监规纪律，认真完成监区交办的各项任务，在劳动中不怕脏，不怕累，任劳任怨，积极参加"三课"学习，成绩优良，现已获监狱标准考核分 121 分的奖励，确有悔改表现，假释后不致再危害社会。

××监狱（公章）

2014 年 2 月 18 日

附：罪犯刘××档案共 2 卷 10 页。

（二）根据所提供的执法文书文本拟写《提请减刑建议书》修改稿

提请减刑建议书

［2014］××狱减字第 9 号

罪犯：吕中，化名龙××。女，1983 年 5 月 18 日出生，汉族，××省××县人，文化程度中专，现在××省××女子监狱服刑。

四川省××法院于 2010 年 5 月 27 日以［2010］××刑初字第 48 号刑事判决书，以被告人吕中犯诈骗罪，判处有期徒刑 11 年，并处罚金 50 000 元。刑期起于 2009 年 8 月 7 日止于 2018 年 2 月 6 日。判决生效后于 2010 年 9 月 16 日送我狱服刑改造。

刑罚执行期间，四川省成都市中级人民法院于 2012 年 12 月 8 日，作出［2013］成刑执字第 21 号刑事裁定，对其减去有期徒刑 4 个月，减刑后刑期止于 2017 年 10 月 6 日。

该犯自投入改造以来，能认罪服法，听管服教，深挖自身犯罪根源，主动积极地向政府靠拢，结合自身实际，认真学习法律，法规知识，服从管理，端正自己身份意识，遵守监规纪律。该犯在监狱的阳光艺术团担任一名演员，能认真参加训练，认真完成监狱下达的演出任务。在三人互监中积极履行互监职责，从各方面严格要求自己，不断提高自己的身份养成和行为养成。

在"三课"学习中，该犯能端正态度，认真听课，积极做好有关工作，团结同改，对人有礼貌，讲究个人卫生和环境卫生，从未发生打人骂人等行为，帮助其他有困境的同改正确面对困难，走出困境。

综上所述，该犯在考核期内，罪犯身份意识较强，能认罪服法，服从管教，遵守监规纪律，"三课"学习刻苦，成绩良好，劳动积极肯干，完成劳动任务实绩突出，确有悔改表现。

为此，根据《中华人民共和国监狱法》第 39 条、《中华人民共和国刑法》第 78 条第 1 款、《中华人民共和国刑事诉讼法》第 221 条第 2 款的规定，建议对罪犯吕中予以减刑 1 年，特提请裁定。

此致
××市中级人民法院

（公章）

2014 年 3 月 20 日

附：罪犯吕中卷宗材料共 3 卷 5 册 50 页。

◆ 项目三：暂予监外执行实训项目

一、实训目的

根据教师提供的罪犯案例，学生能够根据刑诉法和监狱法的相关规定，并结合罪犯具体情况，分析判断该罪犯是否符合暂予监外执行的条件，熟悉暂予监外执行的工作程序，制作相关的执法文书。

难点：严格按照规定程序和法定条件，审核罪犯是否符合暂予监外执行条件，制作相关的执法文书。

二、实训内容

（一）工作要领

（1）熟悉罪犯暂予监外执行的有关法律法规和程序，做到依法审批罪犯暂予监外执行；

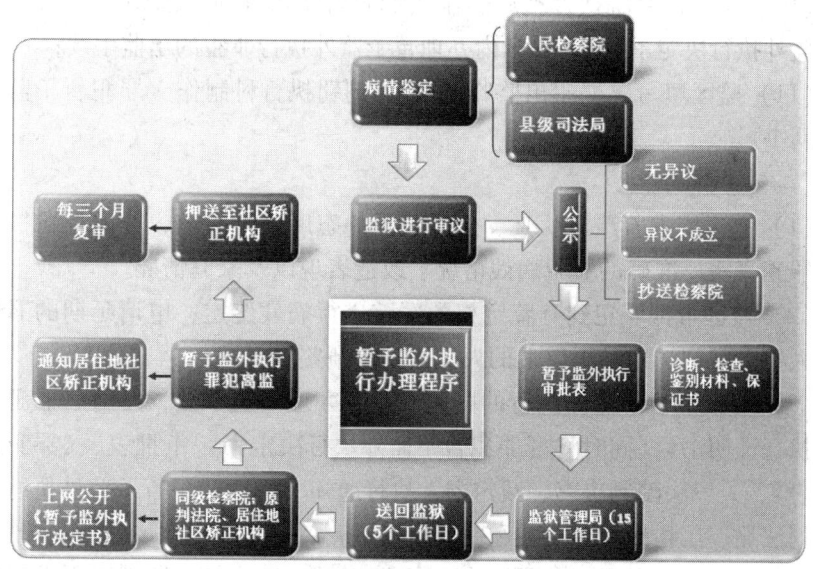

提请减刑假释工作流程图

（2）审查罪犯的病情是否符合《罪犯保外就医疾病伤残范围》和保外就

医的法定条件；

（3）召开监区会议研究，报刑罚执行科审查同意，进行疾病鉴定；

（4）监区填写《罪犯暂予监外执行审批表》，连同疾病鉴定证明报送刑罚执行科；

（5）刑罚执行科委托县级社区矫正机构进行调查评估，并发出《委托调查评估函》；（附上原审刑事判决书、减刑裁定书及罪犯在服刑期间的表现情况）

（6）监狱对拟保外就医的罪犯，应当按照有关规定对其保证人资格进行审查，审查通过的，保证人和被保人应当在《罪犯保外就医取保书》上签名盖章；

（7）刑罚执行科将材料提交给监狱暂予监外执行评审委员会评审，出具评审报告，提交监狱；

（8）检察室审查意见并在《罪犯暂予监外执行审批表》签上意见加盖公章；

（9）监狱报监狱管理局审批；

（10）监狱收到监狱管理局制作《罪犯暂予监外执行通知书》和《罪犯暂予监外执行决定书》后10日内办理暂予监外执行罪犯的出监手续；

（11）监区填写《罪犯出监鉴定表》，刑罚执行科制作《罪犯暂予监外执行证明书》。

（二）工作要求

（1）监区应本着严肃认真、公正公平的态度进行审核，并向刑罚执行科提供罪犯真实、准确的罪犯病残情况、改造表现以及家庭情况。

（2）监区带押罪犯到有鉴定权的医院进行病残鉴定；申请延期的罪犯由具保人负责带到当地县级以上的人民医院重新鉴定。

（3）对批准暂予监外执行的罪犯，及时办理出监手续，发给《罪犯暂予监外执行证明书》，同时将《罪犯暂予监外执行决定书》审批表、《罪犯出监鉴定表》、人民法院判决书、裁定书、执行通知书送达罪犯暂予监外执行居住地的司法局、居住地检察机关和驻狱检察室。

（4）暂予监外执行的期限，每年审批不得超过一年，期满后再重新进行审批；对暂予监外执行的罪犯，每年至少要实地考察一次，监外执行条件消失的，予以收监；对申请延长暂予监外执行的，按申报暂予监外执行程序重新上报。

（5）"三类罪犯"患有高血压、糖尿病、心脏病等疾病，经诊断在短期内不致危及生命的，一律不得暂予监外执行；患有三种疾病以外的其他慢性疾病，经诊断在短期内不致危及生命的，也一律不得暂予监外执行。

参考案例

1998 年 7 月 22 日，刘某因犯故意杀人罪被判处无期徒刑，剥夺政治权利终身，1999 年 4 月 1 日，其被送入××监狱服刑。2004 年 6 月减为有期徒刑 18 年。

罪犯刘某经华西医大鉴定中心鉴定确认刘某患有精神分裂症，自入监以来，精神病频繁发作，无法控制自己的行为，暴力倾向明显，无正常服刑能力。

（三）实践操作步骤

（1）监区召开全体民警会议讨论罪犯是否符合暂予监外执行条件：

（A）审核罪犯是否符合暂予监外执行的生理性条件。（符合司法部 247 号文件规定的范围）

（B）审核罪犯是否符合暂予监外执行适用条件：

《中华人民共和国刑事诉讼法》第 254 条规定：

对被判处有期徒刑或者拘役的罪犯，有下列情形之一的，可以暂予监外执行：

（一）有严重疾病需要保外就医的；

（二）怀孕或者正在哺乳自己婴儿的妇女；

（三）生活不能自理，适用暂予监外执行不致危害社会的。

对被判处无期徒刑的罪犯，有前款第二项规定情形的，可以暂予监外执行。

对适用保外就医可能有社会危险性的罪犯，或者自伤自残的罪犯，不得保外就医。

对罪犯确有严重疾病，必须保外就医的，由省级人民政府指定的医院诊断并开具证明文件。

在交付执行前，暂予监外执行由交付执行的人民法院决定；在交付执行后，暂予监外执行由监狱或者看守所提出书面意见，报省级以上监狱管理机关或者设区的市一级以上公安机关批准。

（C）依据罪犯的犯罪性质、刑种刑期、服刑表现和相关规定，通过查阅罪犯档案，听取监区民警的意见审核，罪犯是否具有社会危害性。

（D）监区全体民警经过集体评议，提出对罪犯暂予监外执行的建议。

（2）查阅罪犯副档，收集罪犯基本信息。

（3）呈报有关文书材料审批：

（A）监区制作《罪犯暂予监外执行审批表》；

（B）刑罚执行科向县级社区矫正机构寄发《委托调查评估函》；

（C）刑罚执行科与罪犯家属签署《罪犯暂予监外执行保证书》；

（D）监狱制作《提请罪犯暂予监外执行意见书》。

（4）监狱收到《罪犯暂予监外执行通知书》和《罪犯暂予监外执行决定书》后，监狱将《罪犯暂予监外执行通知书》送达罪犯居住地公安机关、检察院、原判法院，同时抄送驻监检察室。

（5）监区制作《罪犯出监鉴定表》。

（6）刑罚执行科制作《罪犯暂予监外执行证明书》。

（7）《中华人民共和国刑事诉讼法》第257条规定：

对暂予监外执行的罪犯，有下列情形之一的，应当及时收监：

（一）发现不符合暂予监外执行条件的；

（二）严重违反有关暂予监外执行监督管理规定的；

（三）暂予监外执行的情形消失后，罪犯刑期未满的。

对于人民法院决定暂予监外执行的罪犯应当予以收监的，由人民法院作出决定，将有关的法律文书送达公安机关、监狱或者其他执行机关。

不符合暂予监外执行条件的罪犯通过贿赂等非法手段被暂予监外执行的，在监外执行的期间不计入执行刑期。罪犯在暂予监外执行期间脱逃的，脱逃的期间不计入执行刑期。

罪犯在暂予监外执行期间死亡的，执行机关应当及时通知监狱或者看守所。

（四）完成保外就医环节的相关文书

（1）《罪犯暂予监外执行审批表》；

（2）《罪犯保外就医取保书》；

（3）《罪犯出监鉴定表》；

（4）《罪犯暂予监外执行证明书》。

三、任务完成及学生自评

罪犯暂予监外执行审批表

单位：××省×监狱

姓名	刘××	性别	女	年龄	43 岁	民族	汉
出生日期	1967 年 6 月 12 日	出生地（原户籍所在地）		××县××乡××村			
案　由	故意杀人罪	原判法院		××市××区人民法院			
刑　期	无期徒刑	剥夺政治权利年限	终身	刑期起止		起于 2004 年 4 月 9 日 止于 2022 年 4 月 8 日	
暂予监外执行的原因		刘犯患有严重的精神分裂症，需要保外就医					
家庭住址		××县××乡五村四组					
主要犯罪事实		1998 年 7 月 22 日 11 时许，被害人张××等人在××市××区××镇××村社××巷内玩麻将牌，被告人刘××为阻止其丈夫陈某玩牌，拿走了数只麻将牌。被害人张××因而与刘××争执并打了刘的面部一下。刘××即返回其租住的房屋，告知其父亲被告人刘中×，刘中×遂持菜刀冲出来与被害人张××等人争吵并打斗，在打斗过程中，刘××手持破啤酒瓶追打被害人张××，被告人刘中×见状亦持菜刀紧追，当追至该巷内一死胡同时，被告人刘××用破啤酒瓶捅中张××的腹部，刘中×则用菜刀砍中张的左肘部致其轻伤，被害人张××经送医院抢救无效死亡。					
家庭主要成员		丈夫：陈××，农民，家住××县××乡××村 母亲：黄××，农民，家住××县××乡××村 父亲：刘中×，农民，在××省××监狱服刑					
具保人情况		姓名	黄××	住址		××县××乡××村	
		工作单位与职务	务农	与罪犯的关系		母女	

续表

改造表现	该犯因患有精神分裂症，在服刑期间，其精神病情发作频繁，不能自觉遵守监规监纪，长期违规违纪，暴力倾向十分突出，长期眼露凶光，时常无故打骂罪犯，并偶有袭警行为，改造表现较差。
疾病鉴定意见	略 主治医师： 医院：
所在监区意见	经华西医大鉴定，刘某患有严重精神分裂症，完全不能控制自己的行为，缺乏服刑能力，符合暂予监外执行的法定条件，建议暂予监外执行。 梁×× 2012 年 7 月 3 日
监狱意见	同意暂予监外执行，报监狱管理局审批。 王×× 2012 年 8 月 23 日
监狱管理局意见	经审查该犯符合法定的暂予监外执行条件，决定监外执行，期限自 2012 年 8 月 12 日至 2013 年 8 月 11 日。 曾×× 2012 年 10 月 10 日

罪犯暂予监外执行具保书

我住在_____省（自治区、直辖市）_____市（地区）_____县（市、区）_____乡（镇、街道）_____村（号）。_____在_____工作，我与罪犯_____是_____亲属关系。罪犯_____因患_____病，请求_____监狱批准予以暂予监外执行。我具备管束和教育的能力，并有一定的经济条件，愿作为罪犯_____监外执行的具保人，严格履行管束和教育法定义务，帮助、督促他在监外执行期间，遵纪守法。接受当地司法机关的社区矫正和公安机关监督管理，接受群众监督；并从经济上提供条件，积极督促他治病；如发现他有违法犯罪行为，我要及时予以制止，并立即向当地司法机关报告。

此致

签名
具保人：
（盖章）
年　　月　　日

对具保人资格审查及意见	_____（县）司法局_____司法所 （签名或盖章） 年　　月　　日

具保人填写的表格的填写要求

刘××的家属，你们好：

现寄一张"暂予监外执行罪犯考察表"和四张"罪犯暂予监外执行取保书"给你们，请及时按要求填写好此表，并及时寄回"××市××区洪安镇××监狱二监区；邮编：610×××"，以便及时为刘××办理续保手续。

一、"暂予监外执行罪犯考察表"填表要求如下：

（一）"疾病治疗情况"一栏：要求给刘××治疗疾病的医院填写，并加盖医院公章。

（二）"罪犯在外表现情况"一栏：要求刘××户籍所在地派出所填写，并加盖此派出所公章。

（三）"考察意见"一栏：此栏不需填写。

二、"罪犯暂予监外执行取保书"填表要求如下：

整个表格分两部分，上半部分由具保人填写；下半部分由刘××户籍所在地派出所填写，并加盖此派出所公章。

××监狱×监区

2012 年 8 月 1 日

提请罪犯暂予监外执行意见书

（　　）监字第　　　号

××省监狱管理局：

我监狱罪犯_____，性别_____，_____出生，_____族，因犯_____罪被_____人民法院判处_____，附加刑_____，刑期自_____起至_____止，执行期间因_____减（加）刑_____年_____月。该犯因_____需要监外执行，依据_____规定，经监狱暂予监外执行工作委员会审核，监狱长批准，建议对罪犯_____暂予监外执行_____年_____月。

特提请省局批准。

（公章）

年　　月　　日

附：罪犯_____卷宗材料共_____卷_____册_____页。

罪犯暂予监外执行审批表

呈报监狱							××监狱			
姓名	刘××	性别	女	年龄	43岁	捕前职业	四川省××县××乡务农		罪名	故意杀人罪
原判刑期	无期徒刑	刑期变动情况	减刑2次，共计减去有期徒刑2年			刑期起止		自2004年4月9日至2022年4月8日		
监狱呈报意见	继续保外就医一年	保外情况	2012年10月首保，2013年10月续保一次。现办理续保。							
病残鉴定结论	精神分裂症									
罪犯保外就医居住地	××县××乡××村×组31号									
驻狱检察机关意见	经审查，符合保外就医条件，同意保外就医									
罪犯居住地司法机关意见	经核实，需继续治疗。									
呈报监狱							××监狱			
审核意见	刑罚执行处初审意见		精神分裂症没有明显的好转，需继续治疗。同意续保一年。							
	生活卫生处病残审定意见		精神分裂症没有明显的好转，需继续治疗。							
	审批领导小组成员意见	生活卫生处	同意续保一年 王×× 2014年10月12日							
		狱政管理处	同意续保一年 张×× 2014年10月12日							
		刑罚执行处	同意续保一年 李×× 2014年10月12日							
		纪检监察处	同意续保一年 陈×× 2014年10月12日							
审批意见	经省局减刑假释暂予监外执行审批领导小组成员审核，符合保外就医条件，决定刘××，并将此件送本月局减刑假释暂予监外执行审批领导小组集体核定。 签名：2014年10月15日									

罪犯暂予监外执行决定书

[2014] ×狱刑保字第2号

现押××监狱罪犯刘××，女，43岁，汉族，家住四川省××县××乡。因故意杀人罪，经××省高级人民法院于1998年7月22日以 [1998] ×高法刑终字第 62 号刑事判决，判处无期徒刑，剥夺政治权利终身。于 1999 年 12 月 23 日送××省××监狱执行刑罚，服刑期间刑期变动 2 次，共计减去有期徒刑 2 年，应于 2022 年 4 月 8 日服刑期满。

该犯于 2012 年经××省监狱管理局批准暂予监外执行壹年，其后续保一次。现经××省××中心医院检查鉴定，该犯身患精神分裂症，符合保外就医条件。根据《刑事诉讼法》、《监狱法》、《罪犯保外就医执行办法》、《依法办理"老病残"罪犯假释暂予监外执行的规定》等文件的有关规定，决定暂予监外执行壹年（自 2014 年 10 月 25 日至 2015 年 10 月 24 日止）。

2014 年 10 月 12 日

注：此件共六份，送省人民检察院一份；监狱应送罪犯暂予监外执行居住地公安机关及驻狱检察院（室）各一份。

四、任务拓展

参考案例

1999 年 3 月 10 日，陈某因犯盗窃罪被判处无期徒刑，剥夺政治权利终身，1999 年 4 月 1 日，其被送入××监狱服刑。2002 年 9 月减为有期徒刑 20 年。入监以来，陈某一直患有皮肤病，浑身散发恶臭，无法与他犯集中关押，监狱多次带其到医院就诊，但专家会诊认为，其皮肤病属于基因病变，不能对其进行有效治疗，甚至无法减轻病情的发作。

◆ 项目四：对罪犯申诉、控告、检举环节执法文书实训项目

一、实训目的

学生根据教师提供的罪犯申诉案例，让学生熟悉申诉、控告、检举工作程序，学会根据刑法、刑事诉讼法法相关规定，能够针对具体问题进行分析并提出相应的解决方法，重点掌握监狱干警针对罪犯提出申诉时，如何进行处理并制作相关的法律文书。

难点：学生熟悉刑法、刑事诉讼法、监狱法相关规定，针对罪犯提出的

申诉，能够运用相关知识，具体问题具体分析，区别对待。

二、实训内容

（一）工作要领

（1）熟悉刑法、刑事诉讼法、监狱法相关规定；

（2）熟悉申诉、控告、检举工作规程；

（3）认真审查罪犯的申诉材料，确认罪犯申诉的性质，区别对待。

（二）工作要求

1. 处理申诉时应做到

（1）及时转交当地人民检察院或原判人民法院处理，不得扣压；

（2）对罪犯多次申诉，得不到回复的，填写《罪犯材料传递函》予以催办；

（3）监狱认为原判决可能有错误的，制作《对罪犯刑事判决提请处理意见书》，提请人民检察院或原判人民法院处理。

2. 处理罪犯控告或检举材料应做到

（1）及时处理或转递处理。

（2）属于控告检举监外人员材料，填写《罪犯材料转递函》，随附控告、检举材料转递公安机关或检察机关处理。

（3）属于控告、检举狱内民警的材料转由监狱纪检部门处理。

（4）属于控告、检举狱内罪犯的材料，转由狱侦、狱政部门调查处理。

（5）信件转递程序。罪犯所有申诉、控告、检举信件都要先交监区干警，除给监狱上级机关和司法机关的信件外都要经过干警检查，进行登记后交给监狱狱政科，狱政科再次进行检查登记后通过机要交换或邮局平信寄出。

（6）监狱狱政科根据信件反映的内容，负责转交有关部门处理，处理结果要向罪犯进行反馈。

根据教师提供的案例，综合分析后，提出解决方案，并制作相应的执法文书。

参考案例

罪犯李××经×县人民法院以［200×］法刑终字第78号刑事判决书以重婚罪判处有期徒刑4年。罪犯李××至200×年入监以来，一直不服判决，提出申诉，提出的申诉理由是：××县人民法院认定事实有错误，以重婚罪定罪量刑与法律规定不相符合，要求××人民法院予以改判。

（三）实践操作步骤

（1）通过查阅"三书一表"、个人改造档案和与罪犯个别谈话方式，了解罪犯李××个人基本情况及他的想法，重点掌握人民法院判决情况，通过对罪犯李××的情况的全面掌握，重点分析了人民法院的判决情况，做出初步分析判断，罪犯李××提出申诉，并非不认罪服法、无理缠诉。

（2）通过个别谈话的方式，告知罪犯对判决不服，他有哪些救济途径。

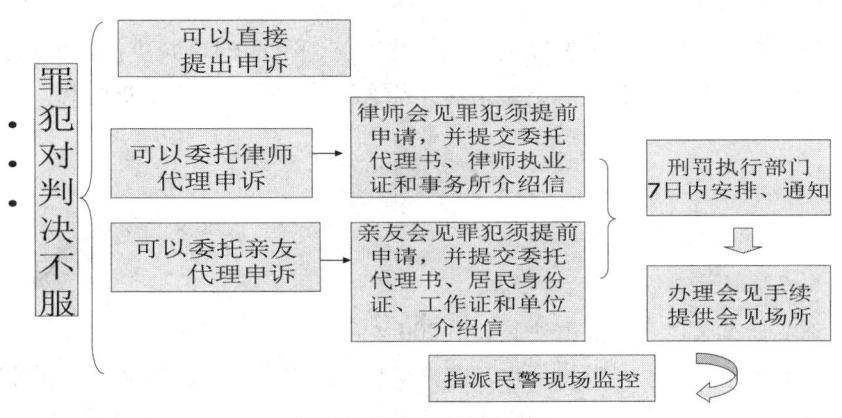

罪犯对判决不服的处理图

（3）学生应了解申诉的工作规程，掌握申诉中应制作的相关执法文书。

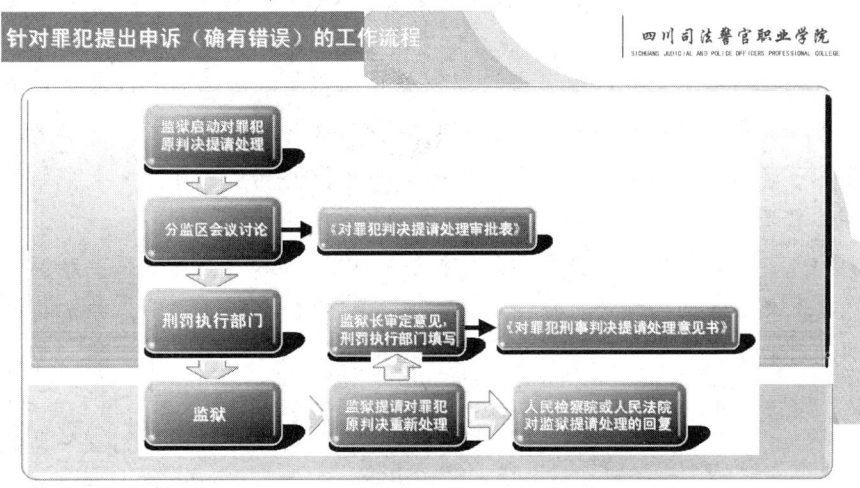

针对罪犯提出申诉（确有错误）的工作流程图

（四）完成申诉环节的文书制作。

（1）监区会议讨论。制作《对罪犯判决提请处理审批表》，报请刑罚执行部门和监狱审查。

（2）刑罚执行部门制作《对罪犯刑事判决提请处理意见书》。

（3）刑罚执行部门制作配套执法文书《罪犯材料转递函》。

三、任务完成及学生自评

以下是学生实训时根据以上案例制作的《对罪犯刑事判决提请处理意见书》的文本，请你分析文本，指出存在什么样的问题，提出诊断结论。

对罪犯刑事判决提请处理意见书

〔200×〕×监处字第 1 号

×××县人民检察院：

罪犯李××经贵县人民法院以〔200×〕法刑终字第 78 号刑事判决书判处有期徒刑 4 年。在刑罚执行中，我狱发现对罪犯李××的判决可能有错误。

具体理由是：定刑失准，据我们掌握的情况，罪犯李××在 2003 年执教于城区乡中学时与该校女教师徐××有暧昧关系，遂以欺骗手段与前妻张××离婚，并于 2005 年 2 月与徐××结婚。张××发现上当后，找乡政府要求复婚，该乡政府秘书王××事前以托词要去李××的离婚证明书。张××复婚要求没有达到，诉于贵县人民法院。该院以重婚罪判处李××有期徒刑 4 年。

我们认为李××以欺骗手段达到离婚目的，是不道德的，但离婚已成事实。李××离婚后，再与徐××结婚，道德品质上应受到谴责，但毕竟不是重婚。不宜以重婚罪论处。××乡政府王××否认李××与张××离婚不足为据，其量刑明显畸重。

为此，根据《中华人民共和国监狱法》第 24 条和《中华人民共和国刑事诉讼法》第 223 条的规定，提请你院对李××的判决予以处理，并请将处理结果函告我狱。

××省××监狱
二〇〇七年×月×日

罪犯李×× 申诉材料转递函

| 罪犯李××申诉材料转递函（存根）〔2007〕×监函字第12号
罪犯姓名李××
材料类　申诉
材料卷数、页数共×卷×页
材料摘要原审法院以重婚罪判处罪犯李××有期徒刑4年。在刑罚执行中，我们认为原审法院认定事实有错误。
转递单位××省××人民法院
填发时间2007年×月×日
承办人王××、张××
回复时间2007年×月×日 | 〔2007〕字第12号 | 罪犯李××申诉材料转递函（回执）
×××监狱：
你监〔2007〕×监函字第12号材料转递函及材料均已收到，经核对无误。
回复地址××省××市××区平安大街12通信邮箱：××省××市××区505信箱
邮政2223446　（公章）
　　　　　2007年×月×日

——————————
注：接到材料转递函后，请即将此回执寄给发函单位。 | 〔2007〕字第12号 | 罪犯李××申诉材料转递函〔2007〕×法函字第2号
×××监狱：
现将我狱罪犯李××的申诉材料×卷×页寄去，请查收。

　　　　　（公章）
2007年 ×月×日 |

四、任务拓展

（一）下面是人民法院的判决书和罪犯犯罪事实材料，请根据所学监狱法基本知识制作相关文书

××县人民法院刑事判决书

〔1998〕×法刑字第×号

被告应×善，男，30岁，陕西省×县人。1997年11月25日晚，被告人携带镰刀、菜刀，以打柴为名，盗伐后桥村约6寸的杨树1棵，截成1丈2尺长的檩条1根，在往家扛的途中，被护林员郭×发现。被告扔掉木头逃跑。被郭追扭住。被告力图挣脱，乘郭不备，用菜刀砍郭面部两下，郭上额伤口长达lcm，深lcm，鼻部伤口长5cm，深lcm，住院一周治愈。……据此事实，×县法院以故意杀人罪判处应犯有期徒刑10年。

（二）案情事实材料

据我们掌握的情况罪犯王××在做工时，与当地有夫之妇张××有暧昧关系，后被女方丈夫捉奸，女方为了摆脱干系，故称被强奸，以强奸理由起诉，罪犯王××，因此被判处有期徒刑5年。

案由材料：罪犯王××经××县人民法院（1997）××法刑字第×号刑事判决判处有期徒刑5年。在刑罚执行中，我们发现对罪犯王××的判决可能与事实有出入。具体理由是：定罪量刑不准，量刑过重⋯⋯

◆ 项目五：释放环节执法文书实训项目

一、实训目的

根据教师提供的罪犯案例，学生能够根据刑事诉讼法和监狱法的相关规定，针对罪犯的实际情况，分析判断该罪犯属于什么情况的出监，按程序和法律规定正确为罪犯办理出监手续，按期释放罪犯。熟悉罪犯出监的工作程序，制作相关的执法文书。

难点：严格按照规定程序和法定条件，正确办理罪犯出监手续，制作相关的执法文书。

二、实训内容

（一）工作要领

（1）熟悉罪犯刑满释放的有关规定，做到依法释放罪犯，无提前或延期释放的行为；

（2）整理即将释放罪犯的材料，向狱政科上报；

（3）对罪犯做出客观、准确的评价，正确填写《罪犯出监鉴定表》；

（4）与罪犯安置落户所在地的公安机关和司法行政机关及时衔接，做好罪犯的安置管理工作；

（5）清理返还罪犯财物，做好交接记录，并预留存根；

（6）检查罪犯携带的物品，确保物品准确、无遗漏、无违规情况；

（7）配合相关部门，做好刑释人员释放时的衔接工作。

（二）工作要求

（1）监区应在罪犯刑满前三个月进行出监教育，巩固改造成果。

（2）罪犯刑满前两个月，监区应对刑满罪犯在执行刑罚期间的改造表现进行鉴定。

（3）监区填写《罪犯出监鉴定表》和《改造质量评估表》等，连同罪犯副档交刑罚执行科。

（4）监区及时结清罪犯零花钱、生产工具、衣被等。

（5）罪犯释放前一个月，将《罪犯出监鉴定表》、《释放告知书》，寄往当地县级公安机关、司法局；剥夺政治权利罪犯除寄以上法律文书外，还须将判决书、裁定书、执行通知书寄住刑释人员户籍所在地县级公安机关、检察院、司法局。

（6）监区检查罪犯携带的物品，发现禁带品应予收缴。

（7）按规定发给刑满释放罪犯路费及经济奖励。

根据教师提供的案例，综合分析后，提出解决方案，并制作相应的执法文书。

参考案例

×监狱罪犯何某某，因犯盗窃罪于 2001 年 1 月 4 日被捕，2001 年 2 月 1 日押送至××省××监狱服刑，何犯入监服刑初期，不思悔改，消极对待劳动，抗拒改造，曾伙同他人预谋越狱，后被公安机关捕回，于 2004 年 8 月因脱逃罪被加刑 2 年。何某某现阶段快要刑满，如果你是出监监区的办案民警，请问应当办理些什么手续，制作什么执法文书？

（三）实践操作步骤

（1）熟悉罪犯出监的工作流程，知晓出监类文书的制作节点。

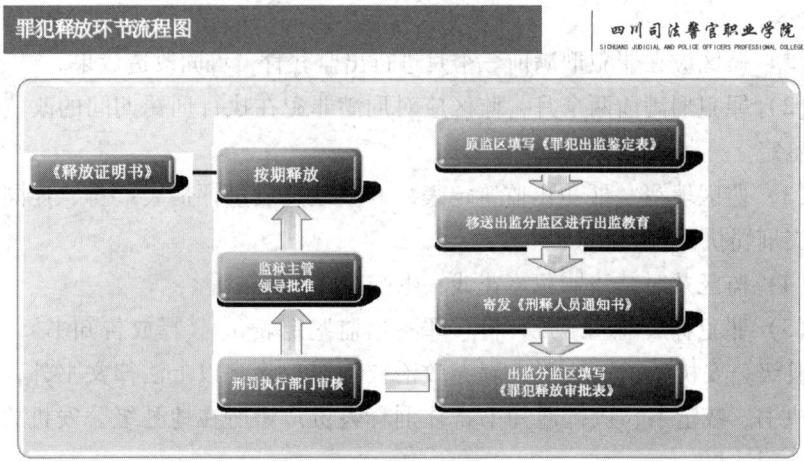

罪犯释放环节流程图

（2）在罪犯出监前三个月阶段，对出监罪犯进行改造质量的评价，综合评定服刑人员的改造状况。采取罪犯矫治阶段评估、出监阶段评估和再社会化预测等三大评估手段，通过使用系列量表对服刑人员的改造结果和重新犯罪的可能性进行预测，力求出监评估结果与实际相符。

（3）根据评估结果，准确填写《罪犯出监鉴定表》。

（四）完成出监环节的相关文书

（1）《罪犯出监鉴定表》；

（2）《刑释人员通知书》；

（3）《罪犯释放审批表》；

（4）《罪犯释放证明书》。

三、任务完成及学生自评

以下是学生根据参考案例制作的罪犯出监鉴定表，请指出该文书存在什么问题。

罪犯出监鉴定表

（封面）

姓　名＿＿＿＿何××＿＿＿＿

填表机关　<u>×××监狱出监监区</u>

填表日期　<u>20××年×月×日</u>

姓名	何××	别名	无	性别	男	民族	汉族
出生日期	1976年3月13日		健康状况		良好		
家庭住址	××省××机械厂						
原户籍所在地	××省××市××小区						
罪名	盗窃	原判法院	××市中级人民法院	判决书号		［2001］×法刑初字第45号	

刑期	原判刑期	6年		附加刑	无	
	原判刑期起止	2001年2月1日起2007年1月31日止		刑期变动情况	2004年8月因脱逃罪被加刑2年，刑期到2009年1月31日	

出监原因	执行期满	文化程度	原有：高中	有何技术特长及等级	四级焊工
出监时间	2009年1月31日		现有：高中		

主要犯罪事实	1999年6月15日，经预谋，何犯伙同陈某、官某（另案处理）带着事先准备的钢钻头、摩托车等作案工具，窜至集美区港口镇农业银行门前瞄准作案目标。当日14时许，何犯等人见吴某从农业银行取出几袋现金后，即由陈某驾驶微型车搭载何犯，官某驾驶一辆摩托车尾随吴某驾驶的越野车。吴某将车停放在集美区灌口镇凤泉西里的一栋楼下后，何犯趁其上楼之机，用钢钻头砸碎越野车的后玻璃，盗走吴某放在车内的现金60万元，并坐上在一旁等候的官某的摩托车逃窜。后被公安机关抓获归案。
家庭成员及主要社会关系	父亲：何××，××县第×百货门市部会计，已退休母亲：李××，××县第×百货门市部售货员，已退休妻子：杨×，××县机械厂工作
本人简历	1986年9月至1992年7月在××县××小学读书1992年9月至1995年7月在××县××中学读书1995年9月被招进××县机械厂当工人到2001年1月4日被捕2001年2月服刑至今
改造表现	何犯服刑初期，思想消极。由于抗拒改造发展到越狱逃跑。捕回后，态度恶劣，拒不认罪，被加刑2年。至此，该犯才开始对自己的罪行有所认识，一方面，他能自觉地汇报自己的思想认识，同时还写出了书面认识材料；另一方面，在劳动中，一反过去消极做法肯吃苦，常常超额完成生产定额，经考核达到三级瓦工。特别是担任了犯人文化教员以后，

改造表现	改造信心更足了，八次受到分监区、监区、监狱的表扬和鼓励，2007年被评为改造积极分子。
分监区意见	该犯从不认罪受到加刑处罚，到开始认罪至被评为改造积极分子，说明该犯在改造期间，已经抛弃好逸恶劳、贪图享受的恶习，今后只要进一步加强学习和修养，一定能成为自食其力的守法公民。
监区意见	按期释放 　　　　　　　　　　　　　　　　　　李×× 　　　　　　　　　　　　　　　　×年×月×日
监狱意见	按期释放 　　　　　　　　　　　　　　　　　　张×× 　　　　　　　　　　　　　　　　×年×月×日
备注	

| 刑满释放人员通知书（存根）
姓名何××，性别男出生日期1976年3月13日，
原户籍所在地××省××市××小区，
罪名盗窃罪
刑期起止2001年2月1日起 2007年1月31日止
附加：无执行期间刑种、刑期变动情况：2004年8月因脱逃罪被加刑2年，刑期到2009年1月31日
通知发往单位：××省××市××司法局 | （贰零零捌年）×监释通字第123号 | 刑满释放人员通知书（2008）×监释通字第123号
××省××市××司法局
　　你县（市、区）××乡（镇、街道）何××于2001年1月4日被××市公安局抓获，由××区人民检察院起诉。因盗窃罪被××人民院判处有期徒刑6年，于2001年4月3日起在我监狱服刑，将于2009年1月31日刑满释放。服刑期间，其表现好（较好、一般、差）。曾受过表扬1次，记功/次，评为改积分子/次，减刑/次/年/月；警告/次，记过/次，禁闭/次，加刑/次2004年8月。释放后，建议作为一般（重点）人员帮教。 | （贰零零捌年）×监释通字第123号 | 刑满释放人员通知书（2008）×监释通字第123号
××省××市××司法局
　　你县（市、区）××乡（镇、街道）何××于2001年1月4日被××市公安局抓获，由××人民检察院起诉。因盗窃罪被××人民院判处有期徒刑6年，于2001年4月3日起在我监狱服刑，将于2009年1月31日刑满释放。服刑期间，其表现好（较好、一般、差）。曾受过表扬1次，记功/次，评为改积分子/次，减刑/次/年/月；警告/次，记过/次，禁闭/次，加刑/次2004年8月。释放后，建议作为一般（重点）人员帮教。 |

第二章　狱政管理类执法文书实训项目

◆ 项目一：对罪犯考核奖惩类执法文书实训项目

一、实训目的

根据教师提供的罪犯案例，学生能够根据监狱法的相关规定，并结合罪犯现行改造表现，分析判断该罪犯应适用什么奖惩种类，并制作相关的执法文书。

难点：学生熟练掌握监狱法或相关规定，并能结合具体的实例，提出与之相适应的奖惩种类，制作相关的执法文书。

二、实训内容

（一）工作要领

（1）熟悉监狱对罪犯禁闭的处置程序。

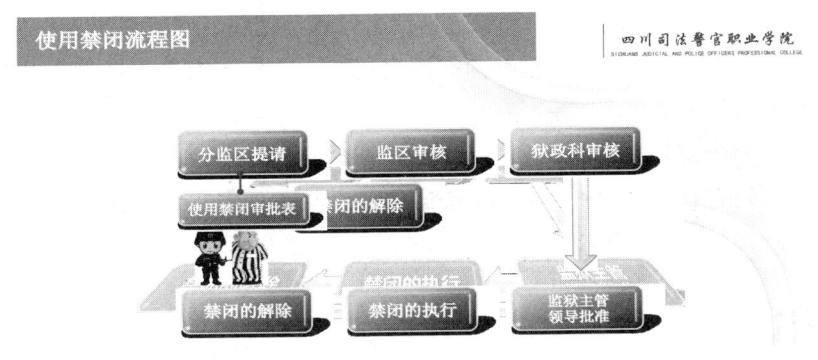

使用禁闭流程图

（2）熟悉监狱法对罪犯奖惩的考核依据：《中华人民共和国监狱法》第58条第1款、第2款对禁闭的情形、禁闭的期限作了明确的规定："罪犯有下列破坏监管秩序情形之一的，监狱可以给予警告、记过或者禁闭：（一）聚众哄闹监狱，扰乱正常秩序的；（二）辱骂或者殴打人民警察的；（三）欺压其他罪犯的；（四）偷窃、赌博、打架斗殴、寻衅滋事的；（五）有劳动能力拒不参加劳动或者消极怠工，经教育不改的：（六）以自伤自残手段逃避劳动的；（七）在生产劳动中故意违反操作规程，或者有意损坏生产工具的；（八）有违反监规纪律的其他行为的。依照前款规定对罪犯实行禁闭的期限为七天至十五天。"

（3）监区填写《罪犯禁闭审批表》，连同案件材料上报狱政科审批。

（4）狱政科同意禁闭的，报主管监狱长审批。

（5）禁闭室依据监狱批准的《罪犯禁闭审批表》，对罪犯予以禁闭，监狱如发生罪犯行凶、脱逃等危及监管安全的突发行为，可以先行关押，在24小时内补齐呈批手续。

（6）禁闭室民警对禁闭罪犯进行人身及携带物品检查，了解罪犯基本情况及禁闭原因。

（7）禁闭罪犯的日常管理教育。

（8）办理按期 、提前解除禁闭或延长禁闭时间的手续。

（9）禁闭罪犯所在监区带回解除禁闭的罪犯。

（二）工作要求

（1）禁闭室管理应坚持依法、严格、直接、科学、文明管理原则，严禁以关代教，严禁使用罪犯看守和管理，严禁打骂、体罚、虐待罪犯。

（2）提审和教育禁闭罪犯必须有两名民警，非指定人员不准擅自到禁闭室提审罪犯。

（3）禁闭室管理民警应每周对禁闭室清查两次。

根据教师提供的案例，综合分析后，提出解决方案，并制作相应的执法文书。

参考案例

2008 年 7 月 30 日，×监区接到××监狱的通知，为了在奥运会期间，确保劳动场所的安全稳定，要求各监区在 10 时 30 分，对全监区进行一次安全检查。这次安全检查，监狱共查出危险品、违禁品 6 件，其中在×宿舍内热水瓶中查出水果刀 2 把，×宿舍床板夹缝中查出钢锯条 2 根，×车间工具箱内查出简装白酒 1 瓶。

安全检查结束后，监区即对×宿舍内热水瓶中的 2 把水果刀进行调查，结果发现是罪犯王×为了报复洪某而精心准备的凶器。

（三）实践操作步骤

（1）熟悉监狱法的规定，掌握各考核奖惩的法定条件及相关法律法规。

（2）分析上面提供的案例材料，分析判断该制作什么执法文书：

（A）根据罪犯王×的行为，可适用禁闭处罚，其法律依据是：监狱如发生罪犯行凶、脱逃等危及监管安全的突发行为，可以先行关押，再补办审批手续；

（B）应对被禁闭的罪犯进行人身和物品检查，严禁将危险品带入禁闭室；

（C）应对被禁闭罪犯抓紧审查和教育疏导；

（D）禁闭期限已到，针对罪犯在禁闭期间的表现作出客观评价，并提出解除禁闭的建议。

三、任务完成及学生自评

以下是学生实训时根据以上案例制作的《罪犯禁闭审批表》的文本，请你分析文本，指出存在什么样的问题，提出诊断结论。

罪犯禁闭审批表

单位：××监区××分监区　　　　　　编号：×××××××××

姓名	王×	性别	男	出生日期	1976 年 2 月 9 日		
罪名	抢劫罪	刑种	有期徒刑	刑期	7 年	健康状况	良好
申请依据	为了在奥运会期间，确保劳动场所的安全稳定，2008 年 7 月 30 日，×监区接到监狱通知，要求在 10 时 30 分，对本监区进行一次安全检查。干警从×宿舍内热水瓶中搜查中查获了 2 把水果刀，随即干警对这两把违禁物品进行调查，结果发现是罪犯王×为了报复洪某而精心准备的凶器。 　　根据《中华人民共和国监狱法》第 58 条第 1 款第 4 项之规定，特申请对罪犯王×关押禁闭。						
申请期限	关押禁闭 7 天。（自 2008 年 7 月 30 日下午起至 8 月 5 日下午止） 　　　　　　　　　　　　　　　　　　分监区长：李×× 　　　　　　　　　　　　　　　　　　2008 年 7 月 30 日						

监区意见	罪犯王×为了报复他人，精心准备犯罪工具，给监区安全造成了巨大的安全隐患。根据《中华人民共和国监狱法》第58条第1款第4项之规定，同意对罪犯王×关押禁闭7天。 监区长：陈×× 2008年7月30日
主管科室意见	经审核同意对罪犯王×关押禁闭7天，尽快查清罪犯王×违禁品的来源，查找监管上的漏洞，有效防止监狱恶性事故的发生。 科长：张×× 2008年7月30日
监狱意见	同意关押禁闭7日。 监狱长：李×× 2008年7月30日
罪犯禁闭期间表现	该犯在禁闭期间，经干警的反复教育，认识了私藏违禁品的错误。并且交代了水果刀是上次接见时偷偷藏匿起来的。根据该犯的认错表现，认为可以按期解除禁闭。
解除禁闭情况	对罪犯王×于2008年8月5日解除禁闭。 批准人：××× 执行人：侯×× 2008年8月5日 2008年8月5日

四、任务拓展

参考案例

某日，值班民警张某某带班，早晨出工时罪犯谷××因为排队集合与罪犯曾某发生口角，被民警批评制止。中午开饭时，谷××帮助突然生病的罪犯收拾工具、打饭，受到民警表扬。下午劳动生产过程中，谷××积极肯干，超额完成生产任务。监区值班民警张某某应如何做好该犯的考核分记载。

要求：熟悉监区罪犯考核台账管理的规定；对罪犯日常改造表现、奖扣分情况及时准确逐项记载入册。

罪犯考核登记表

_____年度

单位:_____   罪犯姓名:_____

服刑人员月考核情况登记		
月份	1. 定额产值_____,完成产值:_____,超额_____%。 2. 本月累计扣_____分,最后一次扣_____分。 3. 本月突出表现: 分管民警:_____监区民警:	监区意见
月份	1. 定额产值_____,完成产值:_____,超额_____%。 2. 本月累计扣_____分,最后一次扣_____分 3. 本月突出表现: 分管民警:_____监区民警:_____	监区意见
月份	1. 定额产值_____,完成产值:_____,超额_____%。 2. 本月累计扣_____分,最后一次扣_____分。 3. 本月突出表现: 分管民警:_____监区民警:_____	监区意见
服刑人员月考核扣分登记		
日期		
月 日		
月 日		
月 日		
月 日		
年度累积:共扣分 次,最高扣 分,累计扣 分		
备注		

服刑人员扣分通知单
（存根）

（　）字第　　号

姓名_____

性别_____

出生日期_____

罪名_____

刑种_____

刑期_____

扣分原因_____

扣分依据_____

扣罚分数_____

已于____年____月____日通知本人。

执行民警签字_____

（　）字第　　号

服刑人员扣分通知单

（　）字第　　号

_____：

你在服刑改造期间，因_____

_____根据《服刑人员考核奖罚规定》第____条第____款的规定，决定给予扣____分的处理。

特此通知

（公章）

年　　月　　日

◆ 项目二：罪犯离监探亲执法文书实训项目

一、实训目的：

通过实训使学生熟悉离监探亲管理规定，并能够分析判断罪犯是否符合离监探亲的条件，能够正确办理有关事宜，培养学生行政奖惩管理能力。

难点：审核罪犯是否符合条件，准确使用法律文书，完成相关文书制作。

二、实训内容

（一）工作要领

（1）熟悉罪犯离监探亲的工作程序。

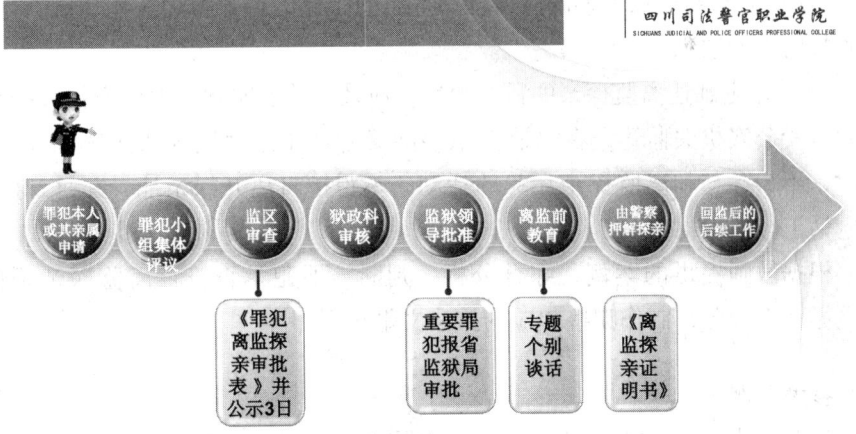

罪犯离监探亲工作流程图

（2）监区推荐或罪犯本人申请离监探亲。监区根据监狱规定确定离监探亲名额并对符合条件的进行推荐，或由罪犯以书面申请的形式提出申请。

（3）监区召开集体会议集体研究。对推荐或自己申请的名单进行条件审查，经集体研究确定人选。

（4）在监区公示7日，如无异议，监区填写《罪犯离监探亲审批表》呈报狱政科进行审核，再上报离监探亲工作领导小组审批。

（5）经离监探亲领导小组审批通过的罪犯名单再在罪犯所在监区公示3日，如无异议，呈报监狱主管领导审批。

（6）离监前个别教育谈话，向罪犯发放《罪犯离监探亲证明书》。

（7）办理监狱门卫登记手续，送离监狱，罪犯在离监探亲期间，监区要与其家属保持联系。

（8）罪犯离监探亲归监时，民警应在监狱大门等候带回。

（9）对离监探亲的罪犯进行人身搜查，收回《罪犯离监探亲证明书》及回执，查阅当地公安派出所签署的意见。

（二）工作要求

（1）重要罪犯的离监探亲由省监狱管理局审批；

（2）监狱应成立以监狱长、分管副监狱长和管教科室负责人参加的"离监探亲工作领导小组"负责离监探亲审批环节之一；

（3）监狱可以要求离监探亲的家属来监狱接人，并与家属签订《保证书》，明确罪犯离监探亲期间应协助做好思想工作，遵守各项法律规定，保证罪犯按时返回监狱；

（4）罪犯到达离监探亲的目的地后，应及时持证明到当地公安机关报到，主动接受公安机关监管，在离监探亲期间必须严格遵守国家法律法规和探亲纪律，不得参与和离监探亲无关的活动，不得擅自离开探亲地，并每日向监狱电话汇报一次情况。

根据教师提供的案例，综合分析，判断该罪犯是否符合离监探亲条件，应遵循什么程序，制作哪些相应的执法文书。

参考案例

罪犯熊某，男，现年46岁，本省B市人，盗窃罪，被人民法院判处有期徒刑10年，现已服刑8年。

在服刑期间，该犯一贯表现好，能够遵守监规纪律，"三课"学习成绩优良，劳动积极肯干，多次超额完成任务，现处遇为宽管级一级。

家中有老母亲（75岁）、配偶、女儿，均住在本省B市。

该犯1995年丧父，两个姐姐均已出嫁到外地，现其母身患肝癌（晚期），现该犯提出申请，请求母亲临终之前回家探亲。

（三）实训操作步骤

（1）仔细审查熊某是否符合离监探亲的法定条件。对具有《监狱法》第57条第1款规定的情形之一，同时具备下列条件的罪犯，可以批准其离监探亲："（一）原判有期徒刑以及原判死刑缓期二年执行、无期徒刑减为有期徒刑，执行有期徒刑二分之一以上；（二）宽管级处遇；（三）服刑期间一贯表现好，离监后不致再危害社会；（四）探亲对象的常住地在监狱所在的省（区，市）行政区域范围内。"

根据《罪犯离监探亲和特许离监规定》：

第3条规定离监探亲的对象限于父母、子女、配偶。

第4条规定符合条件的罪犯每年只准离监探亲一次，时间为3至7天（不含路途时间）。

第5条规定监狱每年可分批准予罪犯离监探亲。每年离监探亲罪犯的比例不得超过监狱押犯总数的2%。女子监狱和未成年犯监狱的离监探亲比例可以适当提高。

(2) 熊某符合条件,填写《罪犯离监探亲审批表》。

(3) 对离监探亲罪犯个别谈话。

(4) 发放《罪犯离监探亲证明书》。

三、任务完成及学生自评

以下是学生实训时根据以上案例制作的《罪犯离监探亲审批表》的文本,请你分析文本,指出存在什么样的问题,提出诊断结论。

罪犯离监探亲审批表

姓名	熊某	性别	男	出生日期	19××年×月×日	罪名	盗窃罪
刑期(种)	有期徒刑 首次:10 年 当前:2 年			刑期起止	自 2001 年 10 月 20 日至 2011 年 10 月 19 日	剥夺政治权利	现 2 年
亲属基本情况	姓名	与罪犯关系		职业		政治面貌	
	张雪芒	母子		务农		无	
	家庭住址	本省 B 市×××路××号					
	身份证号码	××××××					
离监探亲事由	该犯于 1995 年丧父,两个姐姐均已出嫁到外地,现其母身患肝癌(晚期),该犯希望在母亲临终之前能探母一次。						
监区意见	在服刑期间,该犯一贯表现好,能够遵守监规纪律,"三课"学习成绩优良,劳动积极肯干,多次超额完成任务,现处遇为宽管级一级。 　　根据《中华人民共和国监狱法》第 57 条第 1 款第 1 项、第 5 项和第 2 项之规定,建议准其回家探亲 5 天(自 2009 年 11 月 20 日起至 2009 年 11 月 24 日止)。 <div align=right>监区长:×× ×××年×月×日</div>						
狱政科意见	经审核,同意离监探亲 5 天,自 2009 年 11 月 20 日起至 2009 年 11 月 24 日止。 <div align=right>科长:×× 2009 年 11 月 14 日</div>						

姓名	熊某	性别	男	出生日期	19×× 年 × 月 × 日	罪名	盗窃罪
监狱意见	经审核，同意离监探亲5天，自2009年11月20日起至2009年11月24日止。 监狱长：×× 2009 年 11 月 18 日							

罪犯离监探亲证明书
（存根）

（２００９）×监离字第8号

罪犯 __熊××__

性别 __男__

罪名 __盗窃罪__

家庭住址 __本省B市×××路××号家__

属姓名 __张雪芒__

与罪犯关系 __母子__

批准期限 __5天__

批准人 __××__

填发时间 __2009__ 年__11月18日__

填发人 __李××__

（2009）X监离字第8号

罪犯离监探亲证明书

（２００９）×监离字第8号

　罪犯 __熊××__，男（女），__37__ 岁，因服刑期间遵守监规纪律，积极劳动，表现较好，根据《中华人民共和国监狱法》第五十七条之规定，经监狱决定临时离监探亲，时间自２００９年１１月２０日８时至２００９年１１月２４日８时止。

　特此通知

（公章）
２００９年 １１月１８日

探亲对象 __张雪芒__ 关系 __母子__

家庭住址 __本省B市×××路××号__

第三章　狱内侦查类执法文书实训项目

◆ 项目一：耳目的物建与使用执法文书实训项目

一、实训目的

通过实训使学生熟悉狱内耳目管理的有关规定，掌握狱内耳目工作原则。能够从在押罪犯中物色建立耳目，能够使用耳目搜集和了解在押罪犯思想状态及又犯罪线索，及时了解掌握监区狱情动态。对于不符合耳目条件的，要及时撤销，学生通过实训能够只做耳目物建与管理文书。

二、实训内容

（一）工作要领

（1）熟悉耳目物建与管理的工作规程。

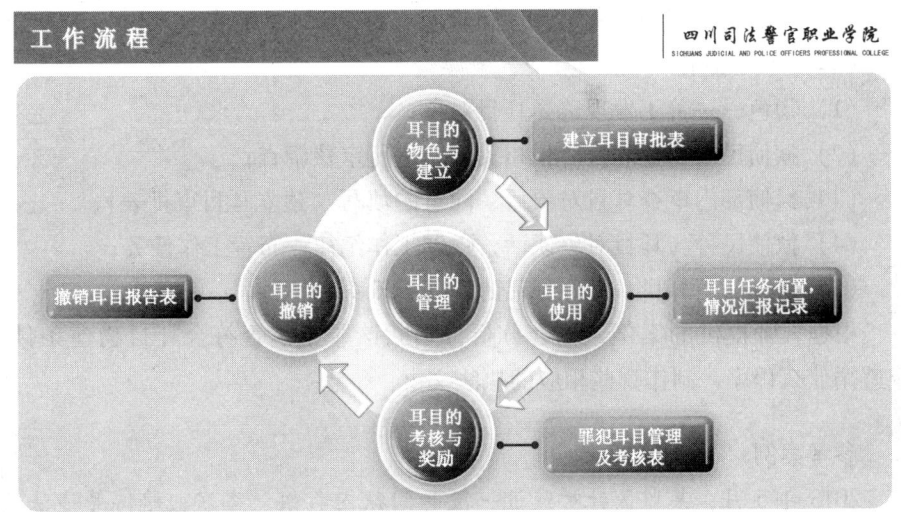

工作流程图

（2）耳目因暴露、违纪、反水、不起作用、释放、转监以及专门负责的狱侦民警调整工作岗位等原因，应撤销耳目，要填写《撤销耳目报告表》。

（3）通过查阅罪犯档案、个别谈话、日常考核等方法对罪犯进行摸排物色：

（A）从有主动赎罪愿望和要求的罪犯中物色；

（B）从在押罪犯的各个层次、特别是落后层次中物色；

（C）从各种重要案犯或危险分子周围的罪犯中物色；

（D）从狱内又犯罪罪犯中自首的分子中物色；

（E）从其他监区调入的曾担任过狱内耳目中物色；

（F）从重点要害部位劳动的罪犯中物色。

（4）掌握狱内耳目的基本条件：

（A）能发现敌情，或者能够接近侦查对象；

（B）有一定的活动能力和观察识别能力；

（C）基本认罪，愿为我所用；

（D）能保守秘密。

（5）符合条件的制作《建立耳目审批表》。

（6）利用狱内"耳目"掌握深层次的犯情，及时捕捉狱内信息，敏锐觉察罪犯思想动态，准确分析判断狱情，合理调整监狱防控机制。

（7）对狱内耳目的考核、管理和奖惩。

（二）工作要求

（1）物色——善于发现选择耳目对象；

（2）狱侦民警物色耳目后报相关部门进行审核调查；

（3）狱侦部门审查耳目对象后，同意的填写《建立耳目审批表》；

（4）狱侦民警与耳目对象谈话，强调工作纪律、布置工作任务；

（5）掌握使用耳目，做好耳目的管理、教育和考核。

根据教师提供的案例，综合分析，判断该罪犯是否符合耳目物建条件，应遵循什么程序，制作哪些相应的执法文书。

参考案例

2013 年 5 月，某监区针对最近一段时间狱内打架、盗窃、赌博等违法违纪时有发生，为了加强对罪犯的管理，获取准确的狱情信息，有效地打击狱内各种违法违纪行为，监区召开了监管安全工作会议。会上监区领导要求民警物建一批耳目，把一些不能发挥作用的耳目撤销。林××于 2008 年 5 月 15 日被监区物建为控制耳目，物建初期该犯还积极主动，但随着刑期将满，林××的工作消极，不愿再为工作。薛××于 2007 年 8 月入监，犯罪恶性不大，性格外向，善于与人沟通。

（三）实训操作步骤

（1）通过查阅罪犯档案、个别谈话、日常考核等方法对罪犯进行摸排物色，确定耳目对象；

（2）进一步查清耳目对象情况，看是否符合耳目条件；

（3）确定耳目对象上报狱侦部门及主管监狱长审核；

（4）狱侦部门、监狱长同意后，向耳目布置工作，并单独进行考核。

三、任务完成及学生自评

以下是学生实训时根据以上案例制作的《撤销耳目报告表》的文本，请你分析文本，提出诊断结论。

撤销耳目报告表

监区：五监区　　　　　　　　　　　　　　　　　　　　　　编号：2009078

姓名	林金学	代号	K515	性别	男	出生日期	1986 年 10 月 18 日
罪名	失火罪	刑期	原：6 年 现：4 年 9 个月	建立耳目的时间		2008 年 5 月 15 日	
撤销耳目的理由	该犯在刚担任耳目的一年内，尚能努力工作，经常提供一些有价值的材料。今年下半年以来，随着余刑的减少（该犯刑满日期为 2010 年 5 月 5 日）其对耳目工作表现消极，连续 3 个月没有提供任何材料。据反映，该犯平时经常流露出不愿再反映情况，希望安安稳稳服满余刑的念头。鉴于上述事实，该犯对耳目工作既没有愿望又没有行动，已丧失了担任耳目的基本条件，建议撤销。 　　　　　　　　　　　　　　　　　　　　　　掌握使用人：××× 　　　　　　　　　　　　　　　　　　　　　　2009 年 9 月 15 日						
领导意见	同意撤销耳目 　　　　　　　　　　　　　　　　　　　　　　监狱长：××× 　　　　　　　　　　　　　　　　　　　　　　2009 年 9 月 20 日						

建立耳目审批表

监区：四监区　编号：2009055

代号	K415	姓名	薛××	别名	阿发	性别	男	民族	汉
出生日期	1987年6月6日			文化程度	高中	罪名		交通肇事罪	
刑种	有期徒刑	刑期	原：7年 现：6年	刑期起止		自2006年8月8日起 至2012年8月7日止			

原工作单位原职务	××省××市××运输有限公司驾驶员
家庭住址	××市××区××小区一村3栋305室
参加过何种党派、团体及所任职务	初中时曾加入共青团组织，任班团支部副书记
简历	1994年9月~2006年（略）2006年8月~2007年1月因交通肇事罪被刑事拘留至判决犯罪嫌疑人；2007年1月××省××监狱服刑；
主要罪行	2006年7月25日晚22时许，薛驾驶车辆在送达货物的返回途中，因酒后驾驶又超速行车，在××公路108公里处，将同方向行驶的一辆摩托撞飞，现场致1人死亡，1人重伤。薛犯驾车逃跑，8月8日在逃往外地的途中被抓获。
家庭主要成员及主要社会关系	爱人：罗××，×市运输有限公司工人 父亲：薛×才，×市××公司干部 母亲：李××，×市×公交公司退休工人
改造表现	能承认犯罪事实，服从法院判决，三课学习成绩较好，劳动积极肯干。平时行为比较散漫，个人内务卫生较差，遵守监规纪律不够严格。改造表现一般。
奖惩情况	2007年12月因三课成绩突出，受到监狱单项表扬一次； 2008年7月因有悔改表现，被减刑1年。
活动能力	从小生活在城市，见多识广，接受事物快，头脑反应灵敏，自我保护意识强；文化程度较高，理解能力较强，能较好地领会民警的意图；性格直率，朋友义气较重，人际交往能力较强，适宜隐蔽；兴趣爱好广泛，接触面较广，容易接近侦查对象。
使用范围	建议作分监区控制耳目。
物建人意见	通过对该犯近一年考察培养，该犯的性格、能力具备担任耳目的条件，而且本人有担任耳目的愿望和积极性，虽然改造表现一般，但容易接近侦查对象。根据狱内侦查工作的任务，建议该犯作分监区控制耳目。 物建人：×××
批示	同意该犯为分监区控制耳目。 监狱长：×××
备注	

（20××）年罪犯耳目管理及考核表

管理级别	代 号	姓 名	别 名	民族	出生日期	罪 名	刑期（起、止）		余刑
——	——	——	——	——	年 月 日		自 年 月 日 至 年 月 日		——

活动能力	改造表现	使用范围	物建人	物建时间	撤销时间	文化程度
				年 月 日	年 月 日	

家庭住址	
奖惩情况	
其他情况	
其他情况	

具体工作情况及考核奖惩

（ ）月 分

所在监区	——	余刑	————	掌握人	————

本月总体表现情况	

提供材料件数	思想动态	违规行为	预谋暴狱	预谋脱逃	企图自杀	重大立功表现	其他情况
	——	——	——	——	——	——	——

查证情况	属实	——	——	——	——	——	——	——
	待查	——	——	——	——	——	——	——
	转出	——	——	——	——	——	——	——
	否定	——	——	——	——	——	——	——

控制的重危犯及重要部位	
布置的任务及完成情况	
谈话教育	
监区对其管理教育情况	

（ ）月 分

所在监区	——	余刑	————	掌握人	————

本月总体 表现情况		_____						
提供材料件数		思想 动态	违规 行为	预谋 暴狱	预谋 脱逃	企图 自杀	重大立 功表现	其他 情况
		___	___	___	___	___	___	___
查证 情况	属实	___	___	___	___	___	___	___
	待查	___	___	___	___	___	___	___
	转出	___	___	___	___	___	___	___
	否定	___	___	___	___	___	___	___
		___	___	___	___	___	___	___
控制的重危犯 及重要部位		_____						
布置的任务 及完成情况		_____						
谈话教育		_____						
监区对其 管理教育情况		_____						

_____（ ）月 分_____

所在监区		___		余刑	_____	掌握人	

本月总体 表现情况		_____						
提供材料件数		思想 动态	违规 行为	预谋 暴狱	预谋 脱逃	企图 自杀	重大立 功表现	其他 情况
		___	___	___	___	___	___	___
查证 情况	属实	___	___	___	___	___	___	___
	待查	___	___	___	___	___	___	___
	转出	___	___	___	___	___	___	___
	否定	___	___	___	___	___	___	___
		___	___	___	___	___	___	___
控制的重危犯 及重要部位		_____						
布置的任务 及完成情况		_____						
谈话教育		_____						

监区对其管理教育情况							

（　）季　度

所在监区	＿＿＿	余刑	＿＿＿＿＿	掌握人	＿＿＿＿＿		
本月总体表现情况							

考核情况	提供材料件数	思想动态	违规行为	预谋暴狱	预谋脱逃	企图自然	重大立功表现	总体任务完成情况
	＿＿＿	＿＿＿	＿＿＿	＿＿＿	＿＿＿	＿＿＿	＿＿＿	＿＿＿
	布置任务件数	完成任务件数			完成任务效果（％）			
	＿＿＿	＿＿＿			＿＿＿			
	应控制重点部位及重点罪犯数	成功监控数			控制效果（％）			
	＿＿＿	＿＿＿			＿＿＿			
使用民警意见								

耳目任务布置、情况汇报记录

年　　月

姓名		代号		时间		地点	
布置任务内容							

续表

姓名		代号		时间		地点	
情况汇报内容							
查证情况							
查证证据							
处理意见							
				掌握使用民警：			
备注							

狱内耳目考核鉴定表

年 月 日

代号		建立时间		使用单位		使用方面	
改造表现							
提供材料件数		其中							
		思想动态	违规行为	预谋暴狱	预谋脱逃	企图自杀			
查证情况	属实								
	待查								
	转出								
	否定								
考核的主要事实								
使用民警意见								
监区意见								
狱侦科意见								

填表单位: 填表人:

◆ 项目二：罪犯脱逃处置类执法文书实训项目

一、实训目的

通过实训，使学生熟悉罪犯安全管理有关规定，对于脱逃罪犯能够及时发现，快速反应采取有效的追捕措施，缉捕脱逃罪犯，同时能够严格做好在押罪犯监控管理，确保监所安全稳定。

二、实训内容

（一）工作要领

（1）及时发现、迅速报警、快速出警、控制事态。

（2）快速出击、紧急布防。

（3）查明脱逃罪犯的人数、姓名、具体时间、原因、方式、体貌特征和去向，并采取追捕措施。

（4）留有必要的警力控制和稳定其余在押罪犯，以防止事态扩大或出现新的不测。

（5）认真制作《罪犯脱逃报告表》、《脱逃罪犯捕回报告表》等法律文书，并及时上报。

（二）工作要求

（1）要注意早发现、早报警、早行动，力争将脱逃事件控制在最短时间、最小范围；对正在实施脱逃过程中的罪犯，现场指挥应根据情况，立即带领干警予以制止，并将罪犯加戴戒具后，带至安全区域进行控制。

（2）如发生罪犯已经脱逃的情况，干警应迅速清点罪犯人数、做好其他罪犯的稳定安全警戒工作，以防止事态扩大。

（3）安排两名干警保护好罪犯脱逃现场，及时做好现场勘查，及时固定相关证据，形成现场勘查笔录。

（4）了解脱逃罪犯的姓名、年龄、家庭住址、脱逃时间、地点、方式、着装、使用工具等，做好现场搜查、现场调查访问等工作，注意观察、搜集相关证据，为下一步分析判断案情，做好追逃工作做好准备。

（5）注意总结成功经验和存在的教训，及时采取有效整改和防范措施，并对检举揭发、提供线索或包庇隐瞒的罪犯做出奖罚。

（6）要注意做好事故处理记录。

（7）对发出的重大隐患要填写报告并立即报送监狱领导和狱侦管理部门。

参考案例

罪犯赵××，因犯强奸罪被法院判刑入狱，刑期10年，现已服刑3年。某日，赵××接到妻子来信，妻子提出离婚要求。虽经干警做了心理疏导，但该犯还是想不通，第4天晚饭后，赵××借上厕所之机，悄悄地溜出监舍，用事先准备好的绳索攀出监墙逃跑。10分钟后，值班民警点名时发现该犯脱逃。

（三）实训操作步骤

（1）立即搜索。组织人员在现场或附近进行搜索，看罪犯是否藏匿、病倒、自杀在某个角落、原料或物件背后、下水管道等部位。

（2）积极搜集脱逃罪犯线索，分析预测罪犯脱逃方向或可能隐匿的地方，制定追捕方案。

脱逃方向或可能隐匿地方分析：

脱逃罪犯关系人及摸排方法：

（1）脱逃罪犯与关系人联系的必然性。罪犯在潜逃和躲避追捕的过程上需要资金、生活用品、通信工具；需要交通工具、办理假身份证、借用他人身份证件和其他物品；需要有相对稳定的生活来源以谋生图存，这些都需要关系人的帮助。（缉捕逃犯的突破点）

（2）脱逃罪犯关系人的分类。分为主要关系人：罪犯的近亲属，次要关系人；直接关系人：罪犯的亲戚、朋友，间接关系人：罪犯亲属、亲戚、朋友的关系人。

（3）脱逃罪犯可能选择的关系人：第一，与罪犯感情深厚、关系密切的近亲属；（会见或与之有通讯往来的）；第二，罪犯信赖的，关系密切的，捕前经常落脚处的亲属及同案、同伙、狱友，尤其是曾经资助或收留或窝藏过逃犯的关系人；第三，与罪犯有某种利害关系、利益关系、债务关系、经济纠纷或两性关系的社会朋友；第四，与罪犯臭味相投、有共同犯罪情趣的同伙、同案、狱友等关系人；第五，罪犯自认为隐蔽、鲜为人知、平时来往甚少，不可能为我方所知的关系人；第六，罪犯被捕前曾利用过（暂时落过脚）的关系人及同情逃犯的关系人；第七，经调查核实，罪犯脱逃后曾与之联系过的关系人。

（四）监狱追捕中常用的查缉措施

（1）追缉堵截；

（2）守候；

（3）搜捕；

（4）袭击；

（5）诱捕；

（6）围捕；

（7）上网追捕。

（五）监狱追捕工作中的线索排查

首先，排查内容：

1. 罪犯本人的基本情况：

（1）罪犯本人简历；

（2）体貌特征；

（3）犯罪规律、特点：犯罪类型、对象、作案地点、手段、工具、作案特点、销赃方式以及脱逃罪犯捕前活动区域；

（4）罪犯服刑期间的改造表现和日常行为特点；

（5）生活习惯：特长爱好、衣着特点、性格特点；

（6）社会阅历：受教育情况、经济状况、生存能力、技能特长等。

2. 罪犯脱逃的基本情况：包括脱逃时间、地点、经过、手段；脱逃的动机目的，脱逃有无其他诱发因素，脱逃前有哪些异常征兆。

3. 罪犯的关系人及基本情况：

（1）关系人的基本情况；

（2）关系人的政治态度、经济状况、对社会法律的认知情况；

（3）与逃犯的关系性质、亲疏程度、平时的往来情况、有无两性关系、利害关系、财产纠纷；

（4）通信工具；

（5）其他需要或者可能了解掌握的情况信息。

其次，监狱追捕工作中的线索排查方法：

1. 在狱内挖掘线索：

（1）查阅罪犯的档案、资料。

（2）在犯群中进行调查，号召罪犯坦白、检举、揭发，提供线索。调查的重点是与脱逃罪犯交往密切、接触较多、关系好的同乡、同案、狱友、靠拢政府的罪犯班组长。

（3）认真勘查现场：开展现场访问：首先，认真搜查遗留物及脱逃罪犯的个人物品、书信，从中发现线索；其次，要重点调查访问罪犯脱逃案件的目击者或罪犯脱逃前最后看见逃犯以及最先发现罪犯脱逃的人员（包括民警、武警、职工、家属、罪犯及社会公民），以尽可能准确确定罪犯脱逃时间，判明或者初步判明其脱逃、方向、路线。

2. 在追缉过程上发现线索：

（1）要注意观察沿途有无可供判断罪犯脱逃方向路线的痕迹物品；

（2）坚持跟踪追缉与走访调查同时并举；

（3）利用警犬进行追踪。

3. 派出追捕民警进行外部调查。

最后，对逃犯重点关系人的摸排和布控：

1. 摸排应当全面。

2. 筛选重点关系人和知情人。

3. 有针对性地做好重点关系人的工作。

（1）对与脱逃罪犯关系密切的亲属，应宣讲政策、法律，列举典型案例，同时要以情感人，站在对方的立场上分析利害关系；

（2）对与脱逃罪犯关系密切的社会朋友，要讲清利害关系，宣讲政策、法律，列举典型案例，指出包庇、窝藏脱逃罪犯是一种犯罪行为；

（3）对于存在顾虑的知情人，要恩威并重，宣讲政策法律，做好针对性的思想工作，打消其思想顾虑。对拒不吐实的知情人，必要时可以通过公安机关采取公开或秘密传唤的方式进行调查，或是依法采取留置；

4. 派员追捕，依法处理，制作相关执法文书。

三、任务完成及学生自评

以下是学生实训时根据以上案例制作的《罪犯脱逃登记表》的文本，请你分析文本，指出存在什么样的问题，提出诊断结论。

罪犯脱逃登记表

单位：××省×监狱　　　　　　　　　　　　　　　　罪犯编号：×××20080526

姓名	赵××		别名		淘气包	照片
性别	男	民族 汉	出生日期		1970年5月5日	
判决机关	××市××区人民法院		罪名		强奸罪	
刑种	有期徒刑		原判刑期	10年	剩余刑期	7年
体貌特征	身高：175厘米　脸型：椭圆　口音：××上饶　鼻：直线 嘴：水平　眼睛：双眼皮、较大　胡须：络腮胡子					
	穿着：上身外穿咖啡色衬衣，内着黑色圆领衫，下着黑色西裤，脚着黄色解放球鞋，头戴蓝色鸭舌帽					
	特征：左脸部上侧有2×3厘米的伤疤；右手上手臂纹有一只山鹰					
家庭住址	××省××县梅东乡黄塱村		户籍所在地	××省××县梅东乡黄塱村派出所		
主要社会关系	赵××，父亲，工人，×省×县梅东乡黄塱村×号 杨××，母亲，农民，×省×县梅东乡黄塱村×号 唐××，妻子，个体户，×省×县××花园7-3-5					
脱逃经过	2009年8月15日18时25分左右，该犯吃过晚饭后，谎称肚子痛上厕所，用事先准备好的绳索攀出监墙逃跑。10分钟后，值班干警点名时发现该犯没有回来。					
脱逃去向分析	该犯原常年在外搞销售工作，关系多、门路广，结识的客户遍及山东、河南、黑龙江等地，脱逃后有可以借销售员的身份找老关系，应迅速与原工作单位联系查找线索。					
采取的措施	监区于次日召开了紧急会议，采取了以下措施： 1. 立即派出追捕小组进行抓捕，赴县城搜捕了一天未果； 2. 检查罪犯互监制度落实情况； 3. 教育干警克服松懈麻痹思想。					
科室意见	按拟定的方案尽一切努力尽快抓获脱逃罪犯，全面开展监管隐患排查，进一步落实各项监管制度，加强对罪犯的日常管理和教育。 　　　　　　　　　　　　　　　　　　　科长：××× 　　　　　　　　　　　　　　　　　　　2009年8月17日					
监狱意见	同意科室意见，尽快捕回脱逃罪犯。 　　　　　　　　　　　　　　　　　　　监狱长：××× 　　　　　　　　　　　　　　　　　　　2009年8月17日					
备注	已向公安机关发出了《在押罪犯脱逃通知书》					

脱逃罪犯捕回登记表

单位：××省××监狱　　　罪犯编号：××320080526

姓名	赵××	性别	男	出生日期	1970 年 5 月 5 日
罪名	强奸罪	刑期（种）	有期徒刑	脱逃日期	2009 年 8 月 15 日～2009 年 11 月 11 日
捕获经过	2009 年 11 月 8 日 19 时，该犯在××市金川区×旅店伪装成公安值勤人员查宿诈钱。在查至 207 号单人房间一名青年女旅客时，便生歹意，欲施施暴。女旅客冲出房门大声呼喊。旅店工作人员及其他旅客闻讯赶到，将该犯当场抓获扭送公安机关。我监派干警于 11 月 12 日将其押回。				
在逃期间有无犯罪行为及主要犯罪事实	2009 年 11 月 8 日 19 时，该犯在××市金川区××旅店伪装公安值勤人员查宿诈钱。查至 207 房间一名青年女旅客于××时，便生恶意，以身份证与工作证照片不一致为由，要罚款 150 元，于不同意。该犯提出以发生性关系抵销罚款，并动手扯于。于××奋力冲出房门大声呼喊。旅店群众闻讯赶到，抓住该犯扭送到公安机关。				
发生脱逃事故应吸取教训	监狱看押制度执行不严，值班干警管理不到位，罪犯有了可乘之机。				
对罪犯的处理意见	该犯不思悔改，脱逃犯罪，在逃期间又犯罪。建议立案侦查，并依法提请人民检察院，追究其刑事责任。 　　　　　　　　　　　　　　　　　　　　监区长：××× 　　　　　　　　　　　　　　　　　　　　2009 年 11 月 13 日				
狱政部门意见	尽快查明该犯的全部犯罪事实，依法追究其刑事责任。 　　　　　　　　　　　　　　　　　　　　　　科长：×× 　　　　　　　　　　　　　　　　　　　　2009 年 11 月 13 日				
监狱意见	以该次事故为教训，对全监民警进行一次严肃工作制度、查找隐患漏洞的纪律整顿。同时，对全监罪犯开展一次反逃跑专项教育。在查清有关事实的基础上，严肃查处事故的责任民警。对脱逃罪犯依法律程序追究其刑事责任。 　　　　　　　　　　　　　　　　　　　　监狱长：×× 　　　　　　　　　　　　　　　　　　　　2009 年 11 月 14 日				
备注	对赵犯的起诉意见书连同其案卷材料一并移送××市人民检察。对有关责任人员，已分别作了相应处理。				

四、任务拓展

参考案例

1.2003 年 3 月 1 日凌晨 6 时 30 分许，××监狱四监区罪犯起床整理内务后在监舍前面的坝子里等待集合开饭。6 月 45 分，2 名罪犯炊事员推着送饭车来到四监区西南侧后门送饭，监督岗罪犯打开后门放 2 名罪犯炊事员进来。罪犯赵××按照事前的预谋策划，突然大喊一声"走"，随后，罪犯钟××手持一把砖刀、罪犯万××手持一根石工钻子、罪犯赵××手持一根扁担，罪犯张×、刘××、金××三人紧随其后，冲出四监区后门，径直跑到修建中的西南侧走道式围墙处。罪犯钟××第一个跑到围墙边，顺着施工跳板爬上近8米高的监狱西南侧走道式围墙，然后从围墙跳下。其余罪犯发现走道式围墙下部预留的一道施工便门，便钻进了施工便门，翻越监狱的围墙脱逃。罪犯钟××从围墙上跳下后腰部和腿部受伤，仍爬上监狱的围墙脱逃。

2. 上网搜索2014年9月2日发生在哈尔滨看守所越狱案始末，请根据所学专业知识，为哈尔滨看守所设计一份追捕方案，再分析梳理公安机关追捕三个逃犯的方案有哪些，并评价一下你设计和梳理的方案。

记者从哈尔滨市公安局获悉，昨日20时15分左右，黑龙江延寿县看守所三名脱逃人员之一李海伟在延寿县玉山村黄家屯附近被抓获。9月2日4时40分许，延寿县看守所三名在押人员杀害一名看守所民警后，抢走一部手机及衣物后脱逃，他们没有携带枪支。

目前，哈尔滨市公安局1.5万名警力全警参战。9月2日中午，记者在哈尔滨市城区、出城口、尚志市入城口、延寿县与尚志市交界处等地，看到大批巡特警、武警全副武装，持枪盘查过往车辆，缉捕嫌疑人。

同时，警方调集警用直升机赶到延寿县协助搜捕。昨日中午，记者在延寿县体育场看到，一有"哈尔滨公安"标志的直升机在操场草坪上待命。据悉，警用直升机上将搭乘两名特警指挥人员实施空中搜捕。据了解，此次执行任务的直升机型为ASB350B2，机上配有高清望远镜、搜索灯、高音喇叭及索降机等设备，能看清距离空中50米地面上的物体。

抓捕现场：20村民围追制服李海伟

昨晚8时左右，玉山村村民张邦辉在村里看到了李海伟。李海伟在村道东侧路灯下走着，浑身湿透。他从延寿县看守所逃跑已有近40个小时，向东北走了约10来公里。再走10公里，就是他家奎兴村高家屯。

李海伟一手拎着一个蛇皮袋，肩上挎着一个军绿色的挎包。蛇皮袋里有一公斤沾满泥土的花生，挎包里有一袋土豆、一袋核桃、20多个青椒、4根玉米以及一只装着一小口水的1.5升饮料瓶。核桃和玉米都已烤熟，其中一根玉米啃了一半。

张邦辉跟在李海伟身后，保持 4 米的距离，据他观察，李当时"并不慌张"。张掏出手机给哥哥张邦明（玉山村的村支部书记）打了简短的电话。"你快出来一下。"

随后，张邦辉"哎"地大声向李海伟喊了一声，李回头看了一眼，加快步伐，把张邦辉甩开 30 米，向西拐入一条小道，开始奔跑起来。

张邦辉见状大喊："抓住他！"这时张邦明已经带着村民赶到了李海伟奔跑方向的三岔口。

村庄的宁静被打破，村民从各个房间涌出，有迟疑站在原地愣住的，更多的人加入了追赶队伍。玉山村贴满逃犯的照片，逃犯去向与巨额悬赏已成为村民最熟悉与关心的话题。

追在李海伟身后的村民近 20 名。一位大姐告诉新京报记者，三岔口附近一家商店出来了 10 个人，其中包括一桌打麻将的，"他们连麻将桌上的钱都没来得及收拾！"

李海伟向西跑了 100 余米后，速度下降。第一个扑上去的是村民袁志超。"他挣扎了十多秒"，袁志超回忆。随后村民一拥而上，将李制服。

加入追赶队伍的另一个村民回忆，李海伟被擒上后破口大骂，"×你×跟我动刀，我弄死你。放开我"。

张邦明说，此时离他弟弟打电话向他报告仅过去了四五分钟。村民揍了李海伟几下后，4 个民警赶到，将李押送至百余米外的村党支部。在那里，李海伟被持枪特警重重围住的照片被拍摄了下来。

随后，李海伟被带上一支由 8 辆警车组成的车队，在 9 点 30 分被押回延寿县看守所监区，那里恰好是他此次逃跑的起点。

看守所附近村民摩托被盗

昨日凌晨 3 时 20 分，延寿县班石村祖永屯的村民陈宝金起床，发现院子的大门开了一条一米多的缝，院里的摩托车不见了。

陈宝金和妻子郑淑兰于头晚 10 点睡觉，摩托车还在院子里。摩托车是陈宝金 8 年前花 6000 元买的，红色，钥匙在车上没拔下来。

班石村祖永屯位于发生脱逃案的看守所西北 15 公里处，位于高玉伦被发现行踪的金川乡新胜村东北方 4 公里处。据监控录像，9 月 2 日凌晨，三名逃犯逃出监区后往西窜入玉米地。

"车不好使，已经半年没骑了"，郑淑兰想来后怕，"摩托车丢了不打紧，他们要进屋来就吓人了。"

3 时 40 分，陈宝金在屯附近找了一圈未果后拨打 110 报案。凌晨 4 点，警察赶到祖永屯勘查。

11 时，村民发现摩托车被废弃在陈宝金家往东 50 米处的延青路路北，斜倒在玉米地里。延青路路南是水稻田，路北是玉米地，约有一人多高。水稻田和玉米地之外是绵延的林地。

"今早下大雨，也没人出来溜达，所以发现得晚。"班石村一村民介绍。

12 时，特警赶到现场勘查，摩托车车把被特警套上了塑料袋。

13 时，新京报记者在现场看到，摩托车所在的玉米地较公路地势低，能看到草丛倒伏的痕迹。现场一名特警分析，从草丛顺着摩托方向倒伏的痕迹来看，摩托应该没打着火，否则草丛会因轮胎的旋转而向相反方向留下车辙痕迹。本版采写/新京报首席记者 曾鸣

追问：看守所为何"失守"？

看守所应该戒备森严、关卡重重，嫌犯如何打开监舍、如何打开手铐脚镣逃脱？

1. "越狱"时其他警察在哪？

据警方内部人士介绍，在押人员从看守所出去，需要经过几道关卡。

一个监区分为若干个监舍。监舍门需要民警打开，出了监舍门，还有一道门，有民警值守（一般为两人）。再往外走是监区大门。出了监区大门，就进入工作区，这里有武警值守。

《看守所执法细则》规定，夜间无特殊情况，不得打开监舍，一般也不会提讯嫌疑人。"如遇紧急情况必须打开监室门或者进入监室的，必须有两名以上民警进入，并经带班所领导批准，通知驻所武警中队。"

山东省一看守所负责人指出，从公开案情来看，三名在押人员是杀死一名监管民警后逃走，"按规定，看守所实行 24 小时值班制度，不允许一个巡视民警值班，必须确保每个区域必须有两名以上民警值班"。那事发时，其他民警在哪里？（据新华社）

2. 逃犯身上警服从哪来？

三名在押人员出逃时，身上都穿有警服。王大民着深蓝色警用春秋常服

（二级警督警衔，无其他标志）、高玉伦着浅蓝色长袖警衬（无警衔和其他标志）和李海伟着浅蓝色短袖警衬（警号025125，无警衔和其他标志），下身都着深色长裤。

长期从事监所管理研究的中国人民大学法学院副教授程雷介绍，按规定，监所内要有24小时的巡查和监控，还要进行交叉检查；进出监所大门都有武警哨兵，出入监所不能只看制服，必须查验证件，此次案件在这个环节上有疑问。

另外，他们如何得到的警服也是焦点之一。（据新华社）

又讯"按硬性规定，凌晨4点40分前后绝对不会审讯犯人，但是狱警会在监区巡视"。程雷对新京报记者说，狱警和犯人隔着门，通常不会有人身接触。不过，在押人员有可能谎称监室里有紧急情况，从而获得接触狱警的机会。

"如果监控没落实，那么犯人从狱警身上拿到开门钥匙，并逃出分监区，并不困难。"程雷称。

3. 死囚戴镣铐，如何被打开？

三名在押人员都属重刑犯，王大民涉嫌故意伤害致死未判决；高玉伦犯故意杀人罪已判死刑，正在复核期间；李海伟涉嫌故意杀人，尚未判决。

程雷说，看守所对重刑犯的管理等级会比较高，"监视上较重视，巡查频率也较高"。

《看守所条例》规定，看守所实行24小时值班制度；对已被判处死刑、尚未执行的犯人，必须加戴戒具。

云南凌云律师事务所赵兴祥介绍，死刑犯属于重刑犯，一般要戴手铐脚镣，戴手铐脚镣增加了脱逃的难度。一个监舍中一般关押若干人员，重刑犯脱逃，需要打开手铐脚镣，这一过程，会有人知道。而且，死刑复核期间的在押人员，昼夜有人盯防。（据新华社）

又讯 但新京报记者了解到，根据公安部颁布的《关于看守所使用戒具问题的通知》显示，戒具只能用于制止和消除人犯实施暴力、脱逃、自杀和破坏监管秩序的行为，对于经法院一审判处死刑的，或二审维持原判等待复核的以及有明显迹象表明可能行凶、暴动、脱逃、自杀的，或已发生这类行为需要防止其继续实施这类行为的，可以使用戒具。

中国人民大学法学院副教授程雷对新京报记者说，死刑犯也不一定要戴，需要逐人判断，评估风险再作考虑。

4. 哪个环节出了问题？

记者在延寿县公安局提供的视频截图上看到，从 4 时 44 分 27 秒到 4 时 45 分 20 秒，三名在押人员分别从监区的大铁门出来，向监区外走去。

北京市公安局一位民警指出："一般看守所，仅监区外围就有几道门，而且每次只能打开一道门，其余的大门必须等这道门关闭后才能逐一打开。"这位民警说，在一些看守所里，监室大门被设计成"AB 门"，即两道大门只能按先后顺序打开，不能同时开启，有的看守所监室大门除了有铁锁外，还配备了电子锁，也必须按顺序打开，一旦有人破坏将立即报警。

他同时指出，大部分看守所监区和民警工作区是隔离的，之间还有开阔地，从监区出入的人员全部暴露在执勤的武警视野里。

山东省一看守所负责人认为，在押人员脱逃肯定是管理上出了问题，而且不是一个环节出问题，是若干环节都出现了问题。

延寿县看守所脱逃案是一起罕见个例，但程雷说，从目前官方披露的信息看，此次脱逃事故难逃违反监管工作规定的嫌疑。

一位监所管理专家分析指出，成功的越狱脱逃事件，击穿的都不是监狱高墙，而是人性弱点。"该案犯罪嫌疑人将作案时间挑选在凌晨四五点，这时人一般会精神松懈。另外，越狱者多是亡命之徒，看守所对越狱者的心理、准备和动态都没有掌握。"

受访专家表示，此次案件尚需有关部门进一步调查和披露，但排查漏洞、加强监所管理是当务之急。（据新华社）

以上内容载《新京报》（除署名外）/新京报记者　杨锋　实习生　钟煜豪

◆ 项目三：侦查笔录类执法文书实训项目

I 讯问笔录实训项目

一、实训目的

对于狱内犯罪案件的侦查，学生通过实训，能够使用秘密手段，刑事技术手段和其他必要措施，收集罪犯的犯罪证据，并且通过法律文书制作，能够有效固定言词证据，使之成为具有证据力的刑事诉讼证据，依法推进狱内侦查预审工作。

二、实训内容

（一）掌握狱内又犯罪案件查处工作规程

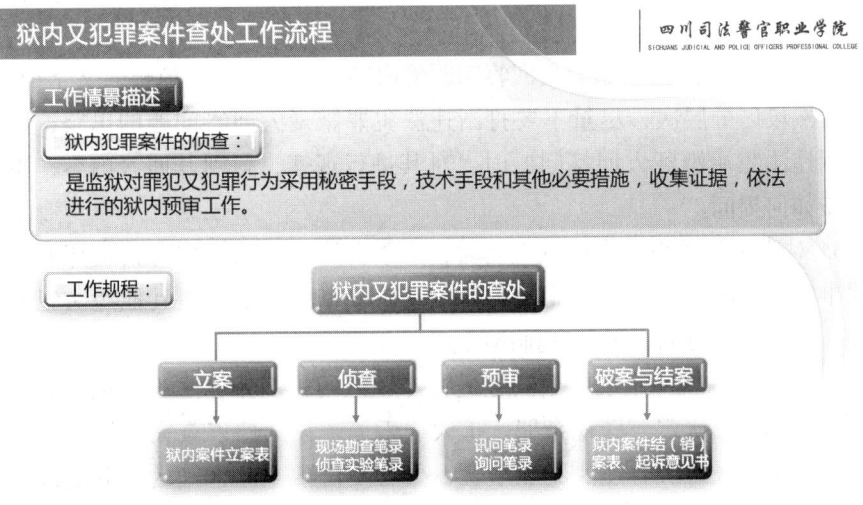

狱内又犯罪案件查处工作流程图

（二）工作要领

1. 掌握司法部《狱内刑事案件立案标准》，对照立案标准，对案情进行分析，拟定为一般、重大案件、特别重大案件，填写《狱内案件立案报告表》；

2. 由监狱侦查部门负责组织人员侦查破案；

3. 现场勘查取证：运用刑事科学技术手段和调查访问等方法，对狱内犯罪现场、物品、人身、犯罪留有的其他痕迹、物证进行实地勘验和现场访问取证；

4. 对案犯单独关押禁闭，进行隔离审查；

5. 2名以上侦查人员以狱侦部门签发的《提讯证》到禁闭室提审犯罪嫌疑人，并与禁闭室管理警察办理签名登记手续；

6. 审讯时应讲究策略和方法，严禁刑讯逼供，做好讯问笔录；

7. 侦查终结并依法应当追究刑事责任的狱内案件，狱侦部门填写《结案报告表》，报主管监狱长审批；

8. 狱侦部门制作《起诉意见书》报监狱主管领导批准，连同案卷材料、证据、罪犯档案等一并移交监狱所在地人民检察院审查起诉。

（三）工作要求

1. 应如实记载案件事实，不失原意，讯问时民警可使用一些口头用语，笔录语言可以不与口头语内容完全相同。

2. 在记录违法犯罪嫌疑人回答问题的内容时，应采取大篇幅的文字记录，使用自然段区分层次，尽量不要打断违法犯罪嫌疑人回答问题的思路；民警可利用违法犯罪嫌疑人回答问题时，对其进行观察，甄别其回答内容，思考下一步如何提问。

3. 对违法犯罪嫌疑人进行讯问时，力争在第一次讯问中将其全部的违法犯罪事实记录清楚，一次不能问明的，或在审查工作中发现其他违法犯罪事实的，应在法定时间内另行安排讯问。

4. 民警可以就一个或几个问题进行专题讯问，例如，主观动机、赃物下落、共犯的责任认定、深挖余罪、扩大线索等，在案件审查完毕结案时，对违法犯罪嫌疑人的所有违法犯罪事实，要有一份独立且详细的讯问笔录，即系统口供。

5. 民警在问话前，首先要全面熟悉证据，了解案情，制定详细的讯问计划。

6. 遇违法犯罪嫌疑人无理诡辩时，讯问人可以巧妙地利用其诡辩心理，采取迂回的方式，娴熟地运用讯问技巧，达到讯问目的。

（1）在证据尚不充实的情况下，将该人的违法犯罪事实了解清楚并适当地记录，待进行深层的外围调查，进一步掌握其证据后，再进行新一轮的讯问工作；

（2）在证据充分的情况下，由浅及深、循序渐进达到核心的实质问题；

（3）进行讯问时，不必执着于要求被讯问人承认某一特定事实或承认某一具体的词汇、用语；

（4）讯问中要根据被讯问人的无理诡辩或不符合客观实际的供述，有针对性地提出质疑性的提问，同时加以适当的政策攻心或法律教育。

7. 讯问时不能给被讯问人指供、诱供或其他非正常引导。

8. 各证据之间须体现证据之间的相关性与互证性。

9. 如遇违法犯罪嫌疑人改变原供述的情况，民警要问明改变供述的原因，讯问笔录中要将其改变后的供述内容简明扼要地记录清楚，然后要根据具体案情及其他证据材料，对其前后的供述进行仔细甄别。

根据教师提供的案例，综合分析后，提出解决方案，并制作相应的执法文书。

参考案例

彭犯因为曾经有过在部队服役的经历，被选为零星杂物犯，在新收监组担任组长。2002 年 6 月 23 日（星期日）晚饭后，彭犯在安排监组罪犯静坐观看电视新闻时，新收罪犯李某（盗窃罪，判刑 1 年零 6 个月）未按要求坐到指定座位，彭犯当即指责李犯，李犯解释说：我眼睛不好，看不清楚，要求照顾，坐到前面有什么大不了的呢？彭犯让他在监室门口面壁站立。新闻节目结束后，监区安排全体罪犯室外活动，结束后，回到监组，彭犯继续罚李面壁站立，遭到李犯拒绝，两方发生推搡。约 19 时 50 分左右，彭犯趁李犯不备，猛力抽打李犯脸部。当即李犯觉得脸部及左耳疼痛明显，27 日经监狱总医院确诊为"左耳道内见鼓膜有外伤性穿孔"。

（四）实践操作步骤

1. 对彭犯采取禁闭措施，防止事态进一步扩大；

2. 及时向双方当事人及证人了解案件事实；

3. 及时针对案件进行调查取证，固定犯罪证据；

4. 根据掌握的案件情况及相关证据制定讯问提纲；

5. 在法定的期限内对犯罪嫌疑人讯问，询问被害人，固定讯问笔录和询问笔录。

三、任务完成及学生自评

下面是学生根据案例所写习作，请分析以下讯问笔录指出存在什么问题，是否符合讯问笔录的要求，并针对问题加以修改。

讯问笔录（第一次）

时间：2002 年 6 月 24 日上午 8 时开始至 10 时结束

地点：××省××监狱、七监区审讯室

讯问人：狱侦科科长梁××

记录员：吴×

被讯问人：罪犯彭××，男，34 岁，汉族，初中文化程度，××市××乡人，因抢劫罪被判处有期徒刑 5 年 6 个月，2001 年 9 月 20 日入监服刑。

问：你叫什么名字？年龄？文化程度？

答：彭××，34 岁，初中文化程度。

问：你家住哪里？

答：×市××乡。

问：你犯什么罪被判刑？

答：犯盗窃罪。

问：判几年？

答：5 年 6 个月。

问：何时入监服刑？在哪个分监区服刑？

答：2001 年 9 月 20 日入监服刑；在 7 监区 6 分监区服刑。

问：在服刑期间改造表现怎样？

答：2001 年 12 月违犯监规饮酒，被犯人关××揭发，我打揭发人一次，打了三四拳，受到禁闭、记过处理。2002 年 3 月 29 日因争工具与邓×打架一次，在分监区作大会检查。

问：你这次因什么事被禁闭？

答：因为打李××受禁闭。

问：你何时、在什么地方打人？

答：2002 年 6 月 23 日（星期日）晚饭后，我们在静坐观看电视新闻时，我喊李某坐后面的位置，李××不听，我当时就火冒三丈，就让李犯去面壁思过。

问：后来怎样？

答：后来在室外活动的时候，我越想越生气，又让李犯去面壁思过。李××不但不听，还推了我。

问：接着又怎样？

答：李××面壁站立的时候，我趁他不注意，我抽了李××两耳光，把李××的眼镜打落了。他当时就蹲在地上捂着脸大喊大叫说"组长打人了"，我以为他在装疯，又踢了他两脚。

问：还踢过他几脚？

答：我又踢了他两下，后来被林管教喝住，犯人王××上前抱住我，制止了我再踢。

问：你是否想将他打死？

答：不是。

问：那你为什么在李××蹲下后又踢他呢？

答：主要是想狠狠教训他，把他整得不敢再和我作对。

问：你当时怎么想的？

答：我当时想弄死他。

问：为什么？

答：他不听我的，就要收拾他。

问：因为什么？

答：喊他不听。

问：你这是什么行为？

答：属行凶杀人。

问：当时林管教在场吗？

答：在。

问：你还有什么要讲的？

答：没什么。

问：你讲的是真话？

答：是。

以上记录已读给我听过，没有什么出入。

黄××（按指印）

审讯员：梁××（签名）

记录员：吴××

二〇〇〇年三月九日

四、任务拓展

1. 下面这段讯问笔录存在讯问人员讯问时的不当之处，请指出并做适当补充修改。

（略）

问：你有前科吗？

答：没有。

问：你拼装过摩托车吗？

答：200×年秋拼装过一辆摩托车。一天，我兄弟去百货大楼买东西，因时间太早没开门，我们就到南市那块去转了一会儿。在那我用300元钱买了一辆破雅马哈摩托车回来，车号看不清了，而后我就到二马路市场上去凑零件，拼装这辆破车。

问：拼完以后的车子现在在哪儿？

答：在我家。

问：知道为什么叫你来吗？

答：知道

问：为什么？

答：因为殴打管理人员。

问：把事情经过讲一下。

答：我将拼好的摩托车于今年3月间推到六合市场上去卖，一个管理人员过来问我，你的车子有"本"吗？我说，你管得着吗？他说，我就是干这个的，就得管。我们俩吵了起来，后来一大堆人和市场上的一些人给劝开了。我们没打架，他让我写一份检查，是关于不服从管理的，我写了，他不准我再卖了，我也没有再卖。

问：主要说你怎么打人的？

答：从那以后，我十分恨他，就想报复他，今年3月20日，也就是我卖车后第二天，就到市场上去找他，把他带到厕所后面打了一顿。

问：知道你这是什么行为吗？

答：是报复流氓行为。

问：你以上说的是事实吗？

答：是。

以上看过，全对。

200×年4月20日

2. 根据所提供材料，制定讯问提纲及讯问的问题。

参考案例

甲某和乙某进入某餐馆伺机行窃，甲某见第3号桌一男客的西服上衣挂在座椅靠背上，遂用眼神告知乙某，两人靠近该餐桌。甲某装作路过进行掩护，乙某将该男客西服上衣左侧内兜的钱包掏出后，甲某先向门口走去，乙某在准备离开时被事主的朋友发现。同桌的客人一起拦住乙某，甲某走到门口见此情景，回来装作劝架，但因与乙某口音相同，加之事主经过回忆，想起刚才甲某曾路过其身旁，遂被认为同伙也被揪住。甲某当即掏出匕首进行威胁，迫使事主等人放手准备逃走时，被闻讯赶到的民警抓获，并在乙某身上搜出事主的钱包，内有人民币700余元。

3. 分析下面讯问笔录的节选，看看有什么问题。

问：这几天对自己的问题有什么反省？

答：我偷了别人的钱，被抓住了，这个不对。

问：你身上带的小镊子是哪里来的？

答：那是我原来干活用的。

问：这次偷钱用小镊子了吗？

答：这次没用小镊子，我用手碰的钱包。

问：那你带小镊子干什么？

答：我带小镊子是想偷钱用。但这次偷女人的钱，我没用小镊子。

问：你到成都后还偷过什么东西？

答：这是第一次。

问：这偷钱包是什么行为？

答：我还没偷钱包就被发现了。

问：你为什么没用身上带的小镊子偷钱？

答：我以前也被别人偷过，如果用小镊子偷钱不容易被发现，可是这次我没用小镊子，结果被她发现，就喊我是小偷。

附：其他笔录技能训练。

现场勘查笔录（单项训练）

1. 勘查中发现面包车驾驶员一侧第三扇车窗锁外侧有撬压痕迹，该车窗呈打开状态。汽车玻璃面积为 71×73 厘米，玻璃上留有汗液指纹。

2. 3月6日上午，市民王先生在金汁河边发现了一具女尸，公安机关为了查明女尸身份，请求有关部门协助，发布了（　　　）

A. 通缉令　B. 通告　C. 协查通报　D. 办案协作函

3. 以下内容是勘查笔录中的节选，请回答这样记写有什么问题，为什么？

（1）经勘查发现，犯罪分子在 9 月 12 日夜间至 9 月 13 日黎明前作案，是采用撬门入室，撬坏衣箱，撕破皮包的手段，盗走物品，从门内逃跑的。

（2）死者头北脚南，躺在食堂后院内，距铁门 4.65 米；旁边扔有死者的手电、拖鞋等物。（摘自一份《现场勘查笔录》）

4. 根据所提供材料，对法律文书的内容进行分析。

现场位于××景区××岩洞内。该洞坐南朝北，洞外正北面有长约 40 米坡度为 40 度的陡坡，坡下约 30 米处有一通往××单位的简易公路。岩洞内长 40 米，洞内空旷，有少许滴水痕迹，进洞 20 米至 30 米处为低洼地，洞尽头自然形成了 10×3 米约 25 度的斜坡，在斜坡和低洼地的结合部中央是发现尸体的位置。尸体呈卷曲状，头朝西，脚朝东，尸体已出现尸斑，尸体长 175cm，男性，发长 5～7cm，上穿咖啡色夹克衫，内穿羊毛衫、背心，下穿蓝色水磨牛仔裤，内着衬裤，脚穿白棉袜、黑色皮鞋，尸体颈部有明显勒痕。在死者身上发现工作证一个（姓名：谷××；性别：男；民族：汉；工作单位：××省××厂；职业：工人）

Ⅱ 询问笔录实训项目

一、实训目的

对于狱内犯罪案件的侦查，学生通过实训，向证人、被害人提问调查，了解案件情况，发现案件线索，如实完整地记载证人证言和被害人陈述，并且通过法律文书制作，能够有效固定言词证据，使之成为具有证据力的刑事诉讼证据，依法推进狱内侦查预审工作。

讯问笔录和询问笔录都是反映案件事实的法律文书。经查证属实的询问笔录、讯问笔录即成为刑事诉讼证据之一。讯问笔录与询问笔录的制作与案件查处存在着如下客观联系：

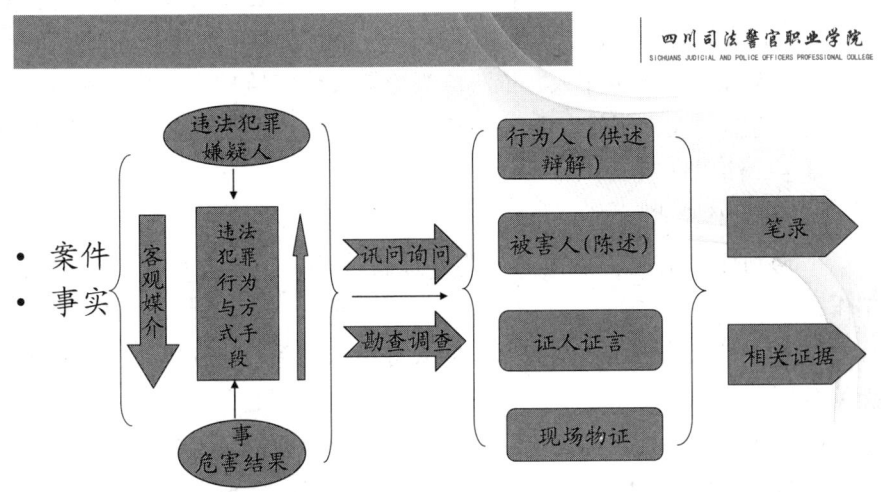

询问笔录、讯问笔录与案件查处的关系图

注：客观媒介：是违法犯罪嫌疑人为达到其违法犯罪目的、形成案件事实所借助、利用或创造的物质条件。同时也是行为人借以实施违法犯罪活动的必要条件。

客观媒介：可以表现为人或具体的物，也可以体现为行为人利用环境、语言，还可以利用人的弱项等达到违法犯罪的目的。

二、实训内容

（一）工作要领

1. 侦查人员在提问时应向被询问人讲明自己的身份，同时讲解有关法律，确保被询问人反映的情况真实；

2. 案件调查工作可能需要就某一案件或某一问题需要多次反复询问，因此询问时应注意询问方法和提问的语气以及询问环境，避免引起被询问人的反感；

3. 在每次取证的过程中要排除干扰，采取灵活的工作方式，避免引发矛盾妥善处理问题，决不能影响案件侦查的进行；

4. 询问笔录应以被询问人自述为主，采用大篇幅记录，尽量减少不必要的提问，特别要避免一问一答的模式；

5. 切忌对被询问人有倾向性的提问，不得有丝毫诱导或变相诱导，否则，易造成侦查方向的失误，引发冤假错案；

6. 如果是询问未成年人，依法应当通知其法定监护人到场。签署"我是××的法定监护人，制作以上×页笔录时我在场，笔录内容与××说的一致"然后签字，注明日期。

（二）工作要求

1. 遇到任何情况，狱侦人员均要保持冷静，不得急躁，以免影响取证工作；

2. 如果证人或被害人与犯罪嫌疑人有特殊关系，应在笔录中记录这种特殊关系；

3. 如果被询问人在阅读笔录后提出笔录中存在记录上的失误，侦查人员可不必在原处更改，接续笔录的结束语予以提问，将被询问人提出异议的部分正确记录；

4. 对被询问人针对笔录记录的内容提出的问题，要结合案情以及现有证据甄别后作出是否对被询问人进行适当法制教育，进行适当解释，或予以适当修改；

5. 询问笔录要以犯罪的"七个要素"为标准，但不一定能对七个要素全面反映，一般情况下，只能反映七个要素中的个别内容。（例如：有些询问笔录既不能反映犯罪的结果，也不能描述犯罪的过程，只是反映一些客观环境、物体、违法犯罪嫌疑人特征或其他一些相关问题的枝节情况）

根据教师提供的案例，综合分析后，并制作相应的执法文书。

参考案例

一起盗窃案发生后，侦查人员到犯罪嫌疑人的家里，走访犯罪嫌疑人的父亲，请根据要求制作一份询问笔录。

（三）实践操作步骤

1. 如果询问的具体情节与其他证据或鉴定结论存在一些差异，侦查人员要全面地分析案情，通过再次问话，确认存在差异的原因。

2. 要合理解释细节。不能有指供、诱供或其他非正常引导的问话。

3. 适时"叮问"。其意义在于提示的作用，同时突出重点问题和关键环节，保证笔录作为证据体系中重要环节的稳定性：

（1）从犯罪构成四个要件的角度分析；

（2）从七何要素的角度分析；

（3）在笔录重要问题记录完成后实施。

4. 向被害人、证人调查违法犯罪嫌疑人（主体）的有关情况，应注意问题：

（1）大部分案件的被害人、证人往往对违法犯罪嫌疑人一无所知，需要侦查人员根据线索去发现违法嫌疑人。

（2）在被害人、证人仅能够反映违法犯罪嫌疑人的体貌特征的情况下，还需要辅以辨认，从而记录对违法犯罪嫌疑人与犯罪事实之间的因果关系，以证据的形式予以固定。

（3）对于因民间纠纷引发的刑事案件，被害人、证人以及违法犯罪嫌疑人，对相互之间的基本情况较为了解，应详细记录双方的基本情况。

（4）向被害人、证人调查违法犯罪嫌疑人的犯罪事实（客观方面），同样是对"七个要素"的反映，与讯问笔录不同的是，询问笔录是对犯罪主体实施犯罪行为而产生的后果进行记录，反映问题的角度不同。有些询问笔录既不能反映犯罪的结果，也不能描述犯罪的过程，只是反映一些客观环境、物体、违法犯罪嫌疑人特征或其他一些相关问题的枝节情况。询问笔录不一定能对"七个要素"进行全面的反映，只能反映"七个要素"的个别内容。

（5）证人、被害人不会掌握违法犯罪嫌疑人的犯罪动机，但在有些情况下，证人、被害人可以根据自身所处的客观环境，推测案件发生的原因或被侵害的原因。

三、任务完成及学生自评

下是学生根据案例所写习作，请分析以下询问笔录存在什么问题，是否符合询问笔录的要求，并针对问题加以修改。

询问笔录

时间：2000 年×月 27 日 20 时 5 分至 27 日 20 时 55 分

地点：××市××区××街××胡同 301 号

询问：刘××

记录员：王××

被询问人：李×× 性别：男 年龄：63 岁 民族：汉族

工作单位及职业：××市××部队退休干部

现住址：××市××区××街××胡同 301 号与李××是父子关系

问：我们是××区公安局的，今天来是想核实一些关于你儿子李××的问题，希望你能给予我们配合，如实提供证言，伪造证言或隐匿罪证要负法律责任的。

答：好。

问：今年 4 月份李××给过你较大数额的人民币吗？

答：今年 4 月底的一天晚上七八点钟，我儿子李××从单位回来，在家给了我 8000 元人民币，他把钱放在我房里的冰箱上了。

问：你看到他这笔钱是从哪里拿出来的？

答：我也没看清，只是看到他把钱拿到我房里，噢，我也记不太清了，是我先接的钱，还是他把钱放在冰箱上了。

问：这 8000 元人民币的面额是多大的？

答：都是 100 元的。

问：他为什么给你 8000 元钱？

答：他对我说钱是在他们公司跑业务挣的，是提成费，别的没说什么。

问：我告诉你，这 8000 元钱是他偷他的同事的。

答：这我才知道，他怎么干这事。

问：你对这 8000 元钱有什么看法？

答：我后天带 8000 元钱去你们那儿退，现在我手里没有钱。

问：你还有什么补充吗？

答：没有了。

问：以上说的都是事实吗？

答：是事实。

以上记录看过，记录无错漏。

被询问人：李×　×（按指印）

二〇〇〇年×月×日

四、任务拓展：

请分析下列询问笔录记录在提问或回答的记录内容存在什么问题。

答：到杨×家后，只有他儿子一个人在家，我在他家找了几圈也没有找到杨×，一气之下，就踢了他儿子一脚。他儿子问我为什么踢他。这一问我更是气不打一处来，就告诉了他理由，又抄起地上的一把铁锹，打到他腿上，没想到把他的腿打断了

问：你是不是看见他（犯罪嫌疑人）手中拿着一根棍？

第四章　监狱安全防范类执法文书实训项目

◆ 项目一：监区安全检查、整改实训项目

一、实训目的

监狱安全检查是指通过清监、搜身、排查等手段，及时查缴监内外违禁危险物品，排查监管安全方面存在的隐患漏洞，以利于确保监管场所安全与稳定。根据提供的案例，熟悉监区封闭管理规定，并在管理罪犯时落实点名、锁门、登记、巡查等各项封闭管理措施。通过实训要使学生强化职业责任感，严格履行各项职责。

二、实训内容

（一）工作要领

1. 清监要领

（1）清监的目的：是及时发现、收缴各种危险品、违禁品及不应个人持有的物品，确保监狱的安全稳定；

（2）清监次数：值班民警每天应进行清查，监区每周一次，监狱每月一次进行一次清监，重大节假日前必须清监，特殊时期随时清监；

（3）清监范围：安全警戒设施、罪犯活动区域、重点要害部位。如围墙、电网、大门、监舍、厨房、厕所、储藏室、图书室、会见室、严管禁闭室、生产车间、攀高物、晒衣间、箱包室、警戒线等重点部位、监内"死角"等；

（4）清查重点：刀具、棍棒、绳索、手机、酒、毒品、药品、现金、反动淫秽书刊、易燃易爆剧毒物品等危险违禁品；有选择地对重点部位或认为有必要的区域进行清监检查。

2. 搜身要领

（1）有下列情形的，应对罪犯实行搜身：第一，罪犯新入监或调出调入

时；第二，罪犯进出监区时；第三，罪犯会见亲属前后；第四，罪犯刑满出监时；第五，监管安全大检查时；第六，有目的地对个别罪犯进行重点搜查时。

（2）搜身方法：第一，组织罪犯列队站立、双手抱头，保持适当间隔距离，避免交叉串物；第二，对罪犯进行搜身检查必须由两名以上民警执行，由一名民警检查，另一名或几名民警负责在旁警戒；第三，负责搜身工作的干警要认真负责、搜身到位，物品检查不遗漏；发现违禁品、危险品及不宜携带出监狱的物品要及时收缴，并做好登记，负责搜身干警要在搜身记录本上签字；第四，如遇罪犯释放、转监、外出就医、放假离监等情况，必须进行高度戒备的搜身检查，监区领导应与监区干警各一名负责搜身工作。

（3）物品检查：第一，检查目的：防止物品中夹带各种危险品、违禁品、不应个人持有的物品及传递纸条等不良信息，确保监狱的安全稳定。第二，检查范围：罪犯出入监区时携带的及家属送入等其他渠道需要交给罪犯的所有物品。

（4）排查要领，排查整改的重点：第一，查思想认识：是否产生麻痹大意思想和消极厌战情绪；第二，查工作重心：监管改造工作的中心地位是否偏移；第三，查工作力度：监管制度是否落实到位；第四，查"三重"：即重要罪犯、重点部位、重要环节的工作措施是否完备、工作效果是否明显；第五，查"三情"民警对狱情、犯情的掌握是否明白无误、准确及时。

（二）工作要求

1. 监狱民警要全面熟悉封闭管理具体规定。

2. 监狱民警要向全体服刑人员告知纪律要求。

3. 监狱民警通过点名随时了解掌握在押罪犯人数情况。

4. 监狱民警每天要按时锁好监区罪犯监舍门窗、监区隔离门、楼道门、监区大门等。认真检查锁具是否完好；钥匙一律由执勤民警保管，严禁交给罪犯保管、使用或让罪犯接触；罪犯监舍门、监区隔离门、楼道门、监区大门不行同时开启，要坚持关闭锁好一道门后，再开启另外一道门。

5. 监狱民警要做好出入监登记，严格控制监区罪犯和外来人员出入。

根据教师提供的案例，综合分析后，并制作相应的执法文书。

参考案例

20××年×月29日，监狱督察科执行现场督察中发现我监区值班民警在201×年×月29日6时18分，将开启监舍门的钥匙交予罪犯使用。于是向该监区下达了《××监狱纠正违规通知书》，要求监区限期整改，并把整改结果上报督察科。

被检查单位	第×监区		
检查组织单位	×× 监狱安全科	主持人	张××
时间	201×年9月29日9时0分至201×年9月29日11时15分		
地点	第×监区监舍		
检查类型	例行检查■/临时检查□/；初查□/复查□/；自查□/互查□/；		
检查对象	警戒监管设施装备■/危险物品违禁物品■/劳动工具■/安全生产设备■/ ＿＿＿＿＿＿□		
检查过程及发现的问题	我科在例行检查的过程中，发现×监区值班民警在201×年×月29日6时18分，将开启监舍门的钥匙交予罪犯使用。这严重地违反了监狱人民警察直接管理的执法原则，请该监区务必查找问题，限期整改。		
处理意见	限期整改，并将整改情况及时上报。		
主持人	单位：安全科　　职务：科长　　　　签名：		
检查人	单位：第一监区　职务：副监区长　　　签名： 单位：第二监区　职务：副监区长　　　签名：		
记录人	单位：安全科职务：科员签名：		
备注			

纠正违规通知书（正本）

［201×］×监纠字第4号

××监狱××监区：

经201×年×月29日检查，发现你单位工作中存在监区值班民警在20××年×月29日6时18分，将开启监舍门的钥匙交予罪犯使用问题，不符合钥匙一律由执勤民警保管，严禁交给罪犯保管、使用或让罪犯接触的管理规定。

请你们予以纠正，并将情况于 201×年×月 10 日上报。

××监狱

201×年×月 29 日

（三）实训操作步骤

1. 根据督察科的整改通知书认真整改，对相关责任人做出处理，并责令相关责任人做自我检查。

2. 认真学习执行警察交接班制度：

（1）接班警察认真履行交接班手续、亲自在值班日志上签名；

（2）值班警察在交班前认真填写值班日志，并在交班时如实介绍服刑人员基本情况；

（3）接班警察应及时核对、检查交接班有关手续。

3. 根据整改结果，制作相关文书，及时上报警务督察科。

三、任务完成及学生自评

下面是学生根据案例所写习作，请分析以下整改报告，指出存在什么问题，是否符合要求，并针对问题加以修改。

××省××监狱×监区

关于执法督察整改情况的报告

监狱执法督察科：

20××年×月 29 日，监狱督察科执行现场督察中发现我监区值班民警在 20××年×月 29 日 6 时 18 分，将开启监舍门的钥匙交予罪犯使用。上班期间，督察人员即与监区领导进行意见交换，并下达《××省××监狱警务督察整改建议书》（××监督建字［201×］9 号）。监区支部、班子非常重视督察问题，于×月 29 日下午召开监区支部会，就督察问题进行专题研究。现将监区整改情况汇报如下：

一、经查，×月 29 日早晨值班民警为李××，使用钥匙的罪犯为黄××。

二、问题处理意见：1. 监区依照《××省××监狱民警记分考核细则》

给予民警李××记监狱扣分的同等处罚；2. 责成民警李××在监区民警大会进行深刻自我检查；3. 监区主要领导在监区民警会上通报督察情况，重申监狱值班纪律、规定；4. 监区组织值班民警进行值班制度学习；5. 要求值班领导加强民警值带班的检查、督促与考核；6. 将罪犯黄××调车间劳动，并按罪犯计分考核给予扣分处罚。

此致

×监区

201×年×月10日

◆ 项目二：监区安全隐患排查实训项目

一、实训目的

根据提供的案例，熟悉罪犯狱政管理制度，熟悉掌握本监区罪犯的基本情况、思想行为动态，发现苗头，及时处置，防患未然。通过实训培养学生安全稳定的意识、政治意识、责任意识，强化学生对突发事件的处理能力。

二、实训内容

（一）工作要领

1. 熟悉掌握罪犯的年龄、籍贯、民族、文化程度、职业技能、身体状况、罪名、刑期、犯罪次数等基本情况，并以此作为对罪犯分队编组的依据。

2. 对罪犯进行分队编组实行交叉分开的原则。

3. 将罪犯分为财产型罪犯、暴力型罪犯、性犯罪罪犯、其他类型罪犯四种类型进行分队编组。

4. 按照监狱有关规定，同时结合监区管理、教育和劳动的实际情况进行分队编组，向监区领导报编组名册。

5. 对分配不合理的应及时进行调整；发现罪犯有异常情况，需要调整队组的，要及时调整。

（二）工作要求

1. 凡狱内调动罪犯（含新犯的分配），均由狱政科向调出、调入双方单位发出"罪犯调动通知",各单位凭通知并按通知要求调出、调入。

2. 调犯交接手续:当面核对调犯人数、姓名;进行人身、物品检查;移交档案副卷,并当面清点档案材料是否齐全;移交零花钱和保管物品,并当场与罪犯核实情况。

3. 因监管安全、防范工作或者其他特殊情况需要,必须调整罪犯的,由狱政科报分管监狱长批准后直接发出调犯通知。

4. 因生产或其他业务需要,监区需要从其他监区调入罪犯的,由调入、调出双方单位进行协商,统一意见后,再由调入单位写出申报,双方监区领导分别签署意见,报狱政科审查,再报分管监狱长批准。

5. 对调动罪犯有不同意见的,可在执行通知后,书面向监狱分管领导申请复议,并按监狱分管领导批复意见执行。

6. 调出监区交接时要将调犯的改造情况向调入监区作书面说明,调入监区接收罪犯后要及时进行个别谈话。

参考案例

以下是某监区在监区清理时,发现的各种问题,向上级提请的情况汇报,请根据监区狱政管理的相关规定,进行处理,并制作相关的文书。

报　告

狱政科:

我监区经过清理,查出以下问题:

一、同名同姓

张×:1976年10月26日出生,故意杀人罪,刑期:死缓;判决日期:2006年7月13日,××省高级人民法院。家庭住址:××省××市市中区××乡天景村二组。

张×:1985年3月8日出生,故意伤害罪,刑期:无期;判决日期:2007年5月15日,××省高级人民法院。家庭住址:××省××县××镇三官庙村四组。

王×:1960年2月12日出生,盗窃罪,刑期:无期;判决日期:1993年4月5日,××市中级人民法院。家庭住址:××省××市××乡羊河村三组。

王×：1964年4月14日出生，故意伤害罪，刑期：无期，判决日期：2000年3月3日，××市中级人民法院。家庭住址：××省××市××县法院三单元二楼。

赵×：1982年11月16日出生，故意杀人罪，刑期：无期；判决日期：2001年2月13日，××市中级人民法院。家庭住址：××省××县××乡火烧屯村一组。

赵×：1970年7月8日出生，贩卖运输毒品罪，刑期：有期十五年；判决日期：2006年12月30日，××省高级人民法院。家庭住址：××省××市××镇红白村二组。

二、罪犯之间矛盾

罪犯梅××与调入罪犯陈××，因陈犯参与了制服梅犯顶撞民警的违规行动。建议调出罪犯陈××。

三、同案犯

罪犯阚××与调入罪犯林××，建议调走罪犯阚××。

罪犯熊××与调入罪犯王××，建议调走罪犯王××。

××监区

2008年3月3日

（三）实训操作步骤

1. 对罪犯分配不合理的应及时进行调整。将籍贯同一城市、乡镇的罪犯分开关押，将具有利害关系的罪犯（如亲属、战友、同学、同事、同伙或者积怨矛盾关系等）分开关押，编入不同的队组。

2. 对少数民族罪犯一般应单独分队编组，分别关押；对外籍犯应分别关押。

3. 对危害国家安全的罪犯不宜集中分队编组关押。

4. 对累犯、惯犯和"二进宫"的罪犯与初犯、偶犯应分别关押。

5. 对同案犯罪犯暂时隔离，分析情况后，报批调整，重新进行分队编组。

三、任务完成及学生自评

下是学生根据案例所写习作，请分析以下文书，指出存在什么问题，是否符合要求，并针对问题加以修改。

报　　告

狱政科：

　　我监区在 2008 年 2 月 27 日调犯行动中，调入的罪犯陈××与我监区罪犯梅××存在较大矛盾。

　　罪犯陈××参与了制服罪犯梅××顶撞民警的违规行动，事后梅犯曾扬言要报复陈犯。

　　鉴于上述情况，为了维护监区的监管安全稳定，请狱政科对罪犯陈××和梅××进行调整。

××监区
2008 年 2 月 28 日

四、任务拓展

　　请根据以上参考案例，针对案例中的同案犯情况，分析处理后制作出相应文书上报。

◆ 项目三：狱情分析报告实训项目

一、实训目的

　　了解掌握狱内罪犯的动态情况，根据监区召开的狱情分析会上通报的狱内罪犯改造情况、狱内罪犯变动情况、罪犯行为、罪犯言论动向，研究监管工作情况和动态，分析可能出现的安全隐患，及时解决监管工作中的重大问题，并提出相应的应对措施，为监狱及时制定和调整安全防范的内容和重点提供依据。通过实训培养学生对获取的狱情信息资料深入地进行剖析与研究，能够对所掌握的信息和资料进行归纳和提炼，透过现象看本质，客观地掌握罪犯思想及行为特点和规律，以利于在罪犯管理中采取有针对性的对策措施，强化监管安全防范，确保监狱安全。

二、实训内容

（一）工作要领

监区狱情分析会的主要内容及要求：

（1）民警执行监管改造制度的落实情况：包括执行监狱法等法律法规和上级阶段性要求各类专项性活动情况、民警到岗履职、规范执法的情况。

（2）押犯基本情况分析：押犯总数、禁闭严管、保外就医、住院人数；族别情况、文化构成、年龄结构、刑种分类、刑期划分；"四涉"罪犯、累惯犯、暴力型罪犯情况。

（3）按罪犯现实表现分析排查：表现好的为一类，表现较好的为二类，表现较差的为三类，表现差的和有各种危险因素的为四类；分析排查时应做到以下要求：第一，要有高度的警惕性、敏感性、要有强烈的责任意识、安全意识；第二，及时、准确、全面、深入、细致；第三，善于从罪犯点滴的思想、情绪变化，行为、言语变化中发现问题；第四，对确定排查、分析的重点罪犯，要从其成长经历、捕前所从事的职业、家庭情况、社会关系、身体情况、性格特征、心理状态、犯罪过程和事实、现实改造表现、与干警和罪犯的关系进行全面分析；对问题要从不同的角度、不同的侧面去看、去联系，去对比、甄别；对狱情力求做到分析得透、分析得实、分析得准。

（4）关注的热点问题分析：罪犯对党和国家颁布的政策、法律的认识，对国家采取的重大行动的观点，对国际国内发生的重大事件的看法，对部、厅、局、监狱工作安排和活动的看法和观点，行政刑事奖惩政策变更实施后罪犯对此的反映。

（5）罪犯思想动态和行为趋势分析，近期罪犯思想是否稳定，接受改造是否是罪犯的主流，言行举止是否符合《罪犯改造行为规范》和《二十一条严禁行为》。

（6）对罪犯违规违纪的特点、性质、危害进行分析，对重危罪犯和自杀倾向罪犯的专题分析，是否具有脱逃、行凶、劫持人质、聚众哄监闹事、报复民警或罪犯绝食、自伤自残、自杀以及发生上述危险因素的可能性，发生时间、发生区域、涉及罪犯，造成影响作出评估。

（7）主管民警对自己所主管的罪犯的情况分析，主管民警必须对所管罪犯近期改造、生产、生活、思想情况进行认真分析，对所管罪犯是否具有各种危险性进行评估，对发生的违规行为以及处理情况以及处理后罪犯的反应进行客观分析，重点分析中度危险罪犯、高度危险罪犯改造情况，对罪犯个别谈话所掌握了解的情况，耳目汇报反映的情况进行综合分析。

（8）会见监听民警对会见监听情况的专题汇报，会见罪犯是否安心改造，心态是否平缓，与亲属的关系是否融洽，家人是否告知有家庭变故，家人之间关系，有无遇到重大事件、亲属关心支持情况。

（9）内勤民警对收发信件、包裹、拨打亲情电话情况汇报，是否按要求进行了检查、监听和文字记载，是否发现了罪犯流露不满情绪，威胁他人不安心改造情况，是否发现有危险违禁物品以及查处情况，是否有与本监狱、外监狱通信情况。

（10）民警执行监管改造制度情况，民警贯彻执行监管改造制度和上级工作布置的落实情况。有无违反监管改造制度的行为，有无到岗不履职、不作为、乱作为的情况。

（11）监管工作中存在的漏洞和薄弱环节，包括民警执行制度和履职情况、监管硬件建设、监管工作各个环节的防控措施落实实际情况，夜间罪犯外诊、就医、罪犯就餐、组织罪犯收看电视节目、罪犯休息时间、罪犯会见、打开水、周末节假日的防控情况。

（12）根据监狱的工作部署结合监区监管工作实际，制定有针对性的、易操作的贯彻意见；监区根据存在的问题所采取的针对性措施。

（二）工作要求

1. 严格执行监狱每月一次，监区每周一次的狱情分析会。监狱遇有重要犯情或重要安全情况应立即组织召开专题狱情分析会。

2. 监狱民警要全面掌握罪犯情况和管理罪犯的情况。

3. 监狱民警应了解一周或这一段时间以来监区狱情的主要动向和典型事件。

4. 狱侦民警运用狱侦手段收集到的罪犯的行为、言论动向，对重点人员和顽危犯情况的重点掌握。

5. 监区全体民警共同对监区罪犯的动态情况进行评议，分析可能出现的影响安全稳定的情况和原因，对狱情进行科学预测。

6. 无论是主管民警在搜集、整理狱情信息时，还是监区在对本监区的狱情进行研究、分析和汇总时，都应做到有事实、有数据、有原因、有分析、有措施以及搜集和分析狱情中的好的做法和经验，把本监区狱情真实、全面地反映出来。

7. 狱政部门每月对各监区上报的狱情情况和日常所掌握的狱情进行全面的汇总，须做到定性、定量分析，并提出建议和要求，在监狱狱情分析会上进行通报。

8. 监区领导对本周或近阶段的各项工作开展进行总结，对监区下一步工作的开展提出要求并布置任务。

请根据所学技能做好会议准备和记录工作，写出狱情分析报告。

参考案例

2011 年 12 月 16 日，某监区决定召开狱情分析会，分析研究近期监区罪犯的思想动态、行为动态，及时排查化解存在的影响监管改造安全的不稳定因素。

（三）实训操作步骤

1. 狱情动态分析内容：

（1）本月罪犯变动情况：第一，增加罪犯：新收、调入；第二，减少罪犯：减刑、假释、刑满释放、调出、死亡。

（2）本月罪犯违纪情况：第一，当月分监区罪犯违纪件数和涉及人数；第二，每起罪犯违纪简要情况及在犯群中的影响；第三，违纪罪犯处理结果。

（3）罪犯对国际、国内、监狱重大事件的反映：第一，本月罪犯对国际、国内哪些重大事件有反映，有哪些反映；第二，罪犯对监狱发生的重大事件和开展的各项活动有哪些倾向性反映；第三，针对犯群涉及监管改造工作的负面反映，应采取哪些措施。

（4）罪犯会见、通信、亲情电话情况：第一，本月罪犯会见人数：优惠会见人数、零星会见人数、重控罪犯会见人数；第二，本月罪犯通信人数、来往信件、邮包中发现的异常情况；第三，本月罪犯拨打亲情电话人数，重控罪犯拨打电话人数；第四，罪犯在会见中的异常情况，干警在监听中发现的异常情况。

（5）四犯情况：第一，本月四犯总体情况分析（包括四犯变动情况、完成劳役情况、违纪情况及造成的影响）；第二，对违纪四犯的处置结果及对违纪情况的分析；第三，本月四犯被撤销的原因。

（6）重控罪犯情况：第一，本月重控罪犯基本情况（人数、控制级别、劳动、会见、通讯、夹控、干警教育、耳目情况反映等）；第二，异常情况重点分析及下步措施。

（7）耳目、情况犯所反映的问题：第一，耳目反映罪犯违纪、四犯、劳动、生活卫生、重控罪犯等情况；第二，耳目反映的倾向性问题及在犯群中的影响；第三，耳目反映的其他问题。

（8）对照《监管安全检查项目和标准》反映出来的漏洞，根据分监区本月安全检查中发现的问题，对照该标准进行分析及采取的措施。

（9）使用警戒具情况：第一，本月使用警戒具次数和人数；第二，每起警戒具使用的原因及处置结果；第三，警戒具使用后罪犯的情况和在犯群中的反映。

（10）预测可能出现的问题及相应对策：遇涉及监管改造工作政策、法规出台，季节、天气的转换，干警、罪犯的人事变动等可能出现的问题及相应对策。

2. 狱情分析要强调全员参与与分工负责相结合。

3. 记录准确与分析及时相结合。

4. 全面防范与重点控制相结合。

5. 狱情分析深入有效、矛盾排查工作及时到位、预防和处置措施得当。

三、任务完成及学生自评

下是学生根据案例所写习作，请分析以下文书，指出存在什么问题，是否符合要求，并针对问题加以修改。

×监区 12 月（上旬）狱情分析报告

狱侦科：

2011 年 12 月 6 日，我监区召开了狱情分析专题会，会上研究分析了狱情动态和罪犯思想动态及六重排查情况，现将分析情况汇报如下：

一、监区基本情况

截至 2011 年 12 月 6 日，我监区本月下旬新收罪犯 5 名，调离 3 名，刑满释放 5 名，现在监 283 名。其中，班组长、积委会成员 11 名，信息员 12 名，重点人员 6 名；本月我监区实现了"六无"，实现持续安全稳定。

二、当前监区安全稳定工作面临的难点和问题

1. 难点工作：

（1）由于鞋厂方面每次送来的原材料存在用别针来固定，加之缝纫机劳动对缝纫针的使用更换率较大，此方面的劳动工具管理难度较大。

（2）监区重点关注人员李××，该犯自入监以来长期存在小病大养，改造态度不端正等问题。本月 4 日因调动组别拒绝民警对其安排调动寝室铺位而抱抵触情绪。目前在监区接受强化学习和包夹控制。

（3）新缝纫车间参加劳动人员较多，车间的空间比较大。车间安全措施并不能完全起到物防的作用，存在发生脱逃的潜在风险，特别是我监区劳动车间外正在修建新车间，工地现场存在较多能用于逃跑的辅助工具，管控难度较大。

（4）鞋厂方运送辅料和原材料的货车长期从我监区劳动车间门口经过，存在安全问题。

（5）近期气温骤降，目前我监区多数服刑人员缺少冬天的衣服，而在监区购置有限。加之多数服刑人员因经济来源少或没有经济来源无法购买过冬衣物。该问题如果得不到解决将很大程度影响场所安全稳定问题。

2. 存在的主要问题：

（1）监区服刑人员过冬衣物较为短缺。

（2）近期由于降温，监区服刑人员劳动积极性和产品质量较差。

（3）目前监区的重点关注人员中李××存在不可预估的风险。

三、思想动态

截至 11 月 22 日，监区 283 名服刑人员中，思想稳定型人员 88 人、思想基本稳定型人员 105 人、思想不稳定型人员 90 人；其中包括重点人员 6 人。

1. 思想稳定人员 88 人，占 31%

思想稳定型人员在服刑中能听管服教、遵规守纪，入监时间较长，并且通过自身的努力，现在已经在各方面取得了一定的成绩。如：服刑人员魏×、张××等，在表现上长期稳定，在纪律、学习、劳动等方面均比较好。

2. 思想基本稳定人员 105 人，占 37%

思想基本稳定型人员在全监区人员中所占比例最大，基本能把自身的各项任务基本完成，遵守监规监纪。如：黄×、闵××等，改造表现主要体现

在生产任务能够完成，在改造积极性方面表现一般。

3. 思想不稳定人员99人，占32%

该部分人员主要是重点人员、重点关注人员和入监不久的罪犯。尤其是重点包夹的人员，通过对其的思想教育及转化，在思想上渐渐趋于稳定。如服刑人员徐××，前期列为重点人员。

四、"四重"情况

（一）涉案型

1. 王××，31岁，××市××区人，于2010年4月27日入监，现在监内打扫卫生。××市××区检察院来我监区对该犯另案进行过调查。该犯一直以来表现自闭、孤僻，经常趴在窗户上发呆，6月28日该犯拒绝服从民警管理并攻击民警，故监区列其为首位重点人员。

情况预测：逃跑 袭警

原因分析：该犯非常自闭，民警无法与其沟通了解其内心真实想法

责任领导：××

责任民警：××

包夹罪犯：××、×××

2. 梁×，28岁，××市××区正东街21号，于2010年11月17日入监，现在缝纫车间劳动。该犯于2011年2月19日左右，在罪犯中间说，如果下周他父亲再不来接见他，帮他办保外就医，他就自杀。监区领导民警在获取到这个信息后，找该犯谈话，效果不明显。故监区列其为重点人员。

情况预测：自伤自残以及自杀

原因分析：该犯因残疾原因改造积极性相当差且对家人很失望

责任领导：××

责任民警：××

包夹罪犯：××，×××

3. 胡×，34岁，××县××镇人，于2010年6月8日入监，现在缝纫车间劳动。该犯去年6月入监后不久，得知自己的女儿因母亲带到河边玩，照看不周溺水死亡。虽然监区及时上报并安排了该犯会见，但事件依然给该犯的心理产生阴影。2011年1月16日早上，该犯在车间内用劳动使用的剪刀（已上链）自杀，被服刑人员王××等人制服并扭送民警处。该事件虽然未造成严重后果，但该犯的行为却给监区带来了极其恶劣的影响。目前该犯思想

波动极不稳定,经教育虽未发生危险行为,但该犯思想也无转变。前段时间该犯拒绝劳动,经常不听民警指挥随意走动,并存在较大的抵触情绪,目前在监区内包夹控制中。一直被列为重点人员。

情况预测:自杀、自伤自残、冲击监管设施

原因分析:该犯因家庭原因思想包袱比较重,有自杀的倾向和行为。近期存在较大的伪装性。

责任领导:××

责任民警:××

包夹罪犯:××,×××

4. 叶×,29岁,××市××县××社区,于2011年3月3日入所,该犯入监后,主要表现在服刑过程中拈轻怕重,该犯无法正确面对身份意识,对民警多次的谈话置若罔闻,依然我行我素。该犯个人行为养成差,仍存在不安全因素。在劳动中长期完不成任务,且质量相当差,给监区的正常改造秩序带来了极差的影响。

情况预测:逃跑 对抗改造

原因分析:该员消极对抗管理,对抗心理较严重。

责任领导:××

责任民警:××

包夹罪犯:××,×××

5. 范××,26岁,××市大安区人,于2010年9月14日入监,上半年监区重点人员之一。目前在缝纫车间参加劳动,该犯最近语言行为异常,并向民警报告,称自己要自杀。在劳动方面也故意长期不完成劳动任务,故监区列其为重点人员。

情况预测:逃跑 自伤自残

原因分析:该员消极对抗管理,对抗心理较严重。自述要自杀不排除伪装可能。

责任领导:××

责任民警:××

包夹罪犯:××,×××

6. 王××,28岁,××市××县人,于2010年8月17日入监,目前在监区内强化学习。该犯自到一监区以来,因身份意识问题、个人性格原因,长期性的顶撞民警。2011 年 10 月 31 日在车间内因不满质检学员毛××对其的质量考核，打击报复服刑人员毛××。在民警汤×进行制止后对其提出批评和处理时，该犯拒绝服从管理并态度恶劣的顶撞民警。故监区列其为重点人员。

情况预测：对抗戒治　顶撞民警

原因分析：该犯性格怪僻，性格较为冲动，有比较明显的对抗情绪。

责任领导：

责任民警：

包夹罪犯：

（二）重点时段

我监区重点时段包括：早上打开水；早晚出工时；晚收寝前；罪犯在车间外吸烟时。

整改措施：

1. 早中晚开饭打开水时段，清点人数准确，严防传递违禁物品；

2. 早晚出工时段，确保警力充备，加强队伍行进过程中的管理；

3. 晚收寝前组织好的罪犯洗漱就寝，严禁罪犯收寝后串舍；

4. 劳动过程中，组织好罪犯的吸烟秩序，严禁吸烟过程中私自脱离吸烟区。

（三）重点部位

1. 开水房。打开水时严密组织，严格管理现场，当班民警到岗到位；

2. 厕所部位。使用外围和内控相结合，进出厕所时清点人数，进出有序，确保安全稳定；

3. 缝纫车间货物堆放较杂，劳动人员岗位较散，加强民警巡查、监管力度；

4. 监舍房内厕所洗漱间位置。是值班人员的视线死角，加强民警巡查，确保此部位不出状况；

5. 监舍楼道。加强监舍楼道的管理，严禁罪犯在楼道中打闹和传递物品，并设有积委会值守监督；

6. 车间外的外围位置。后大门离围墙只有 10 米左右的距离，存在极大的安全隐患；

7. 车间机修房。机修房内工具较多，加强工具的登记造册并严禁除机修人员以外的任何人进入；

8. 车间外修建新车间位置。该位置可用于辅助逃跑工具较多，加强罪犯的定制定位管理。

（四）重点环节

监区重点环节包括：

1. 监区内晾晒衣物时，人较多，特别是晚上，光线、视线不好，影响防控；

2. 收出工时，人员的清点必须准确无误；

3. 服刑人员打开水以及劳动过程中上厕所时；

4. 缝纫车间的工具（剪刀、镊子）收发管理；

5. 服刑人员食堂开饭；

6. 开饭完毕，服刑人员回监舍上楼过程中；

7. 缝纫车间上下货物过程中。

整改措施：

1. 统一时间，集体晾晒衣物并清点人数，完后，民警加强晾衣房检查；

2. 加强收出工的队列要求以及防逃措施，前后保持至少各一位民警；

3. 民警组织好服刑人员依次打开水，加强现场的管理。上厕所分线进行，民警到岗带队；

4. 每天坚持缝纫车间的工具收发，做好登记，民警认真落实；

5. 每天由备勤民警和管教民警组织服刑人员开饭，严格要求，加强现场的管理；

6. 监区安排了积委会收出工楼道值守，对在楼道里开玩笑打闹以及一边上楼一边聊天的人员进行督促和要求，发现情况及时报告民警。

（五）重点物品

1. 劳动现场的剪刀、缝纫针等工具，日常工作加强巡查确保剪刀上链、缝纫针以旧换新；

2. 劳动现场的设备修理工具，加强机修房的工具管理造册，严禁除机修人员以外的人员进入机修房；

3. 监舍房内电推剪，每次试用后放置在积委会柜内上锁；

4. 监舍房内的扫把、拖把，加强巡查，对破损或者断裂的及时更换和清理；

5. 服刑人员药品、财物以及清洁用品，加强药品管理，由民警亲自组织发放和服用，对服刑人员的财物管理登记造册，对"洁厕王"等清洁物品由民警亲自管理。

（六）重点问题

1. 罪犯私藏违禁物品问题；

2. 监区重点病号管理问题；

3. 罪犯的礼节礼貌的强化和保持问题；

4. 劳动现场的生产安全问题；

5. 罪犯过冬物资问题。

四、采取的措施和对策（重点）

1. 做好重点人员的包夹控制，加强疏导及教育转化工作，促使其尽快在思想上走上正轨。

2. 加强对罪犯的身份意识教育，借 7 月 28 日在我监召开的"规范化管理推进会"为契机严格执行规范化管理制度。

3. 做好罪犯的看病就医，对患病罪犯摸清情况，并进行登记，有效采取措施，防止非正常死亡的事情发生。

4. 日常收工必须进行安全检查，防止违禁品带回监区内。加强车间火种的管理，严防火灾发生。

5. 加强对罪犯的安全教育，正确缝纫操作规程，杜绝安全事故的发生。

6. 加强对安全稳定工作的宣传教育，做好罪犯不良心理情绪的疏导，确保生产劳动现场安全；在民警当中进行执法执纪学习，管理方式方法上进行指导，规范管理工作，确保实现"六无"。

7. 加强罪犯的行为细节要求，加强各方面所体现的身份意识认知，减少罪犯因民警管理或罪犯之间相处出现的问题的概率，确保监区安全稳定。

8. 加强对缝纫车间车组人员的管理，特别是和鞋厂货车司机和厂方人员的接触，杜绝违禁物品流入。

9. 强化警示教育，加强民警对场所安全稳定重要性的认识。

10. 严格落实值带班制度，加强对三大现场的巡查力度，坚持搜身制度，防止违禁品的流入。

11. 深入细致的到罪犯中间去了解掌握信息，合理使用信息员，保证信息的渠道畅通。

12. 加强罪犯的定制定位管理，无论是收出工行进队列还是吸烟区的人员管理，严禁罪犯私离活动范围。

五、任务拓展

请根据你实习的监区，为监区拟写一份狱情分析报告。

◆ 项目四：监区工作总结实训项目

一、实训目的

总结是对实践的认识，总结的过程是由感性认识上升到理性认识的过程。学生根据教师提供的案例，通过实训要求学生对监区基本工作或某项任务能够加以回顾、分析、研究，对实践进行全面、深刻的概括，从中找出经验和教训，并能够上升规律性的认识，从而指导今后实践。

二、实训内容

（一）工作要领

1. 总结制作时段及作用；

总结时段图

2. 要有新发现，要实事求是，在调查大量的材料中认真分析、研究，从而归纳出过去没有或与过去不同的东西来，而不能是老生常谈；

3. 要找出带有规律性的东西，不能有了新发现就匆忙落笔，而应当经过反复研究和证实，找出其中能够揭示事物本质的带有规律性的东西，以指导今后的工作；

4. 要突出重点，不仅要全篇重点写经验，而且还要写好重点经验，不能眉毛胡子一把抓，更不能写成"流水账"；

5. 要叙议得当，叙议得当，是总结在表述上的特别要求。应以叙述为主，叙议结合。

（二）实训要求

参考案例

司法部部署全国监狱劳教（戒毒）系统规范化管理年活动

司法部 12 日召开电视电话会议，对在全国监狱劳教系统开展规范化管理年活动进行动员部署。司法部部长、党组书记吴爱英出席会议并讲话。吴爱英强调，要认真贯彻中央关于加强和创新社会管理的决策部署，切实加强监狱劳教工作规范化管理，进一步提升监狱劳教工作管理水平，提升监狱劳教人民警察队伍素质，进一步健全完善中国特色社会主义监狱劳教管理体系和工作机制，确保教育改造质量不断提高、监所持续安全稳定，为加强和创新社会管理、维护社会和谐稳定、促进经济平稳较快发展做出积极贡献，以优异的成绩迎接中国共产党成立 90 周年。

吴爱英对开展全国监狱劳教系统规范化管理年活动提出了明确要求。

要切实增强规范化管理意识。全面加强监狱劳教规范化管理是加强和创新社会管理的重要内容。要组织广大干警认真学习胡锦涛总书记等中央领导同志在省部级领导干部社会管理及其创新专题研讨班上的重要讲话，学习有关法律法规、规章、规范性文件和管理制度，学习规范化管理相关知识，使广大干警熟练掌握从事本职工作必需的基本法律知识、执法技能、岗位职责和工作要求，把规范化管理意识内化为每一名干警的行为准则。

要切实规范监所执法。规范执法标准，规范执法程序，规范执法行为，制定完善具体细密、操作性强的工作流程，将各个执法岗位、执法环节的执法行为都纳入规范之中，确保每一项执法行为都有据可依、有所遵循、统一规范。

深入推进狱（所）务公开，以公开促公正。

要切实规范教育改造。规范思想、文化、技术教育，大力加强罪犯劳教人员爱国主义、社会主义荣辱观、公民道德、时事政治和法制教育，大力加强文化教育，大力加强职业技术教育，切实加强罪犯劳教人员出监（所）教育和职业技能培训，使罪犯劳教人员树立正确的是非观、荣辱观，增强法制观念，掌握劳动技能。加强心理矫治工作，规范心理咨询和心理危机干预程序，提高心理矫治水平。规范劳动教育，充分发挥劳动在改造罪犯劳教人员中的作用。建立健全教育改造质量评估体系，开展综合评估，提出有针对性的安置帮教建议，巩固教育改造成果。

要切实规范狱（所）政管理。进一步健全完善"防控、排查、应急处置、领导责任"四项机制，健全完善集管理、防范、控制于一体的监所管理体系。规范对罪犯劳教人员的直接管理，加强罪犯劳教人员行为管理，促使罪犯劳教人员自觉矫治恶习，培养良好行为习惯。规范生活卫生管理，坚决杜绝狱（所）内重大疫情的发生。

要切实规范设施和经费管理。规范安全警戒设施设备建设和配备，筑牢物防屏障。完善监所功能，做到监所功能完备、区隔明显、设施规范。规范经费管理，健全完善经费管理各项制度，落实基本支出标准，确保经费规范、安全、有效运行。

要切实健全完善监狱劳教管理体系和工作机制。健全完善制度体系，加强制度立、改、废工作，使制度覆盖到管理工作的所有方面、各个环节。健全完善工作机制，明确各个岗位职责，明确各项工作的程序和标准，健全完善部门协作、上下联动的有机协调机制，确保工作高效运转。

要切实规范监狱劳教人民警察队伍管理。切实加强思想政治建设，深入开展创先争优活动，扎实开展"发扬传统、坚定信念、执法为民"主题教育实践活动，不断提高广大监狱劳教人民警察思想政治素质。规范教育培训，严格落实"凡进必训"、"凡晋必训"、"定期轮训"等制度，努力构建教育培训和岗位练兵的长效机制。规范警力配置，大力精减机关科室人员，减少管理层级，确保警力配置在改造一线。规范警务管理，严格执行"凡进必考、省级统考"制度，健全完善任职资格条件、岗位职责规范和考核评价标准，严格执法考评和执法责任追究。规范警务督察，切实加强对警容风纪、关键要害岗位、重点环节的专项督察，督促监狱劳教人民警察依法履职。要坚持从严治警，严格执行监狱劳教人民警察"双六条禁令"；认真落实从优待警政策，注重人文关怀和心理疏导，帮助干警解决好工作生活中的实际困难。（节选）

三、任务完成及学生自评

下是学生根据案例所写习作，请分析以下工作总结，指出存在什么问题，是否符合要求，并针对问题加以修改。

×监区规范化管理年活动第二阶段工作总结

根据监狱××监发［2011］×号文件精神，监区认真组织民警积极参与到活动中来，组织民警学习了部、厅、局领导关于活动的讲话和文件精神，司法部 78 项和省局 86 项重点内容，并根据监区实际，对民警组织分类集中培训。通过活动开展，监区民警严格按照规范化管理要求，提高了综合素质。现将我监区"规范化管理年第二阶段"专题活动工作汇报如下：

一、高度重视，迅速行动

活动开展以来，监区领导积极组织民警参加学习讨论，认真学习各项文件，领会精神，严格遵守规范化管理年活动的实施步骤，做到程序上严谨周密，有计划、有步骤地开展活动。

二、统一思想，提高认识

监区民警充分认识到开展规范化管理年活动的重大意义，做到思想上高度重视。开展规范化管理年活动是加强和创新社会管理的重要举措，是监狱工作的内在要求，是提升监狱人民警察队伍战斗力的必然要求。民警克服当前工作多、时间少等难点，挤出时间确保了学习时间不得少于 10 天，并按照规范化要求，结合本职工作对个人工作、言行不规范的现象进行深入剖析。

三、细化方案，坚持统筹兼顾，确保取得实效

监区精心组织安排，处理好工学矛盾。一方面要切实按狱党委要求完成活动内容，达到活动成效；另一方面必须加强日常工作，确保监区整体工作。

通过"规范化管理年第二阶段"专项活动，监区民警普遍受到了教育，充分调动了民警的积极性、主动性和创造性，使"监狱规范化管理年"工作

形成常态化、制度化，促进了监区民警严格、公正、文明、廉洁执法，进一步提高了监区民警队伍的管理能力。

2011 年 5 月 23 日

四、任务拓展

根据下面的报道，根据总结的写作要求，提炼出规律性认识，制作监狱关于这起越狱案件工作总结。

参考案例

河北深州监狱公布越狱案细节 逃犯自制工具撬门

（2011 年 10 月 28 日 新京报）

王振轻曾用自制工具撬开的监区大门，目前大门已经焊上了一块铁板，防止有人从里面够到锁。

■"河北深州越狱事件"追踪

本报讯（记者刘一丁）昨日，河北司法厅、河北监狱管理局组织媒体到深州监狱、石家庄监狱参观，并通报 9 月 11 日深州越狱事件的细节。这是在深州越狱事件后，河北官方首次公布越狱细节。

河北监狱管理局副局长刘建华称，王振轻目前还在深州监狱禁闭室中关押。检察院仍在调查。

逃犯自制工具撬开门锁

据介绍，王振轻住在第二监区的二楼 202 房间靠门口位置的上铺。9 月 7 日左右，下了一场清雾，可能给他提了一个醒。在 9 月 11 日凌晨，又有一场大雾。

因监舍的门没有上锁，王振轻就翻下床走出监舍，走到监区大门，用自制的变压器芯上的小金属片磨制成梯形的工具打开监区的门。当时两名值班狱警和两名值班犯人都在睡觉。打开监区大门后，王振轻走到监区西侧的垃圾站，垃圾站的门是开着的，而且门很破旧，可以拆下来。当时小电网是有电的，后来测得电压是6300伏，王振轻在垃圾站捡到一根聚乙烯管，他把垃圾站的铁栅栏门拆下放在墙头边上，用聚乙烯管支开电网翻出小电网。王振轻继续走到西南侧大墙旁，在大墙内侧有一道隔离区，隔离区的铁栅栏上有一道滚网（螺旋状的铁丝网），王振轻在翻越滚网时剐伤了左脚。

在隔离区，有一个浇水用的水管，长约9米，王振轻用水管缠住监狱大墙照明灯支架，靠水管的帮助翻上大墙。在王振轻逃跑处，电网与围墙间的空隙较大，有35厘米到40厘米，他个子较小，便钻出电网，顺着水管滑下。

在王振轻离地面还有不到两米时，被一名在墙外隔离区巡逻的武警发现，但他很快就钻进了附近的玉米地。武警追了一段，发现无法找到，便向领导汇报。监狱也开始组织人力抓捕。

据审讯，抓捕过程中，王振轻在包围圈里被围困了三天，但最终还是逃了出去，一路扒车，十几天后回到老家河南郸城即被抓获。

服刑人员已全部停工

9月20日，即深州监狱狱长霍新发被免职后，阚学军接任。阚学军称，现在深州监狱在全力以赴保安全，并对基础设施进行了必要的改造。

吸取王振轻越狱的教训，深州监狱将两道电网加密，并对监区的门锁旁焊上了铁板。而且拆除了监狱内容易隐藏的平房建筑。值班室的床也早已撤走，每天严格执行一小时一巡视制度。犯人也全部停工，每天组织学习。

王振轻越狱后服刑人员已经全部停工，所以"承包制"也都停了下来。

"现在我们在努力加快新监狱的建设，争取在11月底前搬进新监狱，搬到新监狱会完全改变这种生产模式。严格执行五统一。即监狱统一联系生产项目，监狱统一管理统计考核账目，收入统一交财务，监狱统一生产资料。"阚学军称，"承包制"不会再执行下去。

回应未及时公布信息

为什么王振轻脱逃后信息却一直没有及时公开？

对此，刘建华表示，在这之前信息不够透明是因为当时我们的班子不齐，当时这方面的工作没有人专管，而是由人代管。所以信息传达方面做得不够到位。

刘建华说，王振轻脱逃后，司法部和河北省委省政府为加强监狱管理，

"我是 22 号刚刚到任，原来我在保定监狱任职。9 月 24 日王振轻抓获后，我负责罪犯的监管、教育改造等工作。我到任后有人专门管理这一方面，所以信息传达就变得直接了"。

■ 对话

河北省监狱管理局副局长刘建华称，监狱警囚比例低于国家有关决定。

监控报警设备多年未投入资金。

9 月 22 日司法部和河北省委省政府为加强监狱管理，选了两名有基层工作经验，业务较为熟练的人充实到监狱局领导班子当中。刘建华是其中之一。刘建华带领媒体进入深州监狱内部参观，并对王振轻越狱细节予以回应。

狱方主观存侥幸心理

新京报：哪些方面原因导致了王振轻越狱事件的发生？针对这些原因都采取了哪些措施？

刘建华：第一方面是物防不到位。深州监狱的基础设施非常差。深州监狱始建于 1970 年，当时作为战备监狱建设，建设构建不符合现代监狱的管理要求。而且 40 多年来，没有进行修建。你也看见，这个监狱没有一栋新的建筑物。十几年前，就一直在讨论深州监狱是否搬迁的问题，直到 2010 年初才决定不搬家，在附近建设改造。

第二方面技防装备也没有跟上。同样因面临搬家，为免浪费，像监控、报警、照明、通讯等多年来没有投入资金。

第三人防方面也不到位。客观方面，深州监狱是河北省警囚比例最低的监狱之一，只有 8%，而河北省较好的石家庄监狱的警囚比是 20%。国家有过会议决定警囚比不低于 18%。

在主观上讲，也存在侥幸心理。我们有规定要求值班时干警一小时一巡查。而深州监狱没有执行这项规定。

"绝非八成犯人有手机"

新京报：对于违禁物品的查处情况是怎样的？

刘建华：越狱事件发生后，对监狱内进行了严查，对于报道中提到的手机问题，不能保证没有，但不会有八成的犯人有手机那么严重。

现在调查发现，监区内确有猫狗，但是否作为宠物存疑，可能用于警戒和抓老鼠。深层问题正在调查。白酒问题监狱确实曾经查处过。

另外，关于拉闸限电的问题，监狱的电网是不会拉闸停电的，只有在维修的时候。生活区的线路与电网的线路不同。

新京报：据调查，在王振轻越狱当天凌晨四点，监区停电了，有没有这种情况？

刘建华：这个未掌握，还要调查。

承包问题要深入调查

新京报：在 2003 年时，时任狱长刘贵卿在任时，出了一份关于生产承包的文件，从那时起开始搞监狱承包。这种承包是否合规？

刘建华：深州监狱的生产模式全名应该叫作工作目标责任制。我这里有两份文件，是 2008 年和 2009 年深州监狱工作目标责任制的规定。按照省局的要求，考核时队伍建设、监管改造、生产经营三个方面各占 30 分。而深州监狱私自提高了生产经营的比重，占 40 分。

新京报：深州监狱的实际情况与文件不符合，据调查深州监狱也没有执行五统一，而是各监区可以自己找生产项目，交完定额后，剩下的自己处理。

刘建华：我们得到类似的反映，这一点还需深入调查。如果是这样，是违纪行为。

第五章　教育改造类执法文书实训项目

◆ 项目一：顽危犯教育转化专档实训项目

一、实训目的

根据提供的案例，对罪犯的改造表现进行综合评定，分析该犯是否属于顽危犯，并对主要犯罪原因和抗改原因进行分析，提出合适的教育转化方案，形成相关的教育文书材料。

二、实训内容

（一）工作要领

1. 监狱民警要全面掌握罪犯情况：

主管干警要掌握所管罪犯的基本情况：

（1）管区内重控罪犯情况；

（2）罪犯身体健康情况，是否有疾病；

（3）罪犯会见、拨打亲情电话等情况后有无反映；

（4）管区内卫生及定置管理情况；

（5）罪犯有无其他诉求。

2. 对于管区重控罪犯认真剖析他们的心理、特征、找出犯错的思想根源。

3. 寻求合适的教育手段和方法，对症下药开展有针对性的教育转化。

4. 教育转化要与解决他们合理要求与实际困难结合起来。

5. 建立健全顽危犯矫治专档。

（二）工作要求

1. 全面了解掌握罪犯的基本情况：

（1）罪犯基本情况：个人基本情况、体貌特征、成长经历、家庭环境、认知能力、文化程度、劳动技能、心理健康、身体健康、犯罪原因、法院判决、认罪态度、危险程度、改造难度、服刑能力、服刑状况、处遇状况；

（2）家庭及主要社会关系等基本信息；

（3）改造表现。包括服刑经历、悔罪程度、遵规守纪、思想、文化、职业技术教育、劳动生产、狱内人际关系、奖惩情况、消极抵抗劳动改造的原因、改造环境适应程度等；

（4）矫治方案及执行情况。

2. 调查了解、核实该犯的违法情况及其原因。

3. 明确个别教育目的，制定有针对性的教育内容和方法：罪犯反映的真实思想，找准存在问题原因，真正认识错误，真实沟通思想，明确改造态度，消除抗改心理。

4. 预测教育改造过程中可能出现的问题，分析其中的常量和变量。

5. 摘要记载谈话内容，摘要能够清楚全面地反映所针对和解决的问题。

6. 对重点谈话罪犯，事前制定谈话教育方案。

7. 对教育效果进行有效的预测。

8. 制作相关的执法文书。

请根据所学技能做好该犯的管理、教育转化工作，形成教育转化顽危犯系列专档。

参考案例

朱××，男，22岁，初中文化程度，四川省×县人。2006年4月因伤害他人，被送劳动教养3年。2010年2月又因寻衅滋事罪被判处有期徒刑5年，于2010年3月投入四川省×监狱执行刑罚。

朱犯入监后，受不了严格的监规约束，调了几个监区。2010年5月，朱××在伙房任炊事员，因不认罪服法，不安心改造，受到教导员的批评。他为了发泄内心不满，竟拿菜刀，将左手无名指砍掉。从此，他时常行凶打人，装病旷工，顶撞干警，偷摸盗窃，无理申诉，成为狱中一霸。

朱犯生父朱×，是葛洲坝工程局基建分局工人，老劳模；继母××，××县食品厂工人。朱犯3岁时，父母离婚，一直由祖母抚养长大。朱犯个性暴烈，自控能力差，心理活动外向化，反改造意识明显地表现于言行。

2010年6月22日，朱犯酗酒后，在蚊帐内点燃蚊香，引起一场大火，把五名犯人的蚊帐和被絮烧成灰烬，造成很坏的影响。

（三）实训操作步骤

1. 了解掌握朱犯的基本情况；

2. 了解朱犯违法违纪的原因和动机目的；

3. 告知朱犯违法违纪的严重后果和承担的法律后果；

4. 问清朱犯对自己行为的认识和看法；

5. 针对朱犯的违法违纪行为按照监狱法规定给予相应的处罚；

6. 了解朱犯错误认知的根源，并针对朱犯的错误认知展开有针对性的法制教育，纠正朱犯的错误认知；

7. 利用亲情帮教、个别教育等教育手段转化朱犯的错误思想；

8. 记录对朱犯的教育改造过程，形成专门的顽危犯转化专档。

三、任务完成及学生自评

下是学生实训时根据以上案例制作的《个别谈话记录》的文本，请你分析文本，指出存在什么样的问题，提出诊断结论。

对罪犯朱××的谈话记录

第一次谈话

罪犯姓名：朱××

谈话时间：2010年6月23日晚

谈话地点：分监区办公室

谈话目的：2010年6月22日，朱犯酗酒后，在蚊帐内点燃蚊香，引起一场大火，把五名犯人的蚊帐和被絮烧成灰烬，造成很坏的影响。找其谈话，严肃地批评其错误，深挖思想根源，教育其认罪服法，接受改造。

谈话内容：

问：朱××，今天晚上，我想再同你谈谈失火的问题。假如监舍楼不是水泥做的，而是像后面那栋平房的天花板一样，是用纸做的，你说会造成一种什么样的后果？你加刑事小，国家财产损失事大；如果还烧死几个人，你就更没法交代了。你的两位老人也许会因此而气死或者急死。这样，你就不仅害了国家，害了社会，也害了你的家庭，毁了你自己。所以，我希望你从这件事中吸取教训，狠挖一下思想根源，看长此下去行不行。

答：教导员，我昨晚上就向你承认了错误。今天中午，我又写了一封信，想要家中寄点钱，来赔偿同犯的损失，至于思想根源什么的，我一时想还不到，如果你认为我顽固，那就请你处分好了，加刑也可以。

问：即使加刑，也还要解开你的思想疙瘩。你不愿意解，我们就帮你解。你说你找不到思想根源，其实就是你的思想有疙瘩，还对申诉抱有幻想嘛！

答：不是幻想，而是可以实现的愿望。

问：好吧，那就等着事实来说明。

分析处理意见：

通过谈话，朱犯虽然承认错误，但没有从思想根源上找到犯错误的根子，因而，还有可能出现反复，甚至出现更大问题。应严格监控，加强教育。

第二次谈话

罪犯姓名：朱××

谈话时间：2010 年 7 月 16 日

谈话地点：分监区办公室

谈话目的：××市中级人民法院送来《通知书》，对朱××的申诉答复如下："朱××……你的申诉理由不能成立，应予驳回，维持原判。"接到《通知书》，找其谈话，要其承认事实，打消幻想，并在《送达书》上签字。

谈话内容：朱犯仍不承认有罪。他接过《送达证》并不签名，而在说明栏里横七竖八地写了 32 个字："法院说我用剑砍伤了陈××，这完全是捏造事实，无中生有。我不服，要继续申诉。"

认罪是服法的基础，服法是改造的起点；拒不认罪，必然抗拒或逃避改造。应利用开展法律知识教育讲座，依据事实，对照法律，对朱犯说服教育。同时，与其家庭，原工作单位取得联系，实行内外帮教，做好朱犯的转化工作。

第三次谈话

罪犯姓名：朱××

谈话时间：2010 年 8 月 10 日

谈话地点：分监区办公室

谈话目的：中队研究决定，准备与朱××等犯人的亲属签订《帮教协议书》，故找其谈话教育，促使其悔悟。

谈话内容：

问：我准备明天送王××回葛洲坝去看望病危的母亲，顺便到你们几家去走访一下，看看你们的家人，向他们反映一下你们的改造情况，并和他们签订《帮教协议书》，你说这一切究竟是为什么？

答：（毫不犹豫地）还不是为我们好！

问：看来，我们还是有一些共同的语言。如果在许多问题上有共同语言，那就接近了。其实，有些问题并不是没有共同语言，而是因为你坚持错误的立场，没有从受害者、国家和人民的方面来认识问题。比如被你砍伤的陈××，现在仍然活着，提起那伤疤，他就想到了你，也许直到死也不会忘记。但是，你怎么能闭起眼睛不顾事实，反而说法院"无中生有"呢？所以，我在离开监区之前，还要找你开导几句，希望你在《送达证》上签字，并且把你对法院的攻击亲手抹去。否则，我就顺便带去，先给你的父母亲看，再直接交给法院。

答：（因内心空虚，加上时间又不容许过多考虑，连忙哀求）请您不要带回去，让我再仔细考虑一下。

问：好，但愿在我回来时，你有更大的进步。

分析处理意见：

朱犯内心空虚，色厉内荏，他爱面子，对家庭有依赖感。设法沟通朱××与其父母的关系，因势利导，耐心启发，及时捕捉他身上的"闪光点"，时时事事努力用诚心来打动朱犯，力争从量的积累达到质的变化。

第四次谈话

罪犯姓名：朱××

谈话时间：2010 年 9 月 3 日

谈话地点：分监区办公室

谈话目的：了解朱犯近日的思想认识情况，转告他父母的期望，促使其正视现实，积极改造。

谈话内容：

经教育，朱犯有所认识，并在《送达证》上签名，把那 32 个字划去，承认自己有罪不认，无理取闹。后又在《帮教协议书》上签了名，按了手印，表示一定好好改造，不辜负干警和亲人的期望。

分析处理意见：

通过谈话，该犯思想上有所触动，表现也接受改造的意向。应留心观察他的一言一行，加强督促，防止反复。

　　附：四川省监狱：顽固犯认定表、顽固犯个案分析表、顽固犯个别教育记录、顽固犯教育转化记录。

　　根据司法部第 79 号令规定：

　　第二十一条　监狱应当建立对顽固型罪犯（简称顽固犯）和危险型罪犯（简称危险犯）的认定和教育转化制度。

　　有下列情形之一的，认定为顽固犯：

　　（一）拒不认罪、无理缠诉的；

　　（二）打击先进、拉拢落后、经常散布反改造言论的；

　　（三）屡犯监规、经常打架斗殴、抗拒管教的；

　　（四）无正当理由经常逃避学习和劳动的；

　　（五）其他需要认定为顽固犯的。

　　有下列情形之一的，认定为危险犯：

　　（一）有自伤、自残、自杀危险的；

　　（二）有逃跑、行凶、破坏等犯罪倾向的；

　　（三）有重大犯罪嫌疑的；

　　（四）隐瞒真实姓名、身份的；

　　（五）其他需要认定为危险犯的。

　　第二十二条　监狱应当对顽固犯、危险犯制定有针对性的教育改造方案，建立教育转化档案，指定专人负责教育转化工作。必要时，可以采取集体攻坚等方式。

　　该犯符合第二十一条第（一）、（三）及（二）项之行为，可以认定为顽危犯。填写《顽危犯个案分析表》

顽固犯认定表

姓名	朱犯	性别	男	年龄	22	民族	汉族	文化程度	初中
罪名	寻衅滋事罪			家庭住址		四川省××市×县××区×号			
刑期	有期徒刑			入监时间		2010 年 3 月 7 日			
原犯罪事实	2010 年 2 月 2 日下午大约三四点左右朱××先带了 2 个刑满释放人员王×、陈×、1 个劳教人员李×进入××工地施工现场，阻挡逼迫工地铲车停止工作，工人张飞让朱××等人让开，他们就是不让，朱××等人与工人发生激烈冲突，被告人朱××随后抄起一根羊镐耙，打砸生产机器，并冲进旁边工棚损毁窗子、桌子及其他生活用品。被害人陈×飞前来阻止，朱××把陈×飞								

原犯罪 事实	打翻在地，随后就是一阵乱打，导致陈×飞右眼下方受伤，手部、腿部受轻 微伤。		
认定 原因	一直不认罪悔罪，反而觉得人民法院冤枉了他；平时表现也不好，经常违规 违纪，对干警的教育置若罔闻。		
包教 民警	廖××	包夹 罪犯	张×
	何××		李××
监区 意见	朱犯符合顽危犯的条件，经监区全体干警会议讨论决定，认定朱犯为顽危犯。		
教育科 意见	同意监区意见，认定朱犯是顽危犯。 何×× 2010 年 6 月 23 日		
监狱领 导批示	同意 宁×× 2010 年 6 月 25 日		

注：包教民警由监狱、监区、分监区民组成

顽固犯个案分析表

1	基 本 情 况	姓名	朱犯	出生年月	19××年×月×日		民族	汉族
		文化程度	初中	家庭住址	四川省××市×县××区×号			
		罪名	寻衅滋事罪	刑期	原判	有期徒刑 5 年		
					余刑	有期徒刑 6 年		
		身体状况	健康	现工种	——	分级处遇	一级严管	
2	简历		略					
3	家庭及社会关系		略					
4	犯罪事实		见上					
5	犯罪原因分析		主观：江湖义气重、法律意识淡薄					
			客观：家庭教育缺失、无正当收入					
6	顽固成因分析		主观：对法院的判决认识上有偏差					
			客观：自控能力差、脾气暴躁					

续表

7	教育转化有利因素	对母亲很孝顺，能够有效地利用亲情帮教，帮助罪犯认识到唯有积极改造，才能早日与家人团聚。
8	教育转化不利因素	认识有偏差、比较固执、行为养成差。
9	教育转化计划措施	进行法制教育、有针对性的个别教育、个别谈话、亲情帮教。

顽固犯个别教育记录

罪犯姓名：朱犯

谈话人	黄××	时间	2010年6月23日晚	地点	监区办公室
内容	问明朱犯违禁品酒和点燃蚊香的火从何而来； 朱犯这么做的动机目的是什么； 朱犯对此次事故有什么看法。				
效果	教育效果不明显，朱犯并没有明确表示认罪服判。				
应注意的问题	对监区进行一次彻底的清监，搞清楚违禁品的来源； 应提请对朱犯关押禁闭； 上报狱侦部门相关信息。				

顽固犯教育转化记录

时间		上月教育转化、措施实施情况	目前改造表现情况	下月教育转化应注意的问题
年	月			
2010	7	个别谈话教育行为规范教育关押禁闭10天	改造表现差，仍然无理缠诉	转变思想上的认识是关键
2010	8	个别谈话教育法制教育、亲情帮教	改造表现有好转，但并不明显。思想上的疙瘩开始化解。	政策攻心、亲情帮教、申诉条件法律知识告知。
2010	9	个别谈话教育、认知教育	能够认罪服判、认真遵守监规纪律。	继续巩固改造成果，提出更高希望。

顽固犯转化认定表

姓名	朱犯	性别	男	年龄	22	民族	汉族	文化程度	初中
罪名	寻衅滋事罪			认定时间		2010 年 6 月 25 日			
认定原因	明确表示认罪悔罪，并写出了深刻的认罪悔过书。								
监区意见	主管民警认为朱犯已认识到自己的犯罪危害性，在日常改造中能够遵守监规监纪，认真接受改造，努力完成生产任务。经监区干警集体会议讨论通过，认定朱犯已转化。								
教育科意见	同意见监区的认定 李×× 2011 年 2 月 20 日								
监狱领导批示	同意认定朱犯已转化。 陈×× 2011 年 2 月 24 日								

附件：危险罪犯、涉黑罪犯登记表

危险罪犯登记表

填报单位：

姓名		性别		年龄	岁	民族		照片	
籍贯			家庭住址						
捕前职业				文化程度					
判决机关				判决时间		年		月 日	
刑期		自 年 月 日 至 年 月 日				罪名			
						入监时间			
家庭成员及主要社会关系									
犯罪事实									
主要危险表现									
监管措施									
分监区意见									

续表

监区意见	
狱侦科意见	
监狱领导批示	

涉黑罪犯登记表

填表单位：××监狱

姓名	蒲×	别名/绰号	蒲铂×、蒲××	性别	男	照片
民族	汉族	捕前职业	农民	文化	初中	
出生日期	1987 年 03 月 08 日			籍贯	四川省××市	
家庭住址	四川省××市×××镇××村19组					

判决机关	四川省××市中级人民法院	判决时间	2009 年 11 月 17 日

刑期起止	自 2007 年 06 月 28 日 至 2011 年 12 月 27 日	罪　名	参加黑社会性质组织罪、故意伤害罪、聚众斗殴罪
		入监时间	2009 年 12 月 10 日

主要犯罪事实	2006 年底，蒲×参加以孙××为首的黑社会性质组织，为争取经济利益等，从事各种违法犯罪活动。 　　2007 年 4 月的一天晚上 9 时许，蒲×伙同樊×、邓×等人在××市×××街持砍刀将谯××砍伤。 　　2006 年 12 月 24 日晚，蒲×受孙×召集，伙同刘××等人在××市××坝附近与张×、兰××持刀械斗，致张×轻伤。

体貌特征	身高	168cm	脸形	椭圆脸
	体型	–	口音	川音
	体表特殊标记1	面部左侧嘴角至耳部一弧形刀疤		
	体表特殊标记2	左膀至左胸纹有一"龙"形图案		

家庭成员、主要社会关系	父亲：蒲×× ××市××街 137×××××××× 母亲：王×× ××市××街 大舅：王×× ××市××镇××村 二舅：王×× ××市××路 幺舅：王×× ××市××宫

所属涉黑罪犯类型（见表末说明）	A	B	C	D	E
	√		√		

续表

	组织名称	无		成员人数	十余人
所属黑恶势力组织基本情况	主要犯罪情况（活动区域、组织结构、犯罪手段等）	2004 年以来，以孙××为组织者、领导者，孙×、赵××、李××、刘××、刘××为参加者的黑社会性质组织，为了争取经济利益、树立强势地位等目的，在××市有组织地大肆从事寻衅滋事、设赌"放水"等各种违法犯罪活动，为该组织的活动提供经济来源，用于该组织购买作案刀具、组织成员日常开支、作案后逃逸以逃避打击等活动。			
本人在组织中的情况（在所属项后打钩）		首领		骨干	一般成员 √
采取的监管措施	严格控制活动范围；不允许单独劳动和加夜班；定期、不定期地进行人身、物品检查；严格审查会见审批手续，实行民警包教、罪犯包夹的控制措施。			责任民警姓名	李×

填表人：　　　　　　填表时间：　　年　月　日

说明：涉黑罪犯分为以下五种类型。A、B、C、D 四类系涉及黑社会性质组织的罪犯，E 类系恶势力性质的罪犯。

A：组织、领导和积极参加黑社会性质组织被判刑收监的。

B：境外黑社会组织的人员到中华人民共和国境内发展组织成员被判刑收监的。

C：黑社会性质组织成员使用暴力、威胁或者其他手段，有组织地进行违法犯罪活动，称霸一方，为非作恶，欺压、残害群众，严重破坏经济、社会生活秩序被判刑收监的。

D：国家机关工作人员包庇黑社会性质组织或者纵容黑社会性质组织进行违法犯罪活动被判刑收监的。

E：未达到黑社会性质组织层次的恶势力犯罪集团成员以暴力、威胁等手段，在相对固定的区域行业实施违法犯罪活动，欺压百姓，扰乱社会公共秩序被判刑收监的。

×监区涉黑犯蒲××2009 年第 4 季度改造表现鉴定

罪犯蒲××于 2009 年 12 月 10 日入监，2010 年 2 月 17 日分到×监区服刑改造。蒲犯入监以来，能认罪服法，自觉参加入监教育，遵守监规纪律，无违规违纪言行。

蒲犯在劳动中能服从分配，认真打扫监区院坝卫生，保持监区环境卫生干净、整洁，劳动态度端正。

日常生活中，蒲犯能按时作息，内务卫生规范。因蒲犯才分下监区，与监区其他罪犯交往较少，目前还看不出在犯群中有无组织力、纠合性；蒲犯的哥哥蒲××在七监区服刑，应重点防范他们私下接触，在狱内重新勾结。

×监区

2009 年 2 月 25 日

四、拓展训练

（一）参考案例

请根据以下案例，对罪犯廖××个别教育，形成个别谈话记录。

案例一

赵××，38 岁，入狱前曾因扒窃被劳教 2 年。2000 年解教后，他破罐子破摔，对生活彻底地失去了信心，进而无视法律，于 2003 年 7 月因抢劫罪被判无期徒刑。赵犯入狱后，既不认罪服法，又不安心改造，把民警的教育视作耳边风，明里一套，暗里一套，平日里总是爱出馊主意，想方设法与民警对抗，"唯恐天下不乱"。他经常在同犯中称自己是"二劳改"，监狱里的一套他什么都知道，靠什么服刑最有效果，他最玩得来，以此作为一种资本拉拢、煽动他犯共同对抗改造，他所在的行政小组因此处于不稳定状态；他还时不时地利用他有脱肛的毛病，掐算时间蹲在厕所，难为值班民警不能按时收工，是监区"挂了号"的顽劣犯。

主要经历：赵××与妻子自由恋爱结婚，家庭和睦，他借钱买了车跑运输，经济状况还不错。可几年后不幸出了车祸，仅事故费赔了 7 万元，经济状况一落千丈。不久就又和社会上结识的混混们混在了一起。在一次结伙扒窃时，被公安机关劳教。解教后，经济更加拮据，夫妻常因一些小事就大吵大闹，一气之下，他竟把妻子、儿女赶出家门。直到他判刑入狱，他从未和妻儿见过面，只听说他妻子在他岳父家住着。

本案例个别谈话提示说明：罪犯赵××不信任政府，甚至对民警产生敌对心理。个别谈话必须首先突破罪犯这个定势心理，教育转化工作才有可能起到作用。

案例二

罪犯姜某某（盗窃罪，2 年 6 个月），2008 年 4 月 11 日入监（该犯系"二进宫"），2003 年 8 月因犯盗窃罪被判处有期徒刑二年，2005 年 7 月 31 日刑满，其犯罪原因是该犯因染上赌博恶习，多次赌博累计赌掉十余万元，其家负债累累，进而走上盗窃道路，形成了赌博而盗窃，盗窃而犯罪的恶性循环。入监不久，其妻以上述理由向法院提起离婚诉状。在该犯接到诉状的同时，民警立即找该犯个别谈话，了解到该犯内心十分焦虑，既担心法院直接判决离婚而没有给他向其妻忏悔的机会，又顾虑两个孩子（其长子 10 岁，次子 2 岁）的抚养问题。

5 月中旬，姜犯与其妻的离婚案件在监狱开庭，姜犯在反复思考后同意离婚。管教民警注意观察了开庭的情况，发现姜犯妻子离婚的真正原因，发现其妻对姜犯仍有感情（离婚不离家，愿意帮姜犯抚养判给他的一个孩子，承担其在监狱服刑的生活费用，庭审始终泪流不止，言语中流露出仍有和姜犯复合的可能）。

本案例个别谈话提示说明：个别教育要注重时机，特别是在罪犯的家庭发生重变故时；个别教育要及时介入，化解罪犯的心理危机。个别教育还要求民警掌握大量的专业知识，特别是心理学、社会学、伦理学、法律等知识；个别教育要善于抓住感化时机，因势利导，诲人以理，要求民警在谈话时，宜疏不宜堵，宜导不宜压，宜细不宜粗，宜实不宜空；谈话要有政策和法律依据，要讲诚信，要注重讲话的逻辑性和方式方法。

案例三

仲某（强奸罪，2 年），21 岁。仲犯是长子，有一个弟弟，父母年迈。2006 年 4 月 1 日入监，入监后，监区民警通过日常观察：发现该犯情绪极为焦虑，经常在号房里来回踱步，不时地向窗外张望，注意到这种情况后，管教民警及时找该犯谈心，该犯反应自己很彷徨、烦躁，主要担心刑满后受到村里人的鄙视，为了逃避，自己一度产生过永不回家在外流浪的念头。

本案例个别谈话提示说明：初犯这一时期的罪犯心理特征有其自身特点：烦躁不安，情绪起伏大。主要原因是：正常人初到一个陌生的环境，总会有些微的紧张和不安，被剥夺自由和处在高墙电网的监狱之内的罪犯，对监狱内生活陌生，难以适应，思家念亲思想强烈，民警与罪犯不了解及原有的旧的思想，致使罪犯不能安心。处在入监初级阶段的罪犯，就应当主要通过个别教育，沟通民警与罪犯之间的心理鸿沟，并在接触谈话中，为罪犯指明方向，晓以事理，促使罪犯放下心理包袱，为接受改造打好基础，促使其早日适应监内生活，较好地完成入监集训任务。

◆ 项目二：个案矫正方案实训项目

一、实训目的

个案矫正是基于刑罚个别化原则，监狱依据罪犯差异性的犯因问题，采取有针对性的调适、干预和治疗等技术，以实现矫正目标的专门活动。通过学习，学生应掌握个案矫正方案的制作的依据、制作目的、制作要求，能够根据矫正对象的不同情况，因材施教，制定相应的个案矫正方案。

二、实训内容

（一）工作要领

（1）注意矫正对象的差异性和复杂性；

（2）注意矫正方法的科学性和技术性；

（3）注意矫正过程的系统性；

（4）掌握个案矫正中的沟通技能与协调技能；

（5）针对具体个案制订合理有效的工作介入计划；

（6）具备推动介入计划有效进行的能力；

（7）具备应对个案工作过程中各种突发事件的素质。

（二）工作要求

1. 制定矫正方案前调查程序（个别谈话前期准备）：

（1）以调查为基础，建立个体调查体系：

（A）注意调查的定位。调查目的、内容和要求取决于对罪犯个体改造目标的定位。

（B）突出调查的重点。应当对罪犯的犯罪恶性程度、犯罪原因及动机、犯罪人格以及犯罪环境等因素进行调查，以掌握罪犯的思想、心理、行为有效改造的需求。

（C）制定调查方法。调查方法主要采用文献、面谈、问卷、测量和观察调查。

（2）分析鉴别调查情况，制定"一人一策"方案：

（A）突出重点。矫治项目确定在危险度控制与改变，改造难易度控制、文化知识需求、法律道德认知需求，就业技能需求，心理健康需求等方面。

（B）体现警示。对罪犯的危险度及其危险倾向提出警示，对罪犯改造难易度作出初步评估，并对罪犯的暴力、酗酒、吸毒的倾向、认罪悔罪认识和态度、前科恶习情况等反映个性情况和特点作出提示。

（C）拓宽信息。提供罪犯教育、家庭关系、家庭经济、个体社会适应能力、心理健康状况等信息。

（3）明确过程管理，促进个别化矫治的落实。

（A）加强矫治项目的管理。设置了矫治项目执行情况记录、一般工作情况记录和执行情况评估记录，便于检查督促落实。

（B）建立相应的工作制度和机制。

（C）重视对个别化矫治方案的完善。入监时的调查只能是一种初步的基本的，在罪犯投入到中期改造后一年内，应对罪犯个别化矫治手册作出一次补充调整。

2. 评估方案是建立在对罪犯改造质量评估的基础上的，评估分为入监初期评估、服刑中期评估、刑满释放前评估。

3. 入监评估为罪犯入监初期矫治方案的制定，服刑中期的动态评估是为罪犯矫治方案的调整，刑满释放前评估是为即将刑满释放的罪犯与地方政府安置帮教衔接工作做好基础工作的。

4. 通过量表进行危险性测量，评估得出罪犯的人身危险程度、服刑能力、服刑改造难度的结论。

5. 根据以上三个结论制定矫正方案：

（1）根据人身危险程度制定监管控制和教育措施；

（2）根据服刑改造难度和个体状况设置矫正目标、制定矫正方案；

（3）根据服刑能力确定罪犯分类关押和管理教育方案。

6. 矫正方案告知罪犯，征求罪犯同意，罪犯必须承诺按矫正方案实施。

7. 做好矫正方案质量评估工作。

参考案例

陈犯，男，现年36岁，××省××县人，小学文化程度，已婚，无政治宗教信仰，2000年9月因抢劫经××市江汉区法院判处有期徒刑18年，同年10月投入某监狱服刑。2004年经法院裁定减刑一年。

该犯曾于1984年16岁时因故意伤害被判有期刑3年，1986年又因盗窃被判刑8年，服刑期间曾被减刑3年，1995年和一女青年结婚，次年生一女儿。

家庭情况：该犯6岁丧父，其母58岁，在家务农，其姐38岁已出嫁，因少时顽劣与亲属均无往来。

心理测评：D量表测试：为忧郁、对未来悲观，对评价过低，信心不足。内心抵触，反叛意识强烈。动作缓慢不灵活，与人心理上的距离，性格偏内向。

（三）实训操作步骤

1. 对矫正对象的预估。监狱民警应收集矫正对象的有关资料，并对其存在的问题进行综合的分析判断，形成暂时性的评估结论。

矫正对象资料包括：

（1）个人层面的资料：

犯罪情况，如犯罪原因、动机、类型、刑罚种类、刑期、认罪悔罪态度、服刑情况、改造表现；

客观情况，如身体状况、心理健康状况、情感、智力和技能等；

主观态度，如对自身生存状态的看法，对现实社会的态度等。

（2）环境层面的资料：

矫正对象的重要社会系统对矫正对象的影响或者社会重要系统（包括矫正对象的家庭、亲属、邻居、学校、单位等）对矫正对象的支持。

（3）个人与环境交互作用层面的资料：

主要包括矫正对象与周围环境的关系，特别是与重要人物的关系。如矫正对象与同改的关系，是否受到牢头狱霸的欺凌或威胁；与民警的关系，是否受到民警的误解、粗暴对待和不公正对待，甚至陷害。

2. 矫正对象资料的分析。监区民警应根据收集的资料，对资料进行归纳，以矫正对象的基本情况、身心健康状况、日常表现情况、道德水平状况、知法守法情况、个人劳动能力情况、人际交往情况、家庭情况等方面进行梳理，切实掌握矫正对象的基本资料和背景资料。

3. 矫正对象问题诊断。对罪犯目前所呈现的问题及形成因素的分析：

（1）个人问题：包括生理问题、不良心理、自我认知等方面；

（2）家庭问题；

（3）社会问题。

达到的目的是准确地认识矫正对象的犯因性问题。

4. 矫正目标的制订：

（1）总目标；

（2）具体目标：帮助罪犯解决一个或几个特定的问题，完成一件具体任务，是为总目标服务的。

5. 制作矫正方案：

（1）矫正方案编号；

（2）被矫正罪犯的基本情况：包括姓名、性别、年龄、学历、罪名、刑种、刑期及时间起止、开始矫正的时间、家庭成员、职业背景、前科情况等；

（3）被矫正罪犯存在的主要问题：包括服刑人员在思想观念、心理特征、行为习惯、综合素质等方面存在的问题，以及他们的社会危险性程度、矫正难易程度、分类测评反映出的问题等；

（4）预期要达到的矫正目标，包括总目标和具体目标；

（5）矫正意见，即根据服刑人员存在的问题，应当强化的教育和管理内容、有针对性的矫正措施；

（6）结束矫正时间、矫正效果评估方式等。

三、任务完成及学生自评：

以下是学生实训时根据以上案例制作的《个案矫正方案》的文本，请你析评文本，指出存在什么样的问题，提出诊断结论。

个案矫正方案

一、 罪犯情况

陈犯，男，现年36岁，××省××县人，小学文化程度，已婚，无政治宗教信仰，2000 年 9 月因抢劫经××市江汉区法院判处有期徒刑 18 年，同年 10 月投入某监狱服刑。2004 年经法院裁定减刑 1 年。

该犯曾于 1984 年 16 岁时因故意伤害被判有期刑 3 年，1986 年又因盗窃被判刑 8 年，服刑期间曾被减刑 3 年，1995 年和一女青年结婚，次年生一女儿。

家庭情况：该犯 6 岁丧父，其母 58 岁，在家务农，其姐 38 岁已出嫁，因少时顽劣与亲属均无往来。

本人主要简历：

16 岁以前在家读书；

16 岁~19 岁在少管所服刑；

19 岁~22 岁在武汉打工；

22 岁~27 岁因盗窃罪在监狱服刑；

27 岁~32 岁在武汉打工；

32 岁~今因抢劫罪在监狱服刑。

心理测评：D 量表测试：为忧郁、对未来悲观，对评价过低，信心不足。内心抵触，反叛意识强烈。动作缓慢不灵活，与人心理上的距离，性格偏内向。

二、 犯罪动因及现实分析

（1）世界观错位和犯罪惯性心理，表现在行为上的叛逆性。该犯认为人生都在追求幸福，只不过是方式、运气不同。在监内经常小偷小摸，不服管教。曾被禁闭一次，集训一次，批评多次。

（2）前途丧失信心的悲观心理，表现在行为上的放任性。该犯多次流露"我谁都不怕，大不了一死。"这辈子算完了，出狱也 52 岁了，妻子和小孩也不知下落。放任抵触，为所欲为。

（3）文化程度低，生存能力差的自卑心理，表现在行为上的不适应性。该犯小学文化程度，又没有技术与特长，劳动技能较弱，加之性格内向，与人语言交流少，封闭压抑，自卑心理严重。

（4）归因客观的仇视心理，表现在行为上的对抗性。认为自己的犯罪是社会造成的，小时候家里就穷，没有过上一天好日子，不偷不抢没法生活。与他犯矛盾时报复手段毒辣，不计后果。

（5）抗拒劳动，不服管教的逆反心理，表现在改造中的危险性。该犯长期抗拒劳动，多次探听路线和地理方位。据耳目报告：该犯表示只要有机会就"走"，万一被击毙正好一了百了，什么时候想烦了就自我了断。存在极大的脱逃、自杀、袭警和制造狱内大案的多重危险。

三、 运用科学理论促其转化的做法

犯罪就是一种反社会的行为，犯罪思想既是客观世界的产物，也是主观世界的产物，而科学理论则是改造客观世界和主观世界的强大锐利武器，是人类智慧的结晶。改造罪犯科学理论，尊重客观规律，才能消除犯罪思想，实现做守法公民的教育改造目的。心理学认为：人的身心发展主要受先天遗传、自然环境和社会教育这三大因素的制约和影响。这三大因素在人的身心发展的不同阶段起着不同作用。而教育因素在人的身心发展中起主导作用。要根据罪犯能力的差异性来确定教育的内容、方法和目标，趋利避害，有的放矢。从某种意义上说，转化一个顽危罪犯，就等于拯救了一个人的生命，挽救了一个家庭的幸福，消除了一个狱内隐患，清除了一个社会"定时炸弹"，意义十分重大。

（1）确立以改造人为宗旨的理念，运用社会科学理论消除对立情绪，沟通互动的目的。社会科学：人都存在着情感，是可以沟通的，沟通的基础是人格上的平等，存在价值的认同和对其合理部分的肯定。人是社会的产物，罪犯所处的环境决定了他的思维和价值取向。该犯由于存在着对社会的抵触和对民警的对立，这种情绪不消除，任何教育都难以渗透进去。叶圣陶先生曾说：教育者不该跟学生对立，一对立就没有教育可言。而监狱工作的一个重要职能就是教育改造头脑充满邪念，行为充满恶习，心理充满仇视，人格充满堕落的犯罪之人，担负着"惩罚与改造相结合，以改造人为宗旨"的神圣职责。罪犯抗拒改造而放弃对他的改造，正相反，正是他抗拒改造，说明他迫切需要改造。

初级：愿意接受民警沟通。

方法要点： 运用倾听法提示他谈家庭，谈社会经历，并表示出必要的同情和关心。愿意倾诉是沟通的开始，这一阶段不宜对其错误观点做过多的批评，要认识事物发展的过程。

效果： 经过几次交谈，该犯基本上谈到如何走上了犯罪的道路，同时认

为自己是世界上多余的人。情绪有所缓解。

中级：愿意和民警沟通。

方法要点：换位思考互谈。运用一分为二的辩证法则，分析其判刑后间隔五年，犯罪主要虽然是主观因素，但也有一些客观因素。而且第二次判刑时还减了三年刑，说明有改好的可能性，表达出关爱之情而不是厌恶之感。相互交流，达到情感上的互动。同时安排表现比较好的同犯和他多沟通交流。罪犯和民警所处的地位不同，只要动之以真情，晓知以正理，是可以达到沟通的效果的。

效果：该犯感谢民警的关心，认为民警的工作不是为了个人私利，而是教育、帮助、挽救他。

高级目标：主动和民警沟通，扭转对干警的片面认识。能够反映真实的思想，哪怕是错误的思想。

方法要点：不仅在思想上要加强教育和沟通，而且在生活中要注意解决具体困难。监狱民警经过多方努力，找到其妻子和女儿，并实现了来狱会见，帮教。

效果：十分感激民警费尽周折为他找到了妻子和女儿，并来监会见，提及有一次生病，民警为他买来了猕猴桃，这使他想起在家里有一次生重病，一直想吃而没能如愿，民警比自己的亲人还要亲。半年后，基本上达到了全部目标。

与人交往是人的一种基本需求，要在交往中了解情况，掌握思想变化，才能有针对性的教育改造。交流中要尊重罪犯的人格和法定权利，既要以情动人，更要以理服人。

（2）确立以人为本的理念，运用教育学原理消除其自卑心理，达到增强改造信心的目的。自卑是人内心的自我贬抑意识。特别是农村籍的罪犯，大多数生活在较为困难的家庭，经常受到挫折、打击，对人生态度消极，缺乏自信心和内动力。教育学中的赏识教育主要是运用人的尊重需求，采用必要的形式对其肯定，帮助建立自信心，激发向上的潜意识。自卑往往和自暴自弃相联系，而自暴自弃是希望彻底破灭，自暴自弃的结果就是自我放任，自我堕落。心理学，人的一切行为都是受到激励而产生的。

初级目标：缓解其自卑心理。

方法要点：肯定他的存在价值。利用简单肯定的方式，发现他值得肯定的地方，激发他转变消极的人生态度。有了进步就表扬，哪怕是微不足道的进步。

效果：语言明显增多，笑容明显增多。心理咨询中心反馈：该犯自信心有所增加。

中级目标：树立比较积极的人生态度。

方法要点：肯定他的社会存在价值。在犯人大会上表扬该犯的进步，肯定他能够改正恶习，重新做人，只是需要过程。当众表扬优点，背后批评缺点。将表现好的罪犯与他编为互监组，并结成互帮互助对子。

效果：开始完成生产任务，并做一些简单的好事，如对一老年病犯上厕所不方便进行帮助，下雨时主动帮助他犯收衣物。对人生产生了一些积极的看法。

高级目标：认为自己可以成为对社会有用的人，并建立起比较积极的人生态度。

方法要点：开展经常性的人生观教育，肯定其优点，指出其问题，教育他要正视困难，克服困难，使他明白人的一生，就是与困难争斗的过程，没有困难，就没有人生，只要经过不断的努力，就能够获得成功，努力的人是不会失败的。帮助端正积极的人生态度。

高级阶段需要长期的过程。

监狱是对罪犯实施惩罚和改造的刑罚机关，其中心工作就是提高罪犯改造质量。在罪犯教育改造中，重点和难点就是对顽固危险罪犯的教育改造。运用科学理论和方法，以理服人，因人施教，循序渐进，是教育转化顽危罪犯的必经之路。笔者民警对一个顽危罪犯的转化，"解剖麻雀"，力求探索转化顽危罪犯的规律，以期对实践启示作用。

（3）确立法律至上的理念，运用法制理论，帮助其分析犯罪事实，达到认罪服法的目的。认罪服法是改造罪犯的前提。罪犯被判刑后，归因客观的心理普遍浓烈，主动认罪的意识淡薄，特别是心理呈惯性化、定势化趋势的顽危罪犯，其犯罪心理与道德法律存在着尖锐的矛盾。罪犯除了需要懂得其他知识、道理外，最重要的就是明确法律的普遍性、强制性、正当性和人民权利的保障性，权利义务的对等性。树立"法律神圣不可侵犯"的意识。马克思曾说：物质的问题要用物质的方法去解决，精神的问题要用精神的方法去解决。罪犯意识的问题只有通过摆事实，讲道理，以理服人的办法，而不能采取强迫的方法。认罪服法必须通过一系列的教育形式和科学方法，实现教育形式和内容的有机统一，才能达到教育转化目的。

初级目标：认识自己所犯罪行的社会危害性。

方法要点：集体教育和个别教育相结合，大力开展法制专项教育活动，开展"假如我是受害人""告别明天"的演讲，写自传等一系列教育活动。

效果：该犯初步认为自己的行为是一种严重的犯罪，但有些客观原因。

中级目标：认罪服判，公正地看待法律制度。

方法要点：深入分析犯罪根源，组织罪犯进行大会宣讲，小组讨论，营造一种学法，懂法，守法的气氛。要对犯罪所必需的要件逐条分析，深挖犯罪根源，消除归因客观的错误观点。

效果：认为自己并不是生活不下去，主要是想不劳而获，走所谓的"致富捷径"，并在小组和监区会上作反思发言，还在监狱举办的法制教育文艺节目中扮演了受害者的角色。

高级目标：确立法律至上的观念，以法律来约束自己的言行。

方法要点：大讲法律是社会的最高准则，法律是神圣不可侵犯的。促进社会稳定、进步、繁荣最有效的途径就是依法治国。说明法治不仅对社会公民，而且对服刑罪犯的人身权利也有巨大的保护作用。结合监狱执法环境的规范及身边的具体事例对其法治教育。并邀请了法官、律师到监狱上法律知识课。

效果：该犯认为法律是比较公平的，对自己的判决是公正的，特别是现在监狱规范执法，和过去比发生了巨大的变化，认为这种环境有利于自己的改造。交代了自己曾预谋袭击民警、脱逃的犯罪动机和企图自杀的心理准备，还检举了他犯预谋脱逃的犯罪事实。

教育改造罪犯是用正确的理论和方法促其转变观念，矫正恶习，引导人、教育人、感化人、挽救人的潜移默化，厚积薄发的渐进过程。要坚持用科学理论来指导教育改造实践，以保证教育改造的方向性、实用性和有效性。

（4）确立人是可以改造的理念，运用科学理论约束其违纪，达到促其遵纪守法的目的。行为科学认为：人的行为都是受意识支配的，新意识取代旧意识有一个复杂的自我教育和控制过程。罪犯良好的习惯养成实质上是旧意识与新意识的激烈斗争，在新的意识尚未在大脑中占绝对优势之前，旧的意识总是不断地对新意识发起挑战，有时可能还会占上风。人的发展主要靠激励。激励＝吸引力＋期望概率。

初级目标：放任行为得到一定程度的收敛。

方法要点：经常性的提醒，树立身边榜样。并鼓励其参加一些集体活动。初步树立集体主义意识。使他认识到，好的习惯是受人尊重的基础条件，是人生的宝贵财富。

效果：经过一段时期的教育与约束，虽然有些小的违纪，但总体上达到了这个目标。

中级目标：半年内无大的违纪，好的行为习惯开始形成。具备一定的行为控制力。

方法要点：不断强化目标行为的重复性，注重用物质的、精神的办法加大控制力和吸引力，实现奖励的有效性。要辩证地看待顽危犯在改造过程中出现的一些反复，只要大的趋势向前发展就是好势头，切不可操之过急，欲速则不达。

效果：对自己的违纪有了较好的控制，不仅没有大的违纪，而且还勇于和一些反改造言行做斗争。

高级目标：一年内无大的违纪，初步建立起良好的行为规范。

方法要点：经常性地关注、帮助，使他成为集体中受重视的角色，在心理上有一定的承受力，并经常性地强化这种承受力，使其能经得起曲折。

效果：已有14个月无违纪，并能经常做好事。充分认识到民警对他的信任和殷切希望。

罪犯的矫正、行为养成和行为规范都是建立在正确的意识、情感和人生态度基础上的，而罪犯的行为举止又可以对意识起到促进作用。二者联系，相互作用。

（5）确立劳动改造人的理念，运用劳动作用理论使其抑制恶习，达到热爱劳动的目的。劳动创造了世界，同时也创造了人。人的本质劳动，社会劳动的差异性决定了人的差异性。自己不爱劳动，又不尊重别人的劳动，这是许多人走进监狱的共同原因。劳动具有磨炼意志，认识人类发展，矫正不劳而获腐朽思想和学会生存技能，减少重新犯罪的重大作用，是改造罪犯的必要的有效手段。

初级目标：能够正常参加生产劳动。

方法要点：讲明培养罪犯的劳动习惯和劳动技能不仅是罪犯改造的法定需要，也是回归后实现社会正常生活的客观需要。根据其劳动技能较差的具体情况，在劳动定额上适当照顾，使他看到希望，增强改造信心。

效果：基本上能够完成低级定额任务。

中级目标：养成正确的劳动习惯。

方法要点：逐步加大劳动量，达到和他犯一致的劳动能力。并在劳动现场播放轻音乐，以适度缓解劳动压力。使其明白劳动是治疗一切精神痛苦、生活困苦的良药。

效果：能够完成任务，多次带病劳动。特别是实行罪犯劳动低薪制以后，其劳动热情明显提高。

高级目标：树立起正确的劳动观念，能够自觉完成劳动定额。

方法要点：教育其养成好的劳动习惯是一个长期的、艰苦的过程，是实现正常社会生活的必由之路。

效果：累积分在全监区位次靠前，经评议符合减刑条件。已开始呈服减刑。并取得了机电修理初级证书。

社会的发展对人的要求呈现出一种梯形结构趋势，社会既需要高层次的人才，也需要诚实勤劳守法的普通劳动者。（而且随着社会的进步，社会保障机制会更加完备合理。当前，国家对刑满释放人员的工作推荐、生活保障的力度也越来越大，罪犯只要改恶从善，养成良好的行为习惯和劳动习惯，回归社会后是可以实现正常生活的。要经常性地开展对罪犯有针对性的社会发展教育，使他们放下思想包袱，走上正常的改造道路。）

（6）确立以德治监的理念，运用道德教育理论，帮助其建立良好的道德观念，达到巩固改造成果的目的。道德力量是无穷的，道德教育对罪犯改造有着巨大的现实意义。道德是法律的基石。罪犯之所以走上犯罪道路，首先就是道德观念的沦丧，接着就是法律大堤的垮塌。

初级目标：恢复一定的道德良知。

方法要点：在狱内大力开展道德教育活动，列查不文明，不道德的行为并进行剖析，开展学雷锋活动，充分利用电视、录像等一系列活动，使罪犯逐步恢复道德良知。

效果：能够初步关心他人，帮助他人。

中级目标：树立良好的道德观念，提高辨别是非的能力。

方法要点：批判损人利己，金钱至上等腐朽观念。狱内教育和社会教育相结合，聘请地方上的先进模范人物开展道德教育讲座，在罪犯中开展"道德是做人之本"大讨论，开展道德知识竞赛，建立良好的道德意识。

效果：有了一定的是非辨别能力，能够较好的遵守《罪犯改造行为规范》。

高级目标：能用道德观念规范自己和行为，树立正确的世界观、人生观、道德观。

道德教育是一个永恒的主题，必须长抓不懈。一个罪犯如果真正建立起了良好的道德观念，有较强的自律意识和自律能力，就应该视为达到了改造的目的。

用科学的理论转化顽危罪犯的过程，实质上就是多科学理论综合运用的过程，各学科之间是一个相互联系的系统，没有先后轻重之分，罪犯的思想行这弱项，就是我们的工作重点。

四、任务拓展

以下是北京摔婴案的始末及凶手的个人资料，根据材料中所反映出的情况，假设该凶手还在狱中服刑，请为他设计一个个案矫正方案。

北京摔婴案凶手简介

2013年7月23日晚，在大兴旧宫镇524路公交车科技路站前，39岁的韩磊乘坐的白色现代索纳塔轿车遇上一辆婴儿车。因为让路问题，韩和推着婴儿车的42岁的母亲发生了冲突，将车中2岁多的女孩摔死。摔婴的恶行，让韩磊迅速成为舆论风暴的中心。是什么样的人生，造成了他如此的暴戾？我们决定追访其朋友家人，我们不想为其背书，只是试图更为立体地还原一个众人唾骂的摔婴者，挖掘人性的复杂。

2010 年 11 月 23 日，网友"昔我往矣"在 QQ 上主动加大一中文系女生李易（化名）为好友。李问：你是学生吗，哪个大学？对方说毕业好几年了，北师大的。

"昔我往矣"自称韩磊，年长李易八岁，1984 年出生，中文系毕业后在航天部工作。在聊天中，韩磊劝李易：你还小，文化底蕴不够，多看些诗词，带注的。他还督促李去看马尔克斯的《百年孤独》。

韩拿自己举例：我二十岁时都写了本四十万的书，几百首诗歌。你们二十岁在追求什么？等到二十年后再回首你就知道了。

李易初三时父母离异，她始终走不出这个阴影。当她向韩磊倾诉对父亲的感受时，他会告诉她，要学会宽容，学会感受亲人的爱。正是在这段时间里，李易改善了与父亲的关系。

在网上，虽然每次都要等好几个月才能得到韩磊的些许回应，但李易还是很期待。一年后，他们确立了恋爱关系。

他们线下第一次见面，是在 2012 年 10 月 25 日，韩磊坐火车去李易就读的城市看她。李对韩磊的第一印象是"简直恐怖"，他极瘦，脸都凹了，老得不像 1984 年生人。

李带韩磊去自己自习的图书馆，看到陀思妥耶夫斯基的《罪与罚》，韩磊不假思索说了书中大概。李易消了疑心。

李易第一次跟韩去超市，看他往自己的住处搬了一桶五公斤的二锅头、六七瓶红酒，还有若干罐装啤酒。她吓坏了：要这么多酒干吗？韩说，每一天喝一点，好睡觉。

她获知他的真实经历，是从 9 个月后的新闻里。2013 年 7 月 23 日晚，在北京大兴旧宫镇 524 路公交车科技路站前，韩磊乘坐的白色现代索纳塔轿车遇上一辆婴儿车。因为让路问题，韩和推着婴儿车的 42 岁的母亲发生了冲突，将车中 2 岁多的女婴摔死。

监控显示，当晚20：54 分，推着婴儿车的母亲出现在公交车站前，20 秒后，白色现代车出现在现场，坐在副驾位置上的韩磊下车交涉，双方用手比画，20：55 分，双方扭打倒地，10 秒后，韩磊一个箭步冲向婴儿车，将孩子一举、一掼。从韩磊下车到摔孩子，时长不到一分钟；从孩子母亲推着婴儿车出现，到韩磊上车离开，时长不足 3 分钟。

韩出事后，李易通过其亲友获得了他写的自传体监狱小说。这个名为《昔我往矣》的小说，目前才写到第一部《1996 年》，已有数十万字。1996 年，22 岁的韩磊因盗车获无期徒刑，在狱中，韩磊通过自考获得了五个大专文凭，并因此减刑数次，于 2012 年 10 月 5 日释放。

小说的主人公叫方冰。韩磊在文章开头写道：假如那天没有在十字路口前徘徊，假如那天不是为了那顿该死的早点耽误了时间，假如那天没有遇到蔡伸，方冰坚信自己的人生一定会是另外一番模样。

韩磊用一连串的假如，来表达过去和现在的落差，以及内心的悔悟。李易认为，小说中能看到韩磊模仿马尔克斯的痕迹。

方冰"狂热地幻想着如果一切能够重新回到起点，他坚信自己再也不会做出错误的选择"。重获自由不到一年，韩磊再次站到了他曾经告别过的十字路口。

在接受警方讯问时，韩磊称，由于喝酒、生气冲动和近视眼，摔的时候他并不知道是孩子，"但凡我知道是个孩子，我不会那么做，这件事是我做的，对我千刀万剐我也认了"。

8 月 14 日，韩磊已经被移送北京市人民检察院第一分院审查起诉。当天的白色现代车司机李明，也因窝藏罪被起诉。

在会见时，韩磊告诉律师：死刑并不可怕，可怕的是再来个无期。

严 打

1996 年，韩磊已经经历过一次生死煎熬。

韩磊的母亲记得，当时韩磊在"七处"时天天提心吊胆，担心自己一条性命。一审宣判他获刑无期时，韩磊在走道里哈哈大笑：特知足，不上诉了！

"七处"是北京市公安局看守所，专门关押涉嫌重大案件的犯罪嫌疑人，凡案子上要判死刑、死缓和无期徒刑，俗称三大刑的，都在七处关押。其前身叫作"K"字楼，位于西城区半步桥一带，由日本人占领北平时建造。犯人中有俗语称，"进了 K 字楼，但求保住头。"

1996 年 3 月 9 日，韩磊因盗窃罪被警方羁押。当年 4 月中旬，"严打"开始，这是继 1983 年"严打"后第二次全国性对犯罪活动展开从重从快"打击"。

小说里，方冰和其他嫌犯听到"严打"的消息后，"所有人都面色苍白，牢号里沉寂得古墓一般，只能听到心跳声怦怦怦此起彼伏"。

韩磊写到了对人生的留恋：他忽然想起了父母，想起了自己年轻短暂的一生，他觉得逝去的一切都是那么美好……生活中值得牵挂的东西太多太多，他渴望活下去，深深地渴望着活下去。

入狱之初，韩磊告诉母亲：我那时一门心思就想犯罪。"严打"将他心底里对死亡的恐惧血淋淋地掏了出来，他悔不当初。

1974年6月26日，韩磊出生于丰台区东高地航天部大院，其母是航天部第一研究院下属某厂的修理工，父亲是该厂的木工。韩磊还没出生，其父就去四川达县的小山沟里支援三线，一去12年，韩磊8岁那年才返京。

韩母回忆，那时她一人带着韩磊和他姐姐，还要抓学习，促生产，平时能让孩子吃饱饭就行。

回到北京的韩父发现儿子性格不好，脾气暴躁，但"教育他已经来不及了"。

小说中的方冰上初一的时候就退了学，从小就喜欢交接所谓的社会人，讲些江湖义气，也少不了干些江湖上打架争胜的勾当，上了初中一星期倒有三天被人约出去打架。

韩母回忆，韩磊初中原读于东高地中学，初一时，班主任嫌韩磊调皮惹事，要求韩磊转学。韩母安排韩磊去了其舅妈任教的角门中学，在学校，韩磊有次被人拦在厕所，后来呼啦一下召集了20多名同学助阵。初中没读完，韩磊便退学了。

退学后韩磊成天流浪，韩母骑着自行车满地追他。有天她在路旁的排水沟发现韩磊，要他跟她回家吃饭，但韩磊就是不肯，"他怕他爸打他"。韩父经常抽起木工板就打。

1989年，韩磊因盗窃被北京市公安局丰台分局行政拘留七天。其母称，当时家中添置的一辆新自行车被偷，但没想到，韩磊又去偷了别人的自行车，还被抓了现行。

1992年，韩磊因为打架，又遭行政拘留十天。发小张国新回忆，当时韩磊和一个哥们在公交车上跟人冲突，把对方打成了轻微伤。

虽然长得是个小白脸，但韩磊骨子里很泼辣。少年韩磊感兴趣的，并非只有好狠斗勇。张国新称，韩磊对唐诗宋词、琴棋书画有浓厚的兴趣，"他追求的是江南才子的境界"。

张称，少年时，他曾陪韩磊去书店购买《芥子园画谱》，韩磊跟另外一位购书者相谈甚欢，当时就表示要向人拜师。

1991 年，韩磊报名参加中国书画函授大学北京分校书法班。次年，他从航天部职高毕业，经人介绍去了光明日报社一个下属单位做校对，其间以自己的经历写了一本小说，当时一个出版社的编辑找到韩磊的母亲，让她凑二三万元帮韩磊出版。

韩母那时周末帮人打零工，凑了 700 元钱，准备买个半自动洗衣机，二三万是个天文数字。她也不以为然地认为：他那种孩子还能写小说？

1996 年 1 月 23 日凌晨，韩磊跟另外两名同案一起，盗窃白色公爵王牌轿车一辆，销赃后获人民币 3.2 万元。判决书认定，这辆车价值 41 万余元，销赃后"由被告韩磊全部挥霍"。

三名被告的辩护人均提出，对被盗轿车的估价过高。"那是辆二手车，市价在 19 万左右。"张国新说。

这一时期，据韩母回忆，1996 年年初，韩磊买了一把价值 4000 元的红木古琴，还花 4000 元买了一把枪，到手后才发现是假枪。他还添置了大量书籍，包括台湾陈致平《中国通史》一套 10 本、《古琴曲集》、《三希堂法帖》、《词律词典》、《古今花鸟画范》等。这些书目前还在韩家。

"他喜欢的东西，和其他人不一样。"韩母说。

牢　狱

2011 年 2 月，"昔我往矣"在聊天中得知李易自小学习二胡，告诉她自己很喜欢《二泉映月》，"听了不下 100 遍"。

李易告诉韩磊，这首曲子太悲了，她不喜欢。对方告诉她：你还小，不理解其中的人生况味。

李易并不知道，自己的对话对象仍是一个身处高墙的囚犯。1997 年，在北京市第二监狱服刑半年后，韩磊致信其姐称，"我对犯人不是人深有体会，真后悔当初那么草率行事，有时真想还不如死"。

北京市第二监狱简称"二监"，位于朝阳区豆各庄，和自由世界只有一墙之隔，却是天地之别。北京的重刑犯，死缓、无期和 20 年以上徒刑的囚犯都在此关押。二监共有六栋楼，每栋三层，每一层为一个中队，每间牢房为一班。

狱友张振和韩磊同在一个中队。他回忆，韩磊个性颇不驯服，在牢房里和牢头"大班长"不对付。一般人挨了"大班长"的欺负，都是忍气吞声，但韩磊不服，和其手下"土地雷"等七八个人对打，结果不仅自己挨了打，还被关了一年的小号。

张振介绍，二监的小号高2米，宽1米，长1.67米左右，号里有地漏。里面又湿又潮，吃不上，喝不上，也睡不好，只能在里面抓抓虱子，逗逗从地漏里爬上来的耗子。

韩磊也跟张国新介绍过小号里的情况：脚被脚镣拴在墙角，睡觉的时候只有半个身子都够着床板；在里面渴得不行，只好尿在身上，从裤子上挤出尿喝；没人说话，只能自言自语；最头疼的是夏天的蚊子，最大的奢望，便是队长往里面喷点敌敌畏。

在一首名为《狱中忆张国新》的诗中，韩磊写道：

"目断铜墙泪生频，相邀咫尺若天涯；

闻君一语还临梦，梦里无情劝年华。"

韩磊跟张国新讲在监狱里包筷子，"手上的螺纹都快磨没了"。

在小说中，韩磊描写了方冰在"南大楼"包筷子的情形。"南大楼"是"北京市服刑人员分流中心"的俗称。方冰拿印着"高温消毒"的纸票包筷子，被每天的定额折磨得焦头烂额，想到自己在外边时用的正是这种筷子，又觉不寒而栗。

韩磊的狱友李伟介绍，1998年之前，犯人们工作都有定额，只能连夜干。监狱里的活都是劳动力附加值低的手工活，李伟在里面干过织毛衣、缝皮球、包筷子、糊纸袋、往集邮册里插邮票，还缝过铠甲。"看过《满城尽带黄金甲》么？里面千军万马的铠甲，都是二监缝的。"

因为不驯服，初入狱的韩磊吃了不少苦头。张政回忆，有次韩磊想不开，拿衣裤在厕所里打了个结准备上吊，被狱友及时发现。

韩磊有次在信中告诉张国新，自己偷偷磨好了一个刀片。

检察院指控，韩磊在北京市二监集训队服刑期间，于2003年6月6日未经主管队长允许，私自进入亲情电话室拨打亲情电话，与民警田某争抢电话，并甩了民警一个嘴巴，因破坏监管秩序罪，加刑一年。

其姐回忆，入狱之初，韩磊一心想越狱。家人劝他安心改造，别老想着走捷径，"真被打死了怎么办？"

减　刑

通过自考，韩磊先后获得了心理学、汉语言文学、档案管理、行政管理、新闻学共五个大专文凭，并借此多次减刑。

"他对心理学感兴趣。"韩姐称。在 2004 年一封家信中，韩磊写道：从心理学角度而言，人的性格极复杂，坚强的人有懦弱的一面，正直者也有邪恶之时，切忌脸谱化。

2004 年 4 月，韩磊通过了社会心理学、大学语文等四门课程，当年下半年又通过了教育心理学、应用心理学等七门课程。

他还学以致用，在信中跟其姐谈论该如何进行儿童教育，"对子女的教育应该以思想、道德为主，使他懂得怎么做人。一个人先天本质再善良，后天的教育尽是杀戮、野蛮时，他也不会保持自己善良的个性，因为他的审美出发点已经改变。"

刑事裁定书显示，韩磊 2004 年获得监狱表扬奖励，"能认罪服法，深挖犯罪根源，遵守监规纪律，积极参加政治、技术等方面的学习"，获减刑两月。

2005 年，韩磊一共通过了十二门课程，包括实验心理学、古代汉语、外国文学作品选等。

他在信中向其姐推荐文学作品时称，"关于中国当代文学，《白鹿原》和《穆斯林的葬礼》都写得不错，其他当代作家的小说不要看，多看外国小说，如诺贝尔奖获得者或订阅《外国文学动态》"。他还着重强调了以马尔克斯为代表的魔幻现实主义。

2006 年 4 月，韩磊被评为监狱改造积极分子，减刑一年。当年，韩磊又通过了写作、现代汉语等十一门课程。

在狱中，张振对韩磊的印象是"特别聪明，记忆力好，什么东西一学就会，古琴、吉他都弹得不错"。

在坐牢后期，韩磊和监狱的关系也逐渐缓和。他有一个撒手锏，便是往司法局和监狱管理局写信，反映监狱里的违纪状况。管教不帮他投递，他便央求姐姐在外面写。

李伟和韩磊同一个班，是盯韩磊的"眼线"之一，主要任务就是保证他不写信上告，以免影响监狱的评分，但防不胜防，这些信曾数次搅动监狱管理局和二监。

"好几次我被督查叫去问话，问的内容一看就知道是韩磊反映的，不管问什么，我都回答'不知道'。"李伟说，尽管韩磊所说属实，但那种情况下，没人敢和韩磊同心。

信写多了，狱友们对韩磊都心生不满，嫌他破坏了大家的环境。"他写信反映监狱里大家使用手机、电脑灯违禁品，搞得清监后大家的手机、电脑都被没收一空。"李伟称，自己最初对韩磊也很反感，但相处下来发现他"人不坏，挺正直"。

张国新记得，有次韩磊在牢房里搜集了 20 多台手机、电脑、平板电脑，拍了一张合照发到他的手机上，并关照"一旦出现什么不测，把照片上交"。后来狱政科长亲自电话张国新，求他劝劝韩磊别折腾，并答应把扣掉的分还给韩磊。

"管教们都得哄着他。"李伟回忆，拿到了新闻学自考大专文凭的韩磊，还给监狱报纸《新生报》当起了通讯员，写了不少诸如"我中队开展劳动安全教育"的歌功颂德稿。

"全是瞎编。"李伟称。

出　狱

2012 年 10 月 5 日，韩磊获释，亲朋好友去接他出狱，一共去了四辆车，排场很大，有一个发了财的哥们还开了一辆保时捷凯宴，牵了一条藏獒去。

这也是韩磊入狱近 17 年来，张国新首次见他，"进去时还是小孩，出来时已经是个中年人"。

眼前的韩磊让张有点不敢相认，他的身材佝偻了，20 多岁时灵气逼人的眼睛，已经变成了"死鱼眼"。

在张看来，出狱后的韩磊还保留着 20 世纪 90 年代的特征，"他心目中的社会还是个情感社会，对朋友，他没私心，也不防人，但现代社会是个利益社会"。

韩磊出狱后，李伟跟他说起 AA 制"亲兄弟，明算账"的好处，韩表示哥们之间绝不能接受。

张国新也注意到，出狱后的韩磊成了个烟鬼、酒鬼，脾气更为暴躁。

在会见中，韩磊告诉律师，自己在 2001 年左右在牢里开始喝酒，刚开始喝了就吐，慢慢就不吐了，酒量也越来越大。

张振介绍，监狱要么喝二锅头，要么是自酿酒。一瓶袋装的二锅头，市价几元，在牢里要卖到 100 元一袋，遇上清监货物紧俏时，价格还能翻番。

"钱在外面管用，在牢里更管用。"张振说，里面的手机也比市价贵上数千元，他在监狱里基本没见过 20、50 元面额的人民币，都是 100 元。

"有钱的犯人也很多，里面也讲究浮夸和攀比。"李伟介绍，没钱喝二锅头时，犯人们便自酿酒，把葡萄干、晒干的月季花放在大可乐瓶里，冲上开水，放入绵白糖，在阳光下自然发酵，酿出来的酒也有二十五六度。

李伟记得，韩磊在牢里每次喝完酒便闹事，有次还把厕所里的挡板全给拔了，醒来时全然不记得。

出狱后的韩磊还经常神经质。张国新记得，有次他们去西单吃饭，保安收了 50 元的停车费，韩磊不知外面停车费已经暴涨，冲着保安大吼：你讹我呢？信不信我打死你。

"他的人生观、价值观都在监狱里形成。他在里面经历了残酷斗争，没有感受到一点点的爱，遇事特别容易眼红。他是监狱的儿子。"张国新说。

监狱在韩磊身上打下了深深的烙印。在牢里，他开始写那部监狱题材的自传体小说。李伟记得，韩磊每次写完还大声朗读，请狱友们帮他核实细节。

出狱后，韩磊交给其姐三张手机 SD 卡，请她帮忙保管。卡里存储了从 1901 年到 2004 年诺贝尔文学奖获得者的作品，以及哈耶克的《通往奴役之路》、托克维尔的《论美国的民主》等社科类著作，还有韩磊在狱中记下的大量读书笔记、写作素材。

在读书笔记里，韩磊写道：命运只在一念之间。

爱 情

2011 年 3 月，在聊天时，李易提到自己想学钢琴，韩磊说：给我弹《少女的祈祷》。

在小说里，韩磊写到了自己的初恋：方冰轻轻走到她的身畔，看见钢琴上摆放着一本琴谱，上面写着《少女的祈祷》。

张国新记得，年轻时韩磊很招姑娘喜欢，好打扮，做衣服都要呢子大衣、西服五件套。1996 年，韩还拿偷车得来的钱买了一件 2000 元的真皮夹克。

韩磊的初恋英文名叫 Annie，当时在中国大饭店从事外事工作。韩磊的母亲和姐姐记得，姑娘"一看就是书香门第出生，漂亮得像明星"，但姑娘家里不同意。韩磊每进 KTV，必唱歌手王杰的《Annie》。

韩磊入狱前，另交了一个女朋友。女孩的妈妈曾致电韩母，说闺女愿意等他。韩母力劝对方放弃。

2012 年 10 月，韩磊出狱次日，便请张国新开车载他去首都医科大学，见个女网友。双方一见面，便相谈甚欢。

出狱不到 20 天，韩磊便赶去看望李易。他给李易留下了"谦卑又和善，理智又沉稳"的印象，李带他认识了自己的好友和师长。

"有次，我们去面包房买面包，我因塑料袋问题与店员争执了几句，他当即把我拉到身边并劝说'出门在外大家都要宽容一些'，回去之后更是教育我'能让则让，多为别人考虑'。"李称。

这是她的初恋，"见面后，我更加确定了要与他相伴一生的信念"。

这段感情也并非全无疑点。韩磊前后问过她多次：如果我不是 1984 年出生，而是 1974 年，你会怎么样？

出狱后的韩磊一心想做大事。他跟李伟提到自己想去养羊，搞绿色农业。李伟劝他别急于求成，既然有了女朋友，就踏实过日子。"他对这个社会的认知太理想化，没有产业链，没有关系群，谁会收你的羊？"

2012 年 12 月 5 号，韩磊和张振、张国新从内蒙古加格达奇进了一批羊，在山东德州陵县的村庄养起了羊。三人一共凑了 55 万启动资金，其中有 39 万是韩磊的钱，既有家人给的，也有朋友借的。

李易去德州看望过韩磊，那里条件艰苦，水电不通，韩磊每天的工作就是拌料、喂羊。她还带他回家见了父母。李父母首次见到韩磊时，韩一身羊屎味。李的父母觉得他一个北京人还这么能吃苦，对他大有好感。

在李家，韩磊每天基本都拿着平板电脑看书，不怎么抽烟喝酒。李的父母觉得，他很儒雅。

春节后，韩磊把羊卖了，算下来赔了近二十万。"赔掉的钱，基本都算韩磊的。"张国新说。

李易的父母提出，让韩磊逐渐接手自己的工作。李易的父亲安排他去塑机厂实习，准备开个小厂，让韩磊管理。

"我就这么一个女儿，她喜欢的，我都支持。"李父说。

李易也劝韩磊安安稳稳地过中产阶级生活。她甚至设计好了未来：一毕业就要跟韩磊结婚，生孩子取名中也要蕴含"平安快乐"之意。

2013年五一前夕，李易的父母和外婆去北京，韩磊全程作陪。李母回忆，韩很懂礼貌，在外开口便是"大姐，麻烦你如何如何"。在琉璃厂文化街，看到古琴，韩磊上去便弹奏一首。他们对韩磊再满意不过了。

转　折

在李易的父母前，韩磊很明显地克制了自己的弱点和缺陷。

李易不让韩磊喝酒。张国新称，每次韩磊跟李易见面前，都会说"我得抓紧多喝点"。

相处时间一长，李易也发现韩磊的脾气暴躁。有次在KTV唱歌，李易看韩磊的哥们唱得不差，半途掐掉了原唱，结果韩磊当众爆发，骂她"成事不足败事有余"。

李易又觉得，"他所给予我的是一生的财富。由于父母离异，我们相识时我一直都很阴郁、自卑，甚至想到过死，是他让我心中充满能量"。

李回忆，7月23日中午，她电话韩她的父母去订购机器了，8月份他就可以离京过来经营工厂，"他特别开心，所以还请求我多让他喝几杯"。

韩磊自述，7月23日上午醒了后，他一个人喝了点酒，在家睡觉，下午4点左右，他起来炒了个菜，又喝了七八两56度的牛栏山二锅头。晚六点，他接到朋友电话，让他去大兴区旧宫镇饮食一条街人民公社大食堂吃饭，其间他又喝了二三两白酒和七八瓶啤酒。

饭后有人提议去唱歌，韩磊建议去他熟悉的天鑫龙KTV。韩磊坐上李明的车，给他指路。李明1996年因抢劫被判处无期，2012年1月获假释。歌厅的保安说没有停车地方了，让他们停在马路对面。就在对面的车站，韩磊和推着婴儿车的母亲相遇了。

关于事发经过，双方各执一词。韩磊自述：我说"大姐麻烦您一下，我要停车"，那女的说"这是公交车站，不让停"；我说"大姐我不是停这，我要停车站那边去，麻烦您挪一下"，她说"你开车想停哪就停哪啊，那里也不让你停"，双方对了四句话，那女的不依不饶，把小推车横过来挡住了我的车，我打了她一巴掌，她上来也打了我，周围很多人，打女的不合适，我就想把她车砸了。

那位母亲则表述称：韩磊下车说"你躲开点"，我没说话，就把婴儿车推着躲开了点，并告诉他"公交车没法进站"，对方说"你还管得挺宽"，我说"本来就是"，韩说"你信不信我把你孩子摔死"，还没等我反应过来，他便将我打倒在地，然后快步向婴儿车走去。

当晚20：56，在围观群众的围堵中，韩磊上车离开。"我当时在假释，不想惹事，就想赶紧离开，但韩磊又蹿上来了。"李明称，当时韩磊瞪着眼睛，头发根根竖起，一副丧心病狂的样子，他不敢招惹，往前开了数公里，在一个垃圾桶旁把韩磊放下。

次日中午，韩磊跟张振及其弟张建一起吃饭。张振称，当天韩磊的话很少，有些不对劲，他们在良乡一个海鲜酒店吃饭，点了一只1700元的大龙虾，还买了三瓶红酒，价值数千元。吃完饭他们去游泳，游完后被警方团团围住。

李易觉得，这是韩磊在抓紧最后的机会享受。她感慨"天意弄人，因为韩磊一个不经思考的举动，毁了一个家庭，也要葬送我们的一生"。

韩磊给李易写过一首诗，名为《四月》，预言了自己的结局：
"你指那苍茫的大海，
说生命不过是沧海一粟。
从海面到洋底的距离
便是你我的人生之路。"

1. 以下是学生根据以上案情，所做的个案矫正方案，请你进行析评，并能够根据所学进行修改。

个案矫正方案

一、基本情况

姓名：韩某，性别：男，出生年月：1974年6月26日，文化程度：大专，民族：汉族，婚姻状况：已婚，工作状况：韩某与朋友在山东德州林县开办了一家养羊场，有无前科：有，家庭成员情况：父母居住在单位宿舍、姐姐已经嫁人、韩某现在与妻子和儿子住在一起，现居住地：北京市丰台区东高地西里。

二、 犯罪及处罚情况

1. 韩某 14 岁时因偷窃被处以行政拘留 13 天。

2. 韩某 18 岁时因殴打他人被处以行政拘留 10 天。

3. 韩某于 1996 年 1 月在丰台区与朋友一起偷窃了一辆价值 40 多万元的白色公爵轿车，因盗窃罪被判处无期徒刑，在服刑期间通过减刑于 2012 年 10 月 5 日假释，适用社区矫正。

三、 背景资料

1. 韩某家中有 6 口人，父母居住在单位宿舍，姐姐已经嫁人，韩某与妻子和儿子住在一起。

2. 现在和朋友在山东德州林县开办了一家养羊场，月收入大约几千元。

四、 存在问题

（一）心理问题

1. 激惹型人格：家人反映他从小脾气暴躁，爱摔东西发泄。

2. 童年心理阴影：由于家里面没有爸爸在身边，韩某从小经常受到高年级同学的欺负，有一次高年级同学还用瓶子装上尿让他喝，可能是这种成长经历，导致韩某长大以后对受别人欺负或不被别人尊重的事情特别反感。

3. 人格扭曲：父亲、母亲从小离开，韩某与姐姐一起相依为命，造成"单亲家庭"的性格，导致家庭教育缺失。

（二）素质缺陷

道德观与价值观的缺失：韩某第一次被送入工读学院，在其中被暴力和消极教育模式感染。

（三）危险程度高

1. 喝酒：韩某朋友反映他爱喝酒闹事。

2. 监狱化人格：在监狱服刑期间形成监狱化人格，有自卑心。

（四）利益诉求高

自主创业：韩某出狱后创办自主产业，特别想重新做人，改善家里面的经济条件，生活渐渐走上正轨。

五、矫正目标

1. 改变韩某在监狱服刑期间形成的监狱化人格，促进其再社会化，让韩某适应社区矫正的生活。

2. 训练韩某解决困难和问题的能力，让他学会自我控制。

3. 引导韩某用优势视角看待自己，逐步改变过去的一些错误认知。

六、矫正措施

1. 针对心理问题中韩某脾气暴躁，激惹型人格。所以我们应对其进行心理辅导（例如：带韩某到心理宣泄室宣泄、心理咨询师对韩某进行开导等），让他学会自我控制。

2. 针对心理问题中韩某童年心理阴影。所以我们应对其给予更多的关爱，联系亲属给予精神支持与亲情温暖，让亲属多倾听韩某的内心苦楚，多给予关心帮助，解决其心理阴影。

3. 针对心理问题中韩某人格扭曲。所以我们应帮助他继续学习，提高自己的认知水平，再以亲属引导为主，改变其原有的人格特征。

4. 针对素质缺陷中韩某道德观与价值观缺失。所以我们应对其进行法制与道德教育，帮助他继续提高法制与道德观念，增强遵纪守法的意识，让韩某树立正确的人生观、价值观。

5. 针对危险程度中韩某爱喝酒闹事。所以我们应对其实施禁止令，禁止去酒吧、迪厅、KTV等娱乐场所，禁止喝酒，促使其戒酒。

6. 针对危险程度中韩某的监狱化人格。所以我们应让韩某多参加社会公益劳动，多与社会上的人接触，改善其自卑心理，促使其再社会化。

7. 针对利益诉求中韩某开办自主产业。所以我们应对其给予一定的技术指导，提高他的经济效益；还应告知韩某关于贷款的相关情况，有利于韩某通过此途径来减轻经济压力。

2. 请根据以下案例，制作心理咨询方案，要求要具有针对性和可操作性。

焦虑性罪犯个案矫正

参考案例

陈某某，女，1952年出生，小学文化，因贩毒于1996年1月被判处无期徒刑。父母已故，家有丈夫，两个儿子一个女儿，子女已成家，家庭和睦。现在父子三人合开工厂，经济状况良好。陈某某在监狱一贯表现良好，三次减刑，两次被评为省劳动改造积极分子。2007年5月起，监狱看我表现好，年纪又大了，就把我安排到了伙房杂务组当组长。

心理测试结果与分析

SCL90：总分174分，阳性项目数47个：躯体化2.4，强迫症状1.7，人际敏感1.9，抑郁2.0，焦虑3.2，敌对1.4，恐怖1.3，偏执1.1，精神病性1.7，其他1.6

SAS：标准分65分，属于中度焦虑。

SDS：标准分57分，属于轻度抑郁。

2011年1月法院到监提审申请假释的罪犯，因我无法用普通话进行正常表达，在同期申请假释的同改中，只有我一个人的申请被法院驳回，我一直想不通，觉得法官听不懂我说的话，也不能认为我认罪态度不好，最近我因这个事情，经常头痛，脾气也不好，经常和同犯争吵，警官说我现在状态不稳定，让我暂时转岗。2个月以来，因假释申请被法院驳回而感到焦虑不安，情绪低落，睡眠差。

互监反映：求助者最近不愿与人交往，经常独处，晚上辗转反侧。

心理评估与诊断

1. 反复想假释被驳回的事，对今后的出路迷茫；

2. 情绪不稳定，睡眠不好。

◆ 项目三：集体讲评教育实训项目

一、实训目的

通过组织罪犯集体教育活动，使学生能够对罪犯的管理活动和教育活动计划有机融合在一起，培养学生对罪犯进行集体教育的组织能力和教育能力。通过实训，使学生能够根据集体教育主题，拟写讲话提纲和讲话稿。

二、实训内容

（一）工作要领

1. 做报告的程序：

（1）收集社会、监狱或犯群中突出信息，确定有代表性的报告选题；

（2）确定时间、地点、参与民警和参与的罪犯；

（3）做好报告会场筹备工作及布置会场；

（4）召开报告会；

（5）报告会后注意搜集整理反馈信息。

2. 队前讲评：

（1）收集犯群的突出现象，既可以是罪犯的共性问题，也可以是罪犯的个性问题；

（2）集合整队；

（3）民警分析讲评罪犯一天或一周内罪犯学习、劳动、遵规守纪等情况；

（4）内容可以是肯定成绩，指出缺点、提出要求。

3. 专题讲座：

（1）确定主题，确定主讲人；

（2）确定时间、地点和参与罪犯；

（3）举行专题讲座；

（4）收集反馈信息及效果。

（二）工作要求

1. 队前讲话工作要求：

（1）队前讲话时应正确、有效地运用表扬和批准手段，激励罪犯或教育警示罪犯，应小中见大，最好用典型的事例感动罪犯，深入浅出的道理教育罪犯，通俗易懂的话语沟通罪犯，具体可选取罪犯关心或具有普遍意义和典型事例以事说理，使罪犯思想受到启迪；

（2）队前讲评时应直接指出具体事件、点评具体人或事，态度要鲜明，赏罚要分明；

（3）每日讲评以说事为主，表扬为主，重点从正面引导，指出不足；

（4）传达上级指示的讲话多用理性语言庄重、严肃地陈述，讲解意义，提高罪犯贯彻执行的自觉性；

（5）对于规定性、制度性问题要把要求、规定、条文内容等一一交代清楚；对于重要内容要适当强调，放慢语速，叫罪犯听得牢记得清；

（6）队前讲话要结合监区实际，把杂乱无章的不同性质规程的各类问题经过精心思考，把相同性质的几个问题一起表述完，防止毫无逻辑地相互穿插；

（7）队前讲话要考虑环境条件对罪犯心理、身体状态的影响。最好不要在饭前、在罪犯临时加班劳动后，气温骤降或大幅上升等恶劣的气候条件下讲长话；

（8）忌在一次队前讲话时各级领导轮番上阵进行队前讲话，操作时最好一个或两个主讲，其他人员补充的做法。

参考案例

背景：刑法修正案八对我国刑罚内容作了重大调整，限制部分死缓犯减刑，延长死缓犯、无期徒刑犯的最低实际服刑期，刑期的提高以及限制减刑和不得假释范围的扩大，很有可能使一些重刑犯失去改造动力。

针对"限制减刑"服刑人员的没有希望的想法，拟写一份集体教育讲话稿。

（三）实训操作步骤

（1）熟悉刑法修正案八的内容，掌握修正案颁布以后，对我国刑罚内容做了哪些重大调整；

（2）分析教育对象。掌握"限制减刑"服刑人员没有希望的想法，了解他们关心的问题，疑惑的问题、有效把握罪犯的真实想法，分析背后的原因；

（3）制定教育计划，根据"限制减刑"罪犯的主要共性问题和特点，结合本监狱工作实际制定教育计划；

（4）集体教育实施。注意通过浅显易懂和实例讲清基本道理，提高教育实效；

（5）组织罪犯座谈讨论；

（6）评价教育效果。向罪犯提出明确具体的学习要求，要求他们撰写心得体会等。

三、任务完成及学生自评

教育登记卡

授课时间	2014 年 3 月 2 日	授课地点	××监狱	授课人	王××
课时	2	应到人数	246	实到人数	240
授课内容	刑法修正案八限制减刑、不得假释的相关规定				
讨论作业题	面临刑法修正案限制减刑的规定，服刑人员到底该怎么做是正确的				
迟到	早退		旷课	病假	事假
				6	
课堂纪律情况	较好				
备注					

以下是学生实训时根据以上案例制作的集体教育讲话稿的文本，请你分析文本，指出存在什么样的问题，提出诊断结论。

放下包袱　安心改造

各位服刑人员：

上午好，近期大家都在关心《刑法修正案（八）》里面的一些内容，不用说都知道，你们关心的是哪些条款。大概最关心的就是第十五条第（三）款，其原文是："人民法院依照本法第五十条第二款规定限制减刑的死刑缓期执行的犯罪分子，缓期执行期满后依法减为无期徒刑的，不能少于二十五年，缓期执行期满后依法减为二十五年有期徒刑的，不能少于二十年。"

这个条款一出来，大家就不平静了，甚至可以说想法很多，很多人就觉得政府这样做是在"整"你们，是在变相加长你们的刑期。而且面对漫漫刑期，看不到出头之日，减刑也没有很大的意思，也就没有了改造动力，劳动也不积极了，在干警面前也开始阳奉阴违了，整个人可以说就萎靡不振的样子。

我前几天找了几个死缓改无期的服刑人员谈过话，从他们那儿了解到的想法，应该和你们有很大程度上的雷同。大致的想法就是：政府觉得他们罪孽深重，不可能改造好，已经对他们彻底失去信心，认为他们只能关在监狱里面一辈子，才不会危害社会，既然政府都放弃了他们，他们也只有在监狱里面破罐子破摔，混一天是一天，还谈什么改造积极性。

说到这里，我看大家一脸都写着"同意"的样子。你们就这样赞同这个话？而且《刑法修正案（八）》就是代表着政府在"整"你们，"害"你们，对你们失去信心了吗？我要说：绝对不是。之所以你们有这样的想法，是你们对《刑法修正案（八）》的认识不够，你们仅仅站在了极其狭隘的一个角度来看这个问题。

《刑法修正案（八）》最主体的内容就是宽严相济，宽又宽在哪里，严又严在哪里。今天在座的有很多都是死缓，现在已经改成了无期。就从你们判死缓的那一刻，难道你们不觉得很庆幸么？难道你们感觉不到是政府在真正的挽救你们么？现在我国的对于死刑的核准相当严格，本着慎杀少杀的原则，尽量多的给你们一个改过自新的机会。比如说×××，你当时的罪名是走私文物罪，而且数目巨大，放在几年前，都应该是要被判死刑的，但是为什么给了你一个机会，判的是死缓，不是因为你数目不够，情节不到，其实你要感谢的，正是《刑法修正案（八）》，为什么呢？《刑法修正案（八）》里面减少了很多死刑罪名，取消13个经济性非暴力犯罪的死刑。具体是：走私贵重金属罪，走私珍贵动物、珍贵动物制品罪，走私普通货物、物品罪，票据诈骗罪，金融凭证诈骗罪，信用证诈骗罪，虚开增值税专用发票、用于骗取出口退税、抵扣税款发票罪，伪造、出售伪造的增值税专用发票罪，盗窃罪，传授犯罪方法罪，盗掘古文化遗址、古墓葬罪，盗掘古人类化石、古脊椎动物化石罪。

大家看看，你们还在为了不能早两年出去而消极改造，难道就不能想想法院对你们现在的量刑，已经是很人性化了吗？没有《刑法修正案（八）》，很多人就不能坐在这里了。当然，《刑法修正案（八）》也有其严的一面。一直以来，量刑方面都有死刑过重，活刑过轻的问题。你们没有站在全局，自然看不到。判死刑的人失去了改造的机会，而活刑过轻又不能较好的威慑犯罪分子。你们就是属于宽大处理的一分子，给你们死刑就让你们失去了改造的机会，但是宽大也有度，不可能你们犯了这么大的罪，随便关几年就出去了吧？

你们天天都在说改过自新，要出去重新做人，我想问一句：在监狱里面就不能改过自新？在监狱里面就不是重新做人？只要你真心认罪，真心悔罪，在监狱的改造也可以是重新做人的开始，你们为你们的罪，失去了自由的权利，但你们的其他合法权益得到保障了啊。你们在这个环境里，靠劳动养活自己，安心服刑，即是给受害者一个交代，也是给社会一个交代，更是给法律公正一个交代，只要你们认识到位，就不会有一开始我说的那些极端的想法。

所以，在这里我奉劝大家，凡事不要钻牛角尖，认识问题全面一点，多从自身找原因，改变错误的认识，好好服刑，才是出路。由于时间有限，今天就讲到这里，大家在解读《刑法修正案（八）》还有什么问题，尽可以来找我或是你们的管教干警，我们都会很乐意为大家解释。

讲话稿提纲：

1. 限制减刑并不是晴天霹雳。罪犯担心刑期过长，"牢底坐穿"破罐子破摔，丧失了改造的动力；担心刑法修正案出台后限制减刑就永无减刑的机会。

2. 让罪犯正确地理解新法。《刑法修正案（八）》是从中国实际情况出发，进一步落实宽严相济刑事政策，是与我国"宽严相济"刑事法律体系相匹配的一项制度：

（1）新旧减刑制度对比讲解。以前的制度的弊病是"重刑减得快，轻刑减得慢"例如死缓在执行之中死缓等于17年，这与判处有期徒刑17年的罪犯，如果有期徒刑没有减刑，那么死缓和有期徒刑之间是没有差异的。

（2）对严重的犯罪分子起不到惩戒、预防的作用。限制减刑只是刑事法律政策的一次变革，并不是特别针对你们的。

3. 让罪犯相信国家的刑事法律政策：

（1）不管国家的刑事法律政策如何改变，法律和政策永远鼓励的是认真、积极改造的，所以积极改造才是出路。

（2）举例说明限制减刑罪犯群体中的表现好的罪犯。

4. 弱化改造功利心，建立正确的改造心态：

（1）想想你们为什么来到了这里，从国家的层面上说，是对你们犯罪行为的惩罚；从受害人的角度上来说，是对受害者的一个交代；从你个人来说，是对自己错误行为赎罪。所以你们来这里，减刑并不是唯一的目的，而是从思想上行为上改造自己，成为一个守法公民。

（2）树立自己的目标，把刑期变成学习期，你的服刑生活会变得有意义。

四、任务拓展

监区针对监狱最近发生的罪犯脱逃案件，准备开展反脱逃专题教育，监区领导安排警官学院毕业的你撰写反脱逃专题教育讲稿，请你拟写该讲稿的中心和要点。

要求：讲稿要贴近实际，讲求实效，中心突出，逻辑清楚，语言流畅，具有说服力。

◆ 项目四：社会帮教实训项目

一、实训目的

社会帮教是通过社会教育资源的整合，来实现教育改造的个别化、社会化和科学化；也是监管改造机关普遍采用的一种行之有效的基本教育手段之一。对增强罪犯生活信心、鼓励罪犯接受改造、提高罪犯改造质量都起到了不可替代的重要作用。通过实训使学生掌握社会帮教的方法和内容，促使学生能够有效地拓展教育改造的渠道，丰富教育内容和方法，能够为开展社会帮教活动指定方案，有效推进社会帮教的实效性。

二、实训内容

（一）工作要领

1. 个别亲情帮教：

（1）亲属主动来狱或监狱邀请来狱；

（2）资格审查，参照监狱亲情会见对亲属资格审查的有关规定执行；

（3）签订帮教协议，由监区代表监狱与罪犯亲属签订帮教协议书；

（4）介绍情况，由监区民警向罪犯亲属介绍监狱狱务公开的有关内容和罪犯的改造表现；

（5）亲属帮教，罪犯亲属向罪犯介绍罪犯家庭有关情况，对罪犯进行规劝；

（6）制定措施，监区民警与罪犯亲属针对帮教的情况，商讨制定对罪犯下一步的帮教措施。

2. 大型亲情帮教会：

（1）教育科制定亲情帮教会的方案（包括时间、地点、邀请人员、监狱参加人员、帮教对象、人数、参观路线、接待安排、议程）；

（2）教育科将活动方案提交监狱领导审核同意后方才能组织实施；

（3）监区选定需要帮教的罪犯，与罪犯家属联系，并将参加帮教的罪犯花名册和亲属名单报教育科备案；

（4）监狱负责对来狱家属进行资格审查；

（5）监区对参加帮教会的罪犯强调活动纪律，并向罪犯家属说明参加活动的有关要求；

（6）教育科组织实施帮教会可开展以下活动：参观监狱、观看文艺演出、亲情会餐、座谈会等；

（7）现场管理民警要对参加活动的罪犯进行有效监控，避免罪犯与亲属之间传递现金或其他违禁品；

（8）监狱要派警力负责活动的安全警戒，做好应急处突工作；

（9）亲情帮教会后要对参与的罪犯进行人身搜查，防止违禁品流入监狱；

（10）监狱要对帮教活动的情况进行宣传报道，特别是要加强在狱内的宣传教育，扩大亲情帮教会的教育面。

3. 志愿者帮教：

（1）志愿者提出帮教要求；

（2）资格审查。由监狱教育科负责对志愿者身份、目的、帮教对象情况进行审查（必要时可通过电话、信函等方式向志愿者所在单位、当地司法、公安等部门对其情况进行审查）；

（3）审批，将审查情况报监狱领导审批；

（4）签订帮教协议，符合条件的志愿者根据其要求的条件，为其安排合适的帮教对象（也要尊重罪犯意愿），并签订帮教协议书；

（5）监狱与志愿者签订帮教协议后，要为志愿者办理帮教证；

（6）志愿者可凭协议书和身份证明，来狱对罪犯进行面对面帮教；

（7）监区管理民警要定期向志愿者介绍罪犯的改造情况，并与志愿者共同制定帮教的方案；

（8）监狱要积极创造条件，方便志愿者与帮教对象之间的联系，如开通帮教电话、远程视频帮教等。

4. 社会团体帮教：

（1）监狱邀请或社会团体主动要求来狱帮教；

（2）资格审查，由监狱教育科负责对帮教单位的公文函件和介绍信，以及来狱人员的工作证等身份证明文件进行审查（必要时可通过电话、信函等方式请当地司法、公安等部门对帮教单位或个人情况进行审查）；

（3）制定帮教活动方案，监狱要积极与帮教方联系，共同制定帮教方案，包括帮教的时间、地点、内容形式、帮教团体来狱人员、监狱参加人员、帮教对象、帮教活动议程等内容；

（4）审批，教育科必须将活动方案提交监狱分管领导审批后方可组织实施；

（5）活动准备，包括场地准备、材料准备、通知相关参加单位，通知帮教对象所在监区等；

（6）组织实施，监狱要向帮教方说明活动的注意事项，介绍狱务公开的内容和帮教对象的改造表现；

（7）监狱要做好活动现场的安全防范和应急处突工作；

（8）签订帮教协议，监狱要主动与帮教方签订帮教协议；

（9）宣传报道，对社会团体来狱的帮教活动，监狱要做好宣传报道工作，扩大罪犯的受教育面。

（二）工作要求

（1）监狱民警应把日常管理教育和社会力量对服刑罪犯的帮教两者有机地结合在一起，这才是全面的、行之有效的罪犯教育改造工作手段。

（2）监狱民警就做好社会帮教"两个延伸"，即向外延伸和向后延伸。所谓向外延伸，是指发动罪犯亲属、罪犯原所在单位和全社会都来关心和支持监狱的改造罪犯工作；向后延伸，是监狱在罪犯出狱时，要如实向地方政府介绍其改造表现，并协助地方政府做好出狱人的安置帮教工作。

（3）扩大社会帮教层面，积极探索社会帮教形式。罪犯的需求有的是关于婚姻的，有的是关于财产的，有的是关于法律案件的，有的是关于自身心理健康的，还有关于刑释就业的等等。这就需要我们社会形成一个家庭亲情帮教，社会名人帮教，社会志愿者结对帮教，部门企业安置帮教，专业人员法律、心理帮教等多种形式并存的全方位多层次辐射、齐抓共管的社会帮教体系，最大限度扩大帮教层面。

（4）要注重帮教实效，防止帮教活动流于形式。帮教的涵义是指帮教双方通过语言或文字进行精神上的交流，进而使被帮教一方接受引导、启发，达到教育被帮教者的目的。

（5）监狱民警应有组织、有计划地实施帮教活动，做好活动方案，要从教育效果上下功夫，才能提高教育质量，达到预期的目的。

参考案例

致力于帮教失足者的爱心人士王金云：

王金云曾因犯"出售出入境证件罪"被判处两年有期徒刑。2003 刑满释放后，为了向刑满释放和解除劳教人员提供帮助，王金云创办了中国第一个失足者帮教公益网站——"中华失足者热线"，开通了深圳第一条失足者心理咨询热线和广东第一个失足者心理辅导信箱，成立了深圳市阳光下之家文化发展中心。

据介绍，截至 2007 年 10 月为止，阳光下之家共接听热线电话和回复电子邮件 2 万多个；收到 2000 多名失足者来信，回信 3000 多封；帮 83 名出狱人员找到了工作，450 多人走出了服刑的阴影；劝说 100 多人平息了犯罪或重新犯罪的念头，7 名犯罪在逃人员投案自首。

对此，王金云认为付出爱的人和得到爱的人是一样伟大的，能够帮助别人也是很开心的事。王金云告诉记者："4 年来共花费了我和我太太 30 多万元打工积蓄，如果没有太太对我的支持，我无法坚持 4 年之久。"

据介绍，王金云投入到"中华失足者热线"网站的资金，主要来源于他与朋友开的阳光下再生资源回收公司，目前他们决定拿出公司 20% 的纯利润来支持阳光下之家的长久发展。王金云已决定把这个关爱他人的网站作为一个事业来做。

"在 2008 年 9 月到 2013 年 9 月的第二个 5 年计划中，我们还将完成在重庆、武汉等城市开设分支机构的工作，并依托我现在开办的阳光下再生资源回收公司在深圳建立一个阳光下安置帮教基地，"王金云表示："同时，我们还力争从公司利润中捐出总计 200 万元申请成立一个非公募基金会—阳光下爱心帮教基金会。"

王金云表示，自己的终极目标是把阳光下之家打造成中国最知名的帮教出狱人员融入社会的民间公益机构，让阳光下之家的理念和服务广泛传播，成为宣扬爱心、公益、法治、和谐的精神文化品牌。

阳光下之家作为国内首个刑释解教人员帮教中心开展社会帮教工作已有四年，全国现有8000多名志愿者，并总结出了"王金云帮教模式"，取得了较大的社会效果和影响力，得到了从中央到地方各级政府的认可。××省武江监狱拟邀请阳光下之家到本监狱开展社会帮教，请为监狱拟写一份当日社会帮教活动的实施方案。

（三）实训操作步骤

（1）要以党和国家的方针政策为指导，能够体现本单位领导的意图，确保方案指导思想的正确性。

（2）要充分考虑计划的可行性，做到反复论证，从多种计划方案中择优，实事求是地确定方案的目标和任务，并适当留有余地。

（3）要服从长远的规划，坚持整体的原则，既要服从大局，处理好多种关系，又要体现本单位工作的特点。

（4）要适时检查方案执行情况。如情况发生了变化，需要修改，也要经过一定的程序，以保证方案的严肃性，使方案不致成为形式主义的一纸空文。

以下是武江监狱对阳光下之家来狱进行帮教活动制定的活动方案，请根据监狱实际，进行分析评价方案，制作阳光下之家武江监狱大型社会帮教活动实施方案。

社会意义

对服刑人员的教育改造是一件很复杂的工作。对他们的教育改造，不仅要依靠监管改造机关系统、持续的努力，更要动员全社会的力量，充分发挥社会帮教特有的矫治功能。阳光下之家作为国内首个刑释解教人员帮教中心开展社会帮教工作已有四年，全国现有8000多名志愿者，并总结出了"王金云帮教模式"，取得了较大的社会效果和影响力，得到了从中央到地方各级政府的认可。它的公益理想和服务理念被中央有关领导称之为是对我国监狱教育改造的一种补充和延续。

主题：弘扬法治共建和谐
时间：12月3日~12月4日

地点：武江监狱

主办单位：广东省武江监狱

嘉宾介绍：（共 14 人）

1. 王金云：男，全国十大法制新闻人物，广东十大新闻人物，深圳十大最具爱心人物，国内首个刑释解教人员帮教中心"阳光下之家"创办人。

2. 蔡玲子：女，广东十大新闻人物，2006 中国当代十大经典爱情故事主人公。

3. 陈锦花：女，深圳市百名优秀义工，深圳十大最具爱心人物，五星级义工，深圳红十字会关怀地中海贫血病志愿者服务队宝安分队负责人，阳光下之家志愿者。

事迹简介：她是深圳第一位无偿捐献骨髓的义工，同时还资助了 30 多名失学儿童，义务服务时间 3868 小时，被地贫儿亲切地称之为"花姐姐"。

4. 李樱樱：女，2006 年"感动中国"候选人，深圳十大最具爱心人物，阳光下之家志愿者。

事迹简介：她是中国首例个人募师支教活动中年龄最小的一位支教老师，原本是深圳宝安中旅导游。在湖南遥远的小山村，她是学校迎来的第一位支教老师、有史以来首位大学本科毕业的老师，而且是学校里唯一的一名女教师。

5. 陈利珍：女，深圳十大最具爱心人物，五星级义工，阳光下之家志愿者。

事迹简介：她自从 1997 年 6 月加入市义工联以来，每个周末都会和小组成员去劳教所、监狱与劳教学员、服刑人员谈心。8 年多的时间里，她累计义务服务长达 4500 小时。并创造了无数个爱心故事。

6. 麒麟乐队：广东知名打工乐队，深圳十大最具爱心人物，阳光下之家志愿者。

麒麟乐队简介：麒麟乐队是一支深圳外来打工青年组建的年青乐队。乐队成员来自五湖四海，一直以来在外义演超过 80 场。队员都是打工仔出身，完全是自学成才，致力于宣传"健康、上进、乐观、和谐"的理念，

成员档案：主唱［节奏］：赵旋，24 岁，四川人。鼓手：唐迪，23 岁，湖南人。吉他手：李森，24 岁，广西人。贝斯手：阿明［前贝斯离队］，22 岁，湖南人。领队：阿飞，26 岁，广东人。

7. 黎芩：女，阳光下之家主任助理。

8. 林克华：男，畅销书《天堂何在》作者，阳光下之家志愿者。

事迹简介：男，黑龙江人，1996年因抢劫罪被判处七年有期徒刑。失去自由的日子里，不幸的事接踵而至，幸有家人不离不弃，狱警教育感化。其间写下自传体小说《天堂何在》，想着日后出版发行，警醒世人。2002年提前出狱，为逃避世俗，远走异地他乡。觅得一稳定工作，赚钱不多，乐在其中。哪料想女友小玉突染重病，无钱医治，于是在奥一开博叫卖书稿，想以己之力迈过这道坎。不幸中的万幸，在众多好心人的帮助下，女友小玉病情好转，小说《天堂何在》已由广东省人民出版社出版发行。

9. 江峰：男，阳光下之家帮教对象及志愿者。

事迹简介：2003年6月，35岁的江峰因敲诈勒索罪被送进了广东省某监狱，来到与世隔绝的高墙内，他对未来充满了惶惑：几年牢狱过后，谁能接受我？谁能理解我？有了污点的我会不会永远抬不起头？种种忧虑反复困扰着江峰，他写给家人的忏悔信，杳无音信……他吃不下饭、睡不着觉，更加无心改造，在高墙里混着日子，甚至想象着有一天通过自杀来获得解脱……在这个时候是阳光下之家志愿者王刚走近了他，在监狱里700多个日日夜夜，江峰和王刚的友谊也渐渐建立，从"晚生"、"老夫"的称呼到以"兄弟"相称；江峰学到了不少法律知识，也掌握了生产技术，在2004年度更获得了监狱表扬2次、嘉奖11次、专项嘉奖2次；同时还获得了政府的假释奖励，提前一年零四个月获得了自由。现在，江峰开了一家小公司。

麒麟乐队表演节目：

1. 乐队合唱《陪你在路上》。

2. 合唱《真的爱你》。

嘉宾表演节目：

1. 林克华（刑释人员代表）独唱《放心吧，妈妈》。

2. 晚会结束时，由麒麟乐队伴奏，所有嘉宾合唱《感恩的心》。

邀请媒体（阳光下之家邀请）：

南方电视台2人。

深圳商报2人。

活动内容安排：

第一部分：监狱领导与深圳嘉宾和记者见面

时间：12 月 2 日晚餐

内容：由监狱领导致欢迎词，告知监狱管理的相关纪律，明天（3 日）开展帮教活动注意事项及其流程。

第二部分：监狱领导带嘉宾参观监狱

时间：12 月 3 日上午 8：30 ~ 9：10

内容：监狱领导介绍监狱情况，带领"阳光下之家帮教团"及新闻记者参观武江监狱监舍区"三大现场"。由王金云谈监狱变化，反映武江监狱的文明与进步。

第三部分：面对面帮教

时间：12 月 3 日上午 9：30 ~ 11：00

内容："阳光下之家帮教团"与服刑人员开展"面对面"座谈会，互赠小礼物；嘉宾与个别服刑人员"一对一"帮教，建立长期帮教关系。新闻记者采访。（座谈会开始前，每位嘉宾需作一分钟左右的自我介绍与为什么要参与阳光下之家志愿服务发言；座谈内容以服刑人员如何面对出狱后就业中遇到的各种问题为主，座谈形式以服刑人员提问嘉宾回答为主。）

第四部分：阳光下之家与武江监狱签订合作帮教协议

时间：12 月 3 日下午 2：30

内容：主持人王毅副监狱长介绍来宾及活动内容，帮教合作协议签约仪式，"阳光下之家武江监狱帮教站"挂牌仪式（"麒麟乐队"与监狱文艺队演奏），王金云赠书仪式。

第五部分：领导讲话

时间：12 月 3 日下午 3：00

内容：广东省监狱管理局领导讲话，张道坤监狱长讲话

第六部分：王金云作法制宣传讲座

时间：12 月 3 日下午 3：30

内容：

林克华发言提纲（刑释人员代表）5 分钟

1. 简要介绍自己的犯罪经过及现在工作状况（1 分钟）

2. 出狱后应怎样看待自己，并以什么样的心态去面对别人不同的眼光

（2 分钟）

3. 重新给自己定位，以自己的方式去实现接近现实的理想，用行动赢得社会的尊重（2 分钟）

江锋发言提纲（帮教对象）5 分钟

1. 简要介绍自己事业发展情况并说明自己与阳光下之家的关系（1 分钟）

2. 重点讲述自己出狱前的困惑与刚出狱时的无奈和迷惘（2 分钟）

3. 感恩生活，感恩阳光下之家志愿者（2 分钟）

王金云法制讲座（35 分钟~40 分钟）

（一）如何走上帮教失足者之路（简要讲述自己的经历）

1. 个人基本情况介绍

2. 出狱后被社会关爱包围

3. 立志帮教失足者

（二）以违法乱纪为耻（以讲犯罪后生活变化为主）

1. 当年犯罪的心理（结合自己及接听热线案例分析）

2. 犯罪后的生活变化（以帮教案例为主）

3. 对我国法治进程的理解与感受

（三）以遵纪守法为荣（以讲养成良好的行为习惯为主）

1. 树立正确的人生观（懂得感恩，有爱心，孝敬父母）

2. 守法要从养成良好的行为习惯开始

3. 如何面对踏入社会后可能遇到的诱惑和困难

（四）以辛勤劳动为荣（重新认识自己，开始新生活）

1. 总结过去，重新定位

2. 创业艰辛，坚持才能成功

3. 回报社会，实现人生价值

第七部分：所有参会人员在武江监狱办公楼门前合影留念

时间：12 月 3 日下午 5：00

内容：阳光下之家与武江监狱互赠锦旗，阳光下之家志愿者与广东司法厅、广东监狱管理局、武江监狱领导合影等。

第八部分："感恩武江阳光帮教"文艺晚会

时间：12 月 3 日晚上 07：30

内容：监狱文艺队、"麒麟乐队"、阳光下之家志愿者文艺表演，2007 首届文化艺术节总结颁奖晚会。晚会结束后，监狱领导致答谢辞。

第九部分：总结

时间：12月4日上午7：00返回深圳

内容：阳光下之家武江监狱社会帮教活动电视专题制作，武江监狱《武新报》开展此次社会帮教活动征文等。阳光下之家为此次参加的志愿者颁发2007年度"优秀志愿者证书"。

阳光下之家创办人：王金云

2007 年 11 月 28 日

三、任务拓展

我院刑事执行专业与四川省成都女子监狱、学院刑事司法系团总支、学院绿色心伞心理协会共同组织的"关爱服刑人员未成年子女"项目2014年的活动正式启动。

"关爱服刑人员未成年子女"项目旨在为部分服刑人员和他们的家庭、子女之间搭起一座绿色桥梁，通过到监狱调查和家庭走访，了解服刑人员及其未成年子女的基本情况和面临的各种困难，对这些未成年子女进行必要的专业心理疏导和力所能及的帮助，并将帮扶情况反馈到监狱，促进服刑人员在监狱的改造工作。目前，项目组正在准备调研计划和问卷设计，积极筹备下一步到成都女子监狱进行服刑人员信息收集、调研的工作。

请为我院刑事执行专业和四川省成都女子监狱设计一份实施方案，要求要结合女犯的需求和改造特点，制定有针对性、操作性的方案。

附件一

《中华人民共和国刑法修正案（八）》节选

2011 年 2 月 25 日第十一届全国人民代表大会常务委员会
第十九次会议通过

一、在二、在刑法第三十八条中增加一款作为第二款："判处管制，可以根据犯罪情况，同时禁止犯罪分子在执行期间从事特定活动，进入特定区域、场所，接触特定的人。"

原第二款作为第三款，修改为："对判处管制的犯罪分子，依法实行社区矫正。"

增加一款作为第四款："违反第二款规定的禁止令的，由公安机关依照《中华人民共和国治安管理处罚法》的规定处罚。"

四、将刑法第五十条修改为："判处死刑缓期执行的，在死刑缓期执行期间，如果没有故意犯罪，二年期满以后，减为无期徒刑；如果确有重大立功表现，二年期满以后，减为二十五年有期徒刑；如果故意犯罪，查证属实的，由最高人民法院核准，执行死刑。

"对被判处死刑缓期执行的累犯以及因故意杀人、强奸、抢劫、绑架、放火、爆炸、投放危险物质或者有组织的暴力性犯罪被判处死刑缓期执行的犯罪分子，人民法院根据犯罪情节等情况可以同时决定对其限制减刑。"

六、将刑法第六十五条第一款修改为："被判处有期徒刑以上刑罚的犯罪分子，刑罚执行完毕或者赦免以后，在五年以内再犯应当判处有期徒刑以上刑罚之罪的，是累犯，应当从重处罚，但是过失犯罪和不满十八周岁的人犯罪的除外。"

七、将刑法第六十六条修改为："危害国家安全犯罪、恐怖活动犯罪、黑社会性质的组织犯罪的犯罪分子，在刑罚执行完毕或者赦免以后，在任何时候再犯上述任一类罪的，都以累犯论处。"

八、在刑法第六十七条中增加一款作为第三款："犯罪嫌疑人虽不具有前两款规定的自首情节，但是如实供述自己罪行的，可以从轻处罚；因其如实供述自己罪行，避免特别严重后果发生的，可以减轻处罚。"

十、将刑法第六十九条修改为："判决宣告以前一人犯数罪的，除判处死刑和无期徒刑的以外，应当在总和刑期以下、数刑中最高刑期以上，酌情决定执行的刑期，但是管制最高不能超过三年，拘役最高不能超过一年，有期徒刑总和刑期不满三十五年的，最高不能超过二十年，总和刑期在三十五年以上的，最高不能超过二十五年。

"数罪中有判处附加刑的，附加刑仍须执行，其中附加刑种类相同的，合并执行，种类不同的，分别执行。"

十一、将刑法第七十二条修改为："对于被判处拘役、三年以下有期徒刑的犯罪分子，同时符合下列条件的，可以宣告缓刑，对其中不满十八周岁的人、怀孕的妇女和已满七十五周岁的人，应当宣告缓刑：

"（一）犯罪情节较轻；

"（二）有悔罪表现；

"（三）没有再犯罪的危险；

"（四）宣告缓刑对所居住社区没有重大不良影响。

"宣告缓刑，可以根据犯罪情况，同时禁止犯罪分子在缓刑考验期限内从事特定活动，进入特定区域、场所，接触特定的人。

"被宣告缓刑的犯罪分子，如果被判处附加刑，附加刑仍须执行。"

十二、将刑法第七十四条修改为："对于累犯和犯罪集团的首要分子，不适用缓刑。"

十三、将刑法第七十六条修改为："对宣告缓刑的犯罪分子，在缓刑考验期限内，依法实行社区矫正，如果没有本法第七十七条规定的情形，缓刑考验期满，原判的刑罚就不再执行，并公开予以宣告。"

十四、将刑法第七十七条第二款修改为："被宣告缓刑的犯罪分子，在缓刑考验期限内，违反法律、行政法规或者国务院有关部门关于缓刑的监督管理规定，或者违反人民法院判决中的禁止令，情节严重的，应当撤销缓刑，执行原判刑罚。"

十五、将刑法第七十八条第二款修改为："减刑以后实际执行的刑期不能少于下列期限：

"（一）判处管制、拘役、有期徒刑的，不能少于原判刑期的二分之一；

"（二）判处无期徒刑的，不能少于十三年；

"（三）人民法院依照本法第五十条第二款规定限制减刑的死刑缓期执行的犯罪分子，缓期执行期满后依法减为无期徒刑的，不能少于二十五年，缓期执行期满后依法减为二十五年有期徒刑的，不能少于二十年。"

十六、将刑法第八十一条修改为："被判处有期徒刑的犯罪分子，执行原判刑期二分之一以上，被判处无期徒刑的犯罪分子，实际执行十三年以上，如果认真遵守监规，接受教育改造，确有悔改表现，没有再犯罪的危险的，可以假释。如果有特殊情况，经最高人民法院核准，可以不受上述执行刑期的限制。

"对累犯以及因故意杀人、强奸、抢劫、绑架、放火、爆炸、投放危险物质或者有组织的暴力性犯罪被判处十年以上有期徒刑、无期徒刑的犯罪分子，不得假释。

"对犯罪分子决定假释时，应当考虑其假释后对所居住社区的影响。"

十七、将刑法第八十五条修改为："对假释的犯罪分子，在假释考验期限内，依法实行社区矫正，如果没有本法第八十六条规定的情形，假释考验期满，就认为原判刑罚已经执行完毕，并公开予以宣告。"

十八、将刑法第八十六条第三款修改为："被假释的犯罪分子，在假释考验期限内，有违反法律、行政法规或者国务院有关部门关于假释的监督管理规定的行为，尚未构成新的犯罪的，应当依照法定程序撤销假释，收监执行未执行完毕的刑罚。"

十九、在刑法第一百条中增加一款作为第二款："犯罪的时候不满十八周岁被判处五年有期徒刑以下刑罚的人，免除前款规定的报告义务。"

四十二、将刑法第二百九十三条修改为："有下列寻衅滋事行为之一，破坏社会秩序的，处五年以下有期徒刑、拘役或者管制：

"（一）随意殴打他人，情节恶劣的；

"（二）追逐、拦截、辱骂、恐吓他人，情节恶劣的；

"（三）强拿硬要或者任意损毁、占用公私财物，情节严重的；

"（四）在公共场所起哄闹事，造成公共场所秩序严重混乱的。

"纠集他人多次实施前款行为，严重破坏社会秩序的，处五年以上十年以下有期徒刑，可以并处罚金。"

四十四、将刑法第二百九十五条修改为："传授犯罪方法的，处五年以下有期徒刑、拘役或者管制；情节严重的，处五年以上十年以下有期徒刑；情节特别严重的，处十年以上有期徒刑或者无期徒刑。"

五十、本修正案自 2011 年 5 月 1 日起施行。

附件二

关于办理减刑、假释案件具体应用法律若干问题的规定

（2011 年 11 月 21 日最高人民法院审判委员会第 1532 次会议通过）

法释〔2012〕2 号

《最高人民法院关于办理减刑、假释案件具体应用法律若干问题的规定》已于 2011 年 11 月 21 日由最高人民法院审判委员会第 1532 次会议通过，现予公布，自 2012 年 7 月 1 日起施行。

二〇一二年一月十七日

为正确适用刑法、刑事诉讼法，依法办理减刑、假释案件，根据刑法、刑事诉讼法和有关法律的规定，制定本规定。

第一条　根据刑法第七十八条第一款的规定，被判处管制、拘役、有期徒刑、无期徒刑的犯罪分子，在执行期间，认真遵守监规，接受教育改造，确有悔改表现的，或者有立功表现的，可以减刑；有重大立功表现的，应当减刑。

第二条　"确有悔改表现"是指同时具备以下四个方面情形：认罪悔罪；认真遵守法律法规及监规，接受教育改造；积极参加思想、文化、职业技术教育；积极参加劳动，努力完成劳动任务。

对罪犯在刑罚执行期间提出申诉的，要依法保护其申诉权利，对罪犯申诉不应不加分析地认为是不认罪悔罪。

罪犯积极执行财产刑和履行附带民事赔偿义务的，可视为有认罪悔罪表现，在减刑、假释时可以从宽掌握；确有执行、履行能力而不执行、不履行的，在减刑、假释时应当从严掌握。

第三条　具有下列情形之一的，应当认定为有"立功表现"：

（一）阻止他人实施犯罪活动的；

（二）检举、揭发监狱内外犯罪活动，或者提供重要的破案线索，经查证

属实的；

（三）协助司法机关抓捕其他犯罪嫌疑人（包括同案犯）的；

（四）在生产、科研中进行技术革新，成绩突出的；

（五）在抢险救灾或者排除重大事故中表现突出的；

（六）对国家和社会有其他贡献的。

第四条 具有下列情形之一的，应当认定为有"重大立功表现"：

（一）阻止他人实施重大犯罪活动的；

（二）检举监狱内外重大犯罪活动，经查证属实的；

（三）协助司法机关抓捕其他重大犯罪嫌疑人（包括同案犯）的；

（四）有发明创造或者重大技术革新的；

（五）在日常生产、生活中舍己救人的；

（六）在抗御自然灾害或者排除重大事故中，有特别突出表现的；

（七）对国家和社会有其他重大贡献的。

第五条 有期徒刑罪犯在刑罚执行期间，符合减刑条件的，减刑幅度为：确有悔改表现，或者有立功表现的，一次减刑一般不超过一年有期徒刑；确有悔改表现并有立功表现，或者有重大立功表现的，一次减刑一般不超过二年有期徒刑。

第六条 有期徒刑罪犯的减刑起始时间和间隔时间为：被判处五年以上有期徒刑的罪犯，一般在执行一年六个月以上方可减刑，两次减刑之间一般应当间隔一年以上。被判处不满五年有期徒刑的罪犯，可以比照上述规定，适当缩短起始和间隔时间。

确有重大立功表现的，可以不受上述减刑起始和间隔时间的限制。

有期徒刑的减刑起始时间自判决执行之日起计算。

第七条 无期徒刑罪犯在刑罚执行期间，确有悔改表现，或者有立功表现的，服刑二年以后，可以减刑。减刑幅度为：确有悔改表现，或者有立功表现的，一般可以减为二十年以上二十二年以下有期徒刑；有重大立功表现的，可以减为十五年以上二十年以下有期徒刑。

第八条 无期徒刑罪犯经过一次或几次减刑后，其实际执行的刑期不能少于十三年，起始时间应当自无期徒刑判决确定之日起计算。

第九条 死刑缓期执行罪犯减为无期徒刑后，确有悔改表现，或者有立功表现的，服刑二年以后可以减为二十五年有期徒刑；有重大立功表现的，服刑二年以后可以减为二十三年有期徒刑。

死刑缓期执行罪犯经过一次或几次减刑后，其实际执行的刑期不能少于十五年，死刑缓期执行期间不包括在内。

死刑缓期执行罪犯在缓期执行期间抗拒改造，尚未构成犯罪的，此后减刑时可以适当从严。

第十条　被限制减刑的死刑缓期执行罪犯，缓期执行期满后依法被减为无期徒刑的，或者因有重大立功表现被减为二十五年有期徒刑的，应当比照未被限制减刑的死刑缓期执行罪犯在减刑的起始时间、间隔时间和减刑幅度上从严掌握。

第十一条　判处管制、拘役的罪犯，以及判决生效后剩余刑期不满一年有期徒刑的罪犯，符合减刑条件的，可以酌情减刑，其实际执行的刑期不能少于原判刑期的二分之一。

第十二条　有期徒刑罪犯减刑时，对附加剥夺政治权利的期限可以酌减。酌减后剥夺政治权利的期限，不能少于一年。

第十三条　判处拘役或者三年以下有期徒刑并宣告缓刑的罪犯，一般不适用减刑。

前款规定的罪犯在缓刑考验期限内有重大立功表现的，可以参照刑法第七十八条的规定，予以减刑，同时应依法缩减其缓刑考验期限。拘役的缓刑考验期限不能少于二个月，有期徒刑的缓刑考验期限不能少于一年。

第十四条　被判处十年以上有期徒刑、无期徒刑的罪犯在刑罚执行期间又犯罪，被判处有期徒刑以下刑罚的，自新罪判决确定之日起二年内一般不予减刑；新罪被判处无期徒刑的，自新罪判决确定之日起三年内一般不予减刑。

第十五条　办理假释案件，判断"没有再犯罪的危险"，除符合刑法第八十一条规定的情形外，还应根据犯罪的具体情节、原判刑罚情况、在刑罚执行中的一贯表现，罪犯的年龄、身体状况、性格特征，假释后生活来源以及监管条件等因素综合考虑。

第十六条　有期徒刑罪犯假释，执行原判刑期二分之一以上的起始时间，应当从判决执行之日起计算，判决执行以前先行羁押的，羁押一日折抵刑期一日。

第十七条　刑法第八十一条第一款规定的"特殊情况"，是指与国家、社会利益有重要关系的情况。

第十八条 对累犯以及因故意杀人、强奸、抢劫、绑架、放火、爆炸、投放危险物质或者有组织的暴力性犯罪被判处十年以上有期徒刑、无期徒刑的罪犯,不得假释。

因前款情形和犯罪被判处死刑缓期执行的罪犯,被减为无期徒刑、有期徒刑后,也不得假释。

第十九条 未成年罪犯的减刑、假释,可以比照成年罪犯依法适当从宽。

未成年罪犯能认罪悔罪,遵守法律法规及监规,积极参加学习、劳动的,应视为确有悔改表现,减刑的幅度可以适当放宽,起始时间、间隔时间可以相应缩短。符合刑法第八十一条第一款规定的,可以假释。

前两款所称未成年罪犯,是指减刑时不满十八周岁的罪犯。

第二十条 老年、身体残疾(不含自伤致残)、患严重疾病罪犯的减刑、假释,应当主要注重悔罪的实际表现。

基本丧失劳动能力、生活难以自理的老年、身体残疾、患严重疾病的罪犯,能够认真遵守法律法规及监规,接受教育改造,应视为确有悔改表现,减刑的幅度可以适当放宽,起始时间、间隔时间可以相应缩短。假释后生活确有着落的,除法律和本解释规定不得假释的情形外,可以依法假释。

对身体残疾罪犯和患严重疾病罪犯进行减刑、假释,其残疾、疾病程度应由法定鉴定机构依法作出认定。

第二十一条 对死刑缓期执行罪犯减为无期徒刑或者有期徒刑后,符合刑法第八十一条第一款和本规定第九条第二款、第十八条规定的,可以假释。

第二十二条 罪犯减刑后又假释的间隔时间,一般为一年;对一次减去二年有期徒刑后,决定假释的,间隔时间不能少于二年。

罪犯减刑后余刑不足二年,决定假释的,可以适当缩短间隔时间。

第二十三条 人民法院按照审判监督程序重新审理的案件,维持原判决、裁定的,原减刑、假释裁定效力不变;改变原判决、裁定的,应由刑罚执行机关依照再审裁判情况和原减刑、假释情况,提请有管辖权的人民法院重新作出减刑、假释裁定。

第二十四条 人民法院受理减刑、假释案件,应当审查执行机关是否移送下列材料:

(一)减刑或者假释建议书;

（二）终审法院的裁判文书、执行通知书、历次减刑裁定书的复制件；

（三）罪犯确有悔改或者立功、重大立功表现的具体事实的书面证明材料；

（四）罪犯评审鉴定表、奖惩审批表等；

（五）其他根据案件的审理需要移送的材料。

提请假释的，应当附有社区矫正机构关于罪犯假释后对所居住社区影响的调查评估报告。

人民检察院对提请减刑、假释案件提出的检察意见，应当一并移送受理减刑、假释案件的人民法院。

经审查，如果前三款规定的材料齐备的，应当立案；材料不齐备的，应当通知提请减刑、假释的执行机关补送。

第二十五条　人民法院审理减刑、假释案件，应当一律予以公示。公示地点为罪犯服刑场所的公共区域。有条件的地方，应面向社会公示，接受社会监督。公示应当包括下列内容：

（一）罪犯的姓名；

（二）原判认定的罪名和刑期；

（三）罪犯历次减刑情况；

（四）执行机关的减刑、假释建议和依据；

（五）公示期限；

（六）意见反馈方式等。

第二十六条　人民法院审理减刑、假释案件，可以采用书面审理的方式。但下列案件，应当开庭审理：

（一）因罪犯有重大立功表现提请减刑的；

（二）提请减刑的起始时间、间隔时间或者减刑幅度不符合一般规定的；

（三）在社会上有重大影响或社会关注度高的；

（四）公示期间收到投诉意见的；

（五）人民检察院有异议的；

（六）人民法院认为有开庭审理必要的。

第二十七条　在人民法院作出减刑、假释裁定前，执行机关书面提请撤回减刑、假释建议的，是否准许，由人民法院决定。

第二十八条　减刑、假释的裁定，应当在裁定作出之日起七日内送达有关执行机关、人民检察院以及罪犯本人。

第二十九条 人民法院发现本院或者下级人民法院已经生效的减刑、假释裁定确有错误，应当依法重新组成合议庭进行审理并作出裁定。

附件三

监狱提请减刑假释工作程序规定

（2003 年 4 月 2 日司法部令第 77 号发布 2014 年 10 月 10 日司法部部务会议修订通过）

第一章　总　则

第一条　为规范监狱提请减刑、假释工作程序，根据《中华人民共和国刑法》、《中华人民共和国刑事诉讼法》、《中华人民共和国监狱法》等有关规定，结合刑罚执行工作实际，制定本规定。

第二条　监狱提请减刑、假释，应当根据法律规定的条件和程序进行，遵循公开、公平、公正的原则，严格实行办案责任制。

第三条　被判处有期徒刑和被减刑为有期徒刑的罪犯的减刑、假释，由监狱提出建议，提请罪犯服刑地的中级人民法院裁定。

第四条　被判处死刑缓期二年执行的罪犯的减刑，被判处无期徒刑的罪犯的减刑、假释，由监狱提出建议，经省、自治区、直辖市监狱管理局审核同意后，提请罪犯服刑地的高级人民法院裁定。

第五条　省、自治区、直辖市监狱管理局和监狱分别成立减刑假释评审委员会，由分管领导及刑罚执行、狱政管理、教育改造、狱内侦查、生活卫生、劳动改造、政工、监察等有关部门负责人组成，分管领导任主任。监狱管理局、监狱减刑假释评审委员会成员不得少于 9 人。

第六条　监狱提请减刑、假释，应当由分监区或者未设分监区的监区人民警察集体研究，监区长办公会议审核，监狱刑罚执行部门审查，监狱减刑假释评审委员会评审，监狱长办公会议决定。

省、自治区、直辖市监狱管理局刑罚执行部门审查监狱依法定程序提请的减刑、假释建议并出具意见，报请分管副局长召集减刑假释评审委员会审核后，报局长审定，必要时可以召开局长办公会议决定。

第二章 监狱提请减刑、假释的程序

第七条 提请减刑、假释，应当根据法律规定的条件，结合罪犯服刑表现，由分监区人民警察集体研究，提出提请减刑、假释建议，报经监区长办公会议审核同意后，由监区报送监狱刑罚执行部门审查。

直属分监区或者未设分监区的监区，由直属分监区或者监区人民警察集体研究，提出提请减刑、假释建议，报送监狱刑罚执行部门审查。

分监区、直属分监区或者未设分监区的监区人民警察集体研究以及监区长办公会议审核情况，应当有书面记录，并由与会人员签名。

第八条 监区或者直属分监区提请减刑、假释，应当报送下列材料：

（一）《罪犯减刑（假释）审核表》；

（二）监区长办公会议或者直属分监区、监区人民警察集体研究会议的记录；

（三）终审法院裁判文书、执行通知书、历次减刑裁定书的复印件；

（四）罪犯计分考核明细表、罪犯评审鉴定表、奖惩审批表和其他有关证明材料；

（五）罪犯确有悔改表现或者立功、重大立功表现的具体事实的书面证明材料。

第九条 监狱刑罚执行部门收到监区或者直属分监区对罪犯提请减刑、假释的材料后，应当就下列事项进行审查：

（一）需提交的材料是否齐全、完备、规范；

（二）罪犯确有悔改或者立功、重大立功表现的具体事实的书面证明材料是否来源合法；

（三）罪犯是否符合法定减刑、假释的条件；

（四）提请减刑、假释的建议是否适当。

经审查，对材料不齐全或者不符合提请条件的，应当通知监区或者直属分监区补充有关材料或者退回；对相关材料有疑义的，应当提讯罪犯进行核查；对材料齐全、符合提请条件的，应当出具审查意见，连同监区或者直属分监区报送的材料一并提交监狱减刑假释评审委员会评审。提请罪犯假释的，还应当委托县级司法行政机关对罪犯假释后对所居住社区影响进行调查评估，并将调查评估报告一并提交。

第十条　监狱减刑假释评审委员会应当召开会议，对刑罚执行部门审查提交的提请减刑、假释建议进行评审，提出评审意见。会议应当有书面记录，并由与会人员签名。

监狱可以邀请人民检察院派员列席减刑假释评审委员会会议。

第十一条　监狱减刑假释评审委员会经评审后，应当将提请减刑、假释的罪犯名单以及减刑、假释意见在监狱内公示。公示内容应当包括罪犯的个人情况、原判罪名及刑期、历次减刑情况、提请减刑假释的建议及依据等。公示期限为5个工作日。公示期内，如有监狱人民警察或者罪犯对公示内容提出异议，监狱减刑假释评审委员会应当进行复核，并告知复核结果。

第十二条　监狱应当在减刑假释评审委员会完成评审和公示程序后，将提请减刑、假释建议送人民检察院征求意见。征求意见后，监狱减刑假释评审委员会应当将提请减刑、假释建议和评审意见连同人民检察院意见，一并报请监狱长办公会议审议决定。监狱对人民检察院意见未予采纳的，应当予以回复，并说明理由。

第十三条　监狱长办公会议决定提请减刑、假释的，由监狱长在《罪犯减刑（假释）审核表》上签署意见，加盖监狱公章，并由监狱刑罚执行部门根据法律规定制作《提请减刑建议书》或者《提请假释建议书》，连同有关材料一并提请人民法院裁定。人民检察院对提请减刑、假释提出的检察意见，应当一并移送受理减刑、假释案件的人民法院。

对本规定第四条所列罪犯决定提请减刑、假释的，监狱应当将《罪犯减刑（假释）审核表》连同有关材料报送省、自治区、直辖市监狱管理局审核。

第十四条　监狱在向人民法院提请减刑、假释的同时，应当将提请减刑、假释的建议书副本抄送人民检察院。

第十五条　监狱提请人民法院裁定减刑、假释，应当提交下列材料：

（一）《提请减刑建议书》或者《提请假释建议书》；

（二）终审法院裁判文书、执行通知书、历次减刑裁定书的复印件；

（三）罪犯计分考核明细表、评审鉴定表、奖惩审批表；

（四）罪犯确有悔改或者立功、重大立功表现的具体事实的书面证明材料；

（五）提请假释的，应当附有县级司法行政机关关于罪犯假释后对所居住社区影响的调查评估报告；

（六）根据案件情况需要提交的其他材料。

对本规定第四条所列罪犯提请减刑、假释的，应当同时提交省、自治区、直辖市监狱管理局签署意见的《罪犯减刑（假释）审核表》。

第三章　监狱管理局审核提请减刑、假释建议的程序

第十六条　省、自治区、直辖市监狱管理局刑罚执行部门收到监狱报送的提请减刑、假释建议的材料后，应当进行审查。审查中发现监狱报送的材料不齐全或者有疑义的，应当通知监狱补充有关材料或者作出说明。审查无误后，应当出具审查意见，报请分管副局长召集评审委员会进行审核。

第十七条　监狱管理局分管副局长主持完成审核后，应当将审核意见报请局长审定；分管副局长认为案件重大或者有其他特殊情况的，可以建议召开局长办公会议审议决定。

监狱管理局审核同意对罪犯提请减刑、假释的，由局长在《罪犯减刑（假释）审核表》上签署意见，加盖监狱管理局公章。

第四章　附　则

第十八条　人民法院开庭审理减刑、假释案件的，监狱应当派员参加庭审，宣读提请减刑、假释建议书并说明理由，配合法庭核实相关情况。

第十九条　分监区、直属分监区或者未设分监区的监区人民警察集体研究会议、监区长办公会议、监狱评审委员会会议、监狱长办公会议、监狱管理局评审委员会会议、监狱管理局局长办公会议的记录和本规定第十五条所列的材料，应当存入档案并永久保存。

第二十条　违反法律规定和本规定提请减刑、假释，涉嫌违纪的，依照有关处分规定追究相关人员责任；涉嫌犯罪的，移送司法机关依法追究刑事责任。

第二十一条　监狱办理职务犯罪罪犯减刑、假释案件，应当按照有关规定报请备案审查。

第二十二条　本规定自 2014 年 12 月 1 日起施行。

暂予监外执行规定

第一条　为了规范暂予监外执行工作，严格依法适用暂予监外执行，根

据刑事诉讼法、监狱法等有关规定，结合刑罚执行工作实际，制定本规定。

第二条　对罪犯适用暂予监外执行，分别由下列机关决定或者批准：

（一）在交付执行前，由人民法院决定；

（二）在监狱服刑的，由监狱审查同意后提请省级以上监狱管理机关批准；

（三）在看守所服刑的，由看守所审查同意后提请设区的市一级以上公安机关批准。

对有关职务犯罪罪犯适用暂予监外执行，还应当依照有关规定逐案报请备案审查。

第三条　对暂予监外执行的罪犯，依法实行社区矫正，由其居住地的社区矫正机构负责执行。

第四条　罪犯在暂予监外执行期间的生活、医疗和护理等费用自理。

罪犯在监狱、看守所服刑期间因参加劳动致伤、致残被暂予监外执行的，其出监、出所后的医疗补助、生活困难补助等费用，由其服刑所在的监狱、看守所按照国家有关规定办理。

第五条　对被判处有期徒刑、拘役或者已经减为有期徒刑的罪犯，有下列情形之一，可以暂予监外执行：

（一）患有属于本规定所附《保外就医严重疾病范围》的严重疾病，需要保外就医的；

（二）怀孕或者正在哺乳自己婴儿的妇女；

（三）生活不能自理的。

对被判处无期徒刑的罪犯，有前款第二项规定情形的，可以暂予监外执行。

第六条　对需要保外就医或者属于生活不能自理，但适用暂予监外执行可能有社会危险性，或者自伤自残，或者不配合治疗的罪犯，不得暂予监外执行。

对职务犯罪、破坏金融管理秩序和金融诈骗犯罪、组织（领导、参加、包庇、纵容）黑社会性质组织犯罪的罪犯适用保外就医应当从严审批，对患有高血压、糖尿病、心脏病等严重疾病，但经诊断短期内没有生命危险的，不得暂予监外执行。

对在暂予监外执行期间因违法违规被收监执行或者因重新犯罪被判刑的

罪犯，需要再次适用暂予监外执行的，应当从严审批。

第七条 对需要保外就医或者属于生活不能自理的累犯以及故意杀人、强奸、抢劫、绑架、放火、爆炸、投放危险物质或者有组织的暴力性犯罪的罪犯，原被判处死刑缓期二年执行或者无期徒刑的，应当在减为有期徒刑后执行有期徒刑七年以上方可适用暂予监外执行；原被判处十年以上有期徒刑的，应当执行原判刑期三分之一以上方可适用暂予监外执行。

对未成年罪犯、六十五周岁以上的罪犯、残疾人罪犯，适用前款规定可以适度从宽。

对患有本规定所附《保外就医严重疾病范围》的严重疾病，短期内有生命危险的罪犯，可以不受本条第一款规定关于执行刑期的限制。

第八条 对在监狱、看守所服刑的罪犯需要暂予监外执行的，监狱、看守所应当组织对罪犯进行病情诊断、妊娠检查或者生活不能自理的鉴别。罪犯本人或者其亲属、监护人也可以向监狱、看守所提出书面申请。

监狱、看守所对拟提请暂予监外执行的罪犯，应当核实其居住地。需要调查其对所居住社区影响的，可以委托居住地县级司法行政机关进行调查。

监狱、看守所应当向人民检察院通报有关情况。人民检察院可以派员监督有关诊断、检查和鉴别活动。

第九条 对罪犯的病情诊断或者妊娠检查，应当委托省级人民政府指定的医院进行。医院出具的病情诊断或者检查证明文件，应当由两名具有副高以上专业技术职称的医师共同作出，经主管业务院长审核签名，加盖公章，并附化验单、影像学资料和病历等有关医疗文书复印件。

对罪犯生活不能自理情况的鉴别，由监狱、看守所组织有医疗专业人员参加的鉴别小组进行。鉴别意见由组织鉴别的监狱、看守所出具，参与鉴别的人员应当签名，监狱、看守所的负责人应当签名并加盖公章。

对罪犯进行病情诊断、妊娠检查或者生活不能自理的鉴别，与罪犯有亲属关系或者其他利害关系的医师、人员应当回避。

第十条 罪犯需要保外就医的，应当由罪犯本人或者其亲属、监护人提出保证人，保证人由监狱、看守所审查确定。

罪犯没有亲属、监护人的，可以由其居住地的村（居）民委员会、原所在单位或者社区矫正机构推荐保证人。

保证人应当向监狱、看守所提交保证书。

第十一条　保证人应当同时具备下列条件：

（一）具有完全民事行为能力，愿意承担保证人义务；

（二）人身自由未受到限制；

（三）有固定的住处和收入；

（四）能够与被保证人共同居住或者居住在同一市、县。

第十二条　罪犯在暂予监外执行期间，保证人应当履行下列义务：

（一）协助社区矫正机构监督被保证人遵守法律和有关规定；

（二）发现被保证人擅自离开居住的市、县或者变更居住地，或者有违法犯罪行为，或者需要保外就医情形消失，或者被保证人死亡的，立即向社区矫正机构报告；

（三）为被保证人的治疗、护理、复查以及正常生活提供帮助；

（四）督促和协助被保证人按照规定履行定期复查病情和向社区矫正机构报告的义务。

第十三条　监狱、看守所应当就是否对罪犯提请暂予监外执行进行审议。经审议决定对罪犯提请暂予监外执行的，应当在监狱、看守所内进行公示。对病情严重必须立即保外就医的，可以不公示，但应当在保外就医后三个工作日以内在监狱、看守所内公告。

公示无异议或者经审查异议不成立的，监狱、看守所应当填写暂予监外执行审批表，连同有关诊断、检查、鉴别材料、保证人的保证书，提请省级以上监狱管理机关或者设区的市一级以上公安机关批准。已委托进行核实、调查的，还应当附县级司法行政机关出具的调查评估意见书。

监狱、看守所审议暂予监外执行前，应当将相关材料抄送人民检察院。决定提请暂予监外执行的，监狱、看守所应当将提请暂予监外执行书面意见的副本和相关材料抄送人民检察院。人民检察院可以向决定或者批准暂予监外执行的机关提出书面意见。

第十四条　批准机关应当自收到监狱、看守所提请暂予监外执行材料之日起十五个工作日以内作出决定。批准暂予监外执行的，应当在五个工作日以内将暂予监外执行决定书送达监狱、看守所，同时抄送同级人民检察院、原判人民法院和罪犯居住地社区矫正机构。暂予监外执行决定书应当上网公开。不予批准暂予监外执行的，应当在五个工作日以内将不予批准暂予监外执行决定书送达监狱、看守所。

第十五条 监狱、看守所应当向罪犯发放暂予监外执行决定书，及时为罪犯办理出监、出所相关手续。

在罪犯离开监狱、看守所之前，监狱、看守所应当核实其居住地，书面通知其居住地社区矫正机构，并对其进行出监、出所教育，书面告知其在暂予监外执行期间应当遵守的法律和有关监督管理规定。罪犯应当在告知书上签名。

第十六条 监狱、看守所应当派员持暂予监外执行决定书及有关文书材料，将罪犯押送至居住地，与社区矫正机构办理交接手续。监狱、看守所应当及时将罪犯交接情况通报人民检察院。

第十七条 对符合暂予监外执行条件的，被告人及其辩护人有权向人民法院提出暂予监外执行的申请，看守所可以将有关情况通报人民法院。对被告人、罪犯的病情诊断、妊娠检查或者生活不能自理的鉴别，由人民法院依照本规定程序组织进行。

第十八条 人民法院应当在执行刑罚的有关法律文书依法送达前，作出是否暂予监外执行的决定。

人民法院决定暂予监外执行的，应当制作暂予监外执行决定书，写明罪犯基本情况、判决确定的罪名和刑罚、决定暂予监外执行的原因、依据等，在判决生效后七日以内将暂予监外执行决定书送达看守所或者执行取保候审、监视居住的公安机关和罪犯居住地社区矫正机构，并抄送同级人民检察院。

人民法院决定不予暂予监外执行的，应当在执行刑罚的有关法律文书依法送达前，通知看守所或者执行取保候审、监视居住的公安机关，并告知同级人民检察院。监狱、看守所应当依法接收罪犯，执行刑罚。

人民法院在作出暂予监外执行决定前，应当征求人民检察院的意见。

第十九条 人民法院决定暂予监外执行，罪犯被羁押的，应当通知罪犯居住地社区矫正机构，社区矫正机构应当派员持暂予监外执行决定书及时与看守所办理交接手续，接收罪犯档案；罪犯被取保候审、监视居住的，由社区矫正机构与执行取保候审、监视居住的公安机关办理交接手续。

第二十条 罪犯原服刑地与居住地不在同一省、自治区、直辖市，需要回居住地暂予监外执行的，原服刑地的省级以上监狱管理机关或者设区的市一级以上公安机关监所管理部门应当书面通知罪犯居住地的监狱管理机关、公安机关监所管理部门，由其指定一所监狱、看守所接收罪犯档案，负责办理罪犯收监、刑满释放等手续，并及时书面通知罪犯居住地社区矫正机构。

第二十一条　社区矫正机构应当及时掌握暂予监外执行罪犯的身体状况以及疾病治疗等情况，每三个月审查保外就医罪犯的病情复查情况，并根据需要向批准、决定机关或者有关监狱、看守所反馈情况。

第二十二条　罪犯在暂予监外执行期间因犯新罪或者发现判决宣告以前还有其他罪没有判决的，侦查机关应当在对罪犯采取强制措施后二十四小时以内，将有关情况通知罪犯居住地社区矫正机构；人民法院应当在判决、裁定生效后，及时将判决、裁定的结果通知罪犯居住地社区矫正机构和罪犯原服刑或者接收其档案的监狱、看守所。

罪犯按前款规定被判处监禁刑罚后，应当由原服刑的监狱、看守所收监执行；原服刑的监狱、看守所与接收其档案的监狱、看守所不一致的，应当由接收其档案的监狱、看守所收监执行。

第二十三条　社区矫正机构发现暂予监外执行罪犯依法应予收监执行的，应当提出收监执行的建议，经县级司法行政机关审核同意后，报决定或者批准机关。决定或者批准机关应当进行审查，作出收监执行决定的，将有关的法律文书送达罪犯居住地县级司法行政机关和原服刑或者接收其档案的监狱、看守所，并抄送同级人民检察院、公安机关和原判人民法院。

人民检察院发现暂予监外执行罪犯依法应予收监执行而未收监执行的，由决定或者批准机关同级的人民检察院向决定或者批准机关提出收监执行的检察建议。

第二十四条　人民法院对暂予监外执行罪犯决定收监执行的，决定暂予监外执行时剩余刑期在三个月以下的，由居住地公安机关送交看守所收监执行；决定暂予监外执行时剩余刑期在三个月以上的，由居住地公安机关送交监狱收监执行。

监狱管理机关对暂予监外执行罪犯决定收监执行的，原服刑或者接收其档案的监狱应当立即赴羁押地将罪犯收监执行。

公安机关对暂予监外执行罪犯决定收监执行的，由罪犯居住地看守所将罪犯收监执行。

监狱、看守所将罪犯收监执行后，应当将收监执行的情况报告决定或者批准机关，并告知罪犯居住地县级人民检察院和原判人民法院。

第二十五条　被决定收监执行的罪犯在逃的，由罪犯居住地县级公安机关负责追捕。公安机关将罪犯抓捕后，依法送交监狱、看守所执行刑罚。

第二十六条 被收监执行的罪犯有法律规定的不计入执行刑期情形的，社区矫正机构应当在收监执行建议书中说明情况，并附有关证明材料。批准机关进行审核后，应当及时通知监狱、看守所向所在地的中级人民法院提出不计入执行刑期的建议书。人民法院应当自收到建议书之日起一个月以内依法对罪犯的刑期重新计算作出裁定。

人民法院决定暂予监外执行的，在决定收监执行的同时应当确定不计入刑期的期间。

人民法院应当将有关的法律文书送达监狱、看守所，同时抄送同级人民检察院。

第二十七条 罪犯暂予监外执行后，刑期即将届满的，社区矫正机构应当在罪犯刑期届满前一个月以内，书面通知罪犯原服刑或者接收其档案的监狱、看守所按期办理刑满释放手续。

人民法院决定暂予监外执行罪犯刑期届满的，社区矫正机构应当及时解除社区矫正，向其发放解除社区矫正证明书，并将有关情况通报原判人民法院。

第二十八条 罪犯在暂予监外执行期间死亡的，社区矫正机构应当自发现之日起五日以内，书面通知决定或者批准机关，并将有关死亡证明材料送达罪犯原服刑或者接收其档案的监狱、看守所，同时抄送罪犯居住地同级人民检察院。

第二十九条 人民检察院发现暂予监外执行的决定或者批准机关、监狱、看守所、社区矫正机构有违法情形的，应当依法提出纠正意见。

第三十条 人民检察院认为暂予监外执行不当的，应当自接到决定书之日起一个月以内将书面意见送交决定或者批准暂予监外执行的机关，决定或者批准暂予监外执行的机关接到人民检察院的书面意见后，应当立即对该决定进行重新核查。

第三十一条 人民检察院可以向有关机关、单位调阅有关材料、档案，可以调查、核实有关情况，有关机关、单位和人员应当予以配合。

人民检察院认为必要时，可以自行组织或者要求人民法院、监狱、看守所对罪犯重新组织进行诊断、检查或者鉴别。

第三十二条 在暂予监外执行执法工作中，司法工作人员或者从事诊断、检查、鉴别等工作的相关人员有玩忽职守、徇私舞弊、滥用职权等违法违纪行为的，依法给予相应的处分；构成犯罪的，依法追究刑事责任。

第三十三条　本规定所称生活不能自理，是指罪犯因患病、身体残疾或者年老体弱，日常生活行为需要他人协助才能完成的情形。

生活不能自理的鉴别参照《劳动能力鉴定—职工工伤与职业病致残等级分级》（GB/T16180－2006）执行。进食、翻身、大小便、穿衣洗漱、自主行动等五项日常生活行为中有三项需要他人协助才能完成，且经过六个月以上治疗、护理和观察，自理能力不能恢复的，可以认定为生活不能自理。六十五周岁以上的罪犯，上述五项日常生活行为有一项需要他人协助才能完成即可视为生活不能自理。

第三十四条　本规定自2014年12月1日起施行。最高人民检察院、公安部、司法部1990年12月31日发布的《罪犯保外就医执行办法》同时废止。

附件：保外就医严重疾病范围

监狱常用公文实训

第一章　党政机关公文实训

◆ 项目一：决定

一、综合技能训练

（一）引入案例：

张××因多次违反车间的劳动纪律，×厂决定给予其行政处分，请代某厂写一份对张××的处分决定。

学生习作：

以下是学生代某厂制发的公文，请指出公文中的问题？

关于××违反劳动纪律的处分决定

张××，男，现年30岁，系机加车间原汽车装卸队工人。该同志自入厂以来，累犯劳动纪律，曾多次发生殴打事件，谩骂领导干部，辱骂老工人。特别是今年×月×日，伙同×××（已收审）、×××（已记大过）两次殴打×××，影响极坏。为了维护厂规厂法，加强劳动纪律，经厂务会议讨论通过决定给予张××开除厂籍留厂察看一年的处分。察看期间只发给生活费，每月×××元。

××市××厂
2010 年 4 月 3 日

（二）实训目的

通过挑上述病文的毛病并改写病文，掌握决定的正确写法。

（三）实训思路

运用教材中决定的结构和写法、决定写作的注意事项等知识，挑出上述病文的毛病，提出修改思路并作出修改。

（四）实训做法

步骤一：教师组织同学们对病文进行讨论，挑出病文的毛病，教师再在此基础上进行讲评。

步骤二：教师与同学们共同讨论，确定修改病文的思路，再由同学们按修改思路作文，教师抽查作文进行讲评。

修改思路（供参考）：

1. 背景、依据 + 文种承启语 + 错误事实 +决定事项 + 要求。

2. 决定事项需考虑以下几点：

（1）语言文字上的毛病；

（2）在结构内容上漏写对错误的认识、屡犯错误的根源和结语；

（3）落款处漏写时间。

二、知识训练

1. 决定和决议的区别？

2. 决定的分类？

三、拓展训练

请评析下面这份决定，分析其语言特点。

国务院关于进一步深化化肥流通体制改革的决定

国发〔2009〕31 号

各省、自治区、直辖市人民政府，国务院各部委、各直属机构：

1998 年以来，各地区、各有关部门认真贯彻落实《国务院关于深化化肥流通体制改革的通知》（国发〔1998〕39 号）精神，积极稳妥地推进化肥流通体制改革，化肥产业得到持续快速发展。为进一步深化化肥流通体制改革，调动各方面参与化肥经营的积极性，不断提高为农服务水平，满足农业生产发展需要，现做出如下决定：

一、放开化肥经营限制

取消对化肥经营企业所有制性质的限制，允许具备条件的各种所有制及组织类型的企业、农民专业合作社和个体工商户等市场主体进入化肥流通领域，参与经营，公平竞争。申请从事化肥经营的企业要有相应的住所，申请从事化肥经营的个体工商户要有相应的经营场所；企业注册资本（金）、个体工商户的资金数额不得少于 3 万元人民币；申请在省域范围内设立分支机构、从事化肥经营的企业，企业总部的注册资本（金）不得少于 1000 万元人民币；申请跨省域设立分支机构、从事化肥经营的企业，企业总部的注册资本（金）不得少于 3000 万元人民币。满足注册资本（金）、资金数额条件的企业、个体工商户等可直接向当地工商行政管理部门申请办理登记，从事化肥经营业务。企业从事化肥连锁经营的，可持企业总部的连锁经营相关文件和登记材料，直接到门店所在地工商行政管理部门申请办理登记手续。

二、规范企业经营行为

化肥经营者应建立进货验收制度、索证索票制度、进货台账和销售台账制度，相关记录必须保存至化肥销售后两年，以备查验。化肥经营应明码标价，化肥的包装、标识要符合有关法律法规规定和国家标准。化肥生产和经营者不得在化肥中掺杂、掺假，以假充真、以次充好或者以不合格商品冒充合格商品。化肥经营者要对所销售化肥的质量负责，在销售时应主动出具质量保证证明，如果化肥存在质量问题，消费者可根据质量保证证明依法向销售者索赔。化肥经营者应掌握基本的化肥业务知识，并应主动向化肥使用者提供化肥特性、使用条件和方法等有关咨询服务。

三、鼓励连锁集约经营

国家鼓励大型化肥生产、流通企业以及具备一定实力和规模的社会资本通过兼并重组等方式，整合资源，发展连锁和集约化经营。对建设和完善区域性化肥交易市场以及化肥储备、经营与现代物流设施的，各级政府要积极予以扶持。化肥交易市场要建立健全化肥产品质量管理制度，不断完善交易规则，有效保护客户的合法权益。

四、强化市场监督管理

各地区和有关部门要切实加强对化肥经营放开后的市场监管工作。农业部门应当定期对可能危害农产品质量安全的肥料进行监督抽查，并公布抽查结果。质检部门要加强化肥生产源头质量监管，加强检查，严厉查处有效含量不足、掺杂使假、标识欺诈、计量违法等行为。工商部门要加强化肥经营主体监管，加大对销售假冒伪劣化肥、虚假广告等坑农害农行为的查处力度，督促经营者建立和完善购销台账、索证索票制度，开展化肥市场信用分类监管，推进化肥市场信用体系建设。价格部门要加强对哄抬价格、串通涨价、价格欺诈以及不按规定明码标价等行为的查处。海关系统要严厉打击化肥走私。各有关部门要加强信息共享，协同开展农资打假，提高行政效能。要大力普及化肥知识，提高农民群众维权能力，畅通举报投诉渠道。要建立健全有关法律法规，依法加强监督管理工作。地方各级人民政府要维护公平竞争的市场秩序，坚决破除地方保护主义。

国务院

二〇〇九年八月二十四日

◆ 项目二：通告

一、综合技能训练

（一）引入案例

某市将在 2010 年 2 月 28 日举行大型焰火晚会，为了保障道路畅通，××市政府将对本市某些交通路段进行交通管制，请代某市政府制发一份公文。

学生习作：

以下是学生代某市政府制发的公文，请指出公文中的问题？

××市政府关于大型焰火晚会期间

对××广场及周边路段交通管制的通告

正月初二将会有很多市民到××广场观看美丽的焰火，广大市民在欣赏到璀璨的烟花的同时，会遭遇堵车的烦恼。为丰富广大人民群众的精神生活，提高群众生活质量，特发布：

2 月 8 日对××广场及周边路段实行交通管制，管制期间禁止一切车辆通行。××广场地下停车场及沈阳路、上海路和鞍山路道路两侧禁止社会机动车停放。

特此通告

×× 市政府

2010 年 1 月 30 日

（二）实训目的

通过挑上述病文的毛病并作出修改，掌握通告的正确写法。

（三）实训思路

运用教材中通告的结构和写法、写作通告应注意的问题以及通告与公告的区别等知识，挑出上述病文的毛病，提出修改思路并作出修改。

（四）实训做法

步骤一：教师组织同学们对病文进行讨论，挑出病文的毛病，教师再在此基础上进行讲评。

步骤二：教师与同学们共同讨论，确定修改病文的思路，再由同学们按修改思路改写病文，教师抽查作文进行讲评。

修改思路（供参考）：

1. 本文有何语言、表述问题？

2. 通告缘由有何不妥？

3. 主体存在何问题？

——事件交代不清楚；层次不清晰；结构头重脚轻。

二、知识训练

1.《关于使用文明礼貌语言的通告》属于_____类型：

A. 法规性通告；B. 周知性通告；C. 办理性通告；D. 行止性通告。

2. 填空题

（1）通告具有_____、_____和_____三个特点。

（2）通告具有_____、_____和_____三个类型。

（3）通告面对的是公众，一般不必写_____。

3. 下列应使用通告的是（　　）。

A. 全国人大、国务院公布 ×× 副委员长病情。

B. 南京市公安局告知高架桥施工期间的管理。

C. 中国人民银行公布国家货币出入境限额的规定。

D. 中江县红旗镇政府告知征用桑园土地的具体事宜。

4. 判断题

(1) 通告的标题中若已写发文机关,并在标题下标注了日期,则可不再写落款。( )

(2) 一般来说,禁止性通告多由政府机关发布。( )

(3) 告知性通告不是任何机关都可以发布。( )

(4) 通告没有行政强制力。( )

(5) 学校处分违纪学生可用公告。( )

(6) 商店告知顾客事项可用通告。( )

(7) ××市税务局通告。( )

(8) ××集团总公司通告。( )

5. 判断并拟题

判断下列情况应用哪种公文行文?确定文种后请拟出标题:

(1) ××航运局告知在某水域捕鱼的船只避让科学考察船队。

(2) ××××总公司向员工通报本季度业务情况。

(3) ××公司认为必须迅速告诉员工要节约用水。

(4) ××县公安局准备就近期查禁赌博事发文。

6. 通告的分类?通告和公告的区别?

三、拓展训练

下文的条款排列除不合逻辑顺序外,还存在哪些错误?并作出修改。

通　告

本渡口是××河上的重要渡口之一,过往车辆、行人很多,等候时间往往较长。为了减少等船时间,加强渡口管理,特作如下规定:

一、不准携带易燃、易爆、腐蚀性强的物品上船。违反规定擅自携带上船,被查出者,没收所带物品,并酌情予以五十元至二百元罚款。

二、凡需乘渡船过河者必须购票,机动车每辆五元,非机动车每辆三元,行人每位一元(儿童免票)。不买票者不得乘船。

三、乘客必须听从工作人员指挥,按顺序上下船。各种车辆要按指定位置停放，以保证渡船安全。

四、凡牵引牲畜过渡，到指定仓位，并购票，每头（只、四）二元。放在筐、篮等容器内的家禽、仔猪等以筐计算，每筐一元。

五、渡船开动后，乘船者不要来回走动，机动车必须熄火，牲畜必须有人看守。

六、违反规定或者在船上无理取闹、不听指挥、妨碍渡船正常航行者重罚，情节严重的扭送公安机关，依法惩处。

七、乘船者必须爱护渡船及其设备，损坏要赔偿。

河渡口管理处
2009 年×月×日

◆ 项目三：通知

一、综合技能训练

（一）引入案例

又是一年一度的中秋佳节，今年又恰逢中秋和国庆双节巧遇，国务院公布了双节连放七天的时间安排。但恰逢学院面临教学评估之际，为了使学院的评估工作顺利进行，学院把放假时间作了适当的调整。请代学院写一份中秋国庆放假的通知。

学生习作

以下是学生代某学院制发的公文，请指出公文中的问题？

关于中秋节、国庆节放假的通知

各系：

根据国务院中秋节、国庆节放假通知，今年中秋节放假时间为 9 月 22 日至 24 日（22 为中秋节），9 月 25 日、26 日（双休日）正常上班。国庆节放假时间为 10 月 1 日至 7 日，10 月 8 日、9 日正常上班。

结合学院即将面临教学工作评价实际，中秋节全院教职工放假时间为 9

月 22 日、23 日、24 日教学计划不变，25 日、26 日正常休息。国庆节教职工、学生放假时间为 10 月 1 日至 3 日。

放假期间学生可以请假外出，但是一定要按级请假。

×××学院

2010 年 9 月 18 日

（二）实训目的

通过挑上述病文的毛病并作出修改，掌握事项性通知的正确写法。

（三）实训思路

运用教材中通知的结构和写法（重点是通知标题的写法以及事项性通知的正文的写法），挑出上述病文的毛病，提出修改思路并作出修改。

（四）实训做法

步骤一：教师组织同学们对病文进行讨论，挑出病文的毛病，教师再在此基础上进行讲评。

这篇通知的主要毛病有以下几个方面（供参考）：

1. 事项部分不明了。

2. 缘由部分不简练。

3. 要求部分太简单。

参考案例

××市消防安全委员会发布了全市党的十八大保卫消防安全检查治理方案，要求全市各政府机构做好消防安全检查治理工作，特别是重点区域、重点时段的消防安全，假如你是民政局的领导，请针对你部门如何落实本方案，拟写一份通知。

学生习作：

关于转发《关于印发〈全市党的十八大保卫消防

安全检查治理方案〉的通知》的通知

各县（市）区民政局、市局各直属单位：

现将××市消防安全委员会《关于印发〈全市党的十八大保卫消防安全检

查治理方案〉的通知》转发给你们，请各县（市）民政局从即日起至党的十八大闭幕期间，在本系统部署开展火灾隐患集中排查整治行动，切实保障养老院、儿童福利院、敬老院、托老所等社会福利机构入住老人、儿童的生命安全，严防各类安全事故的发生。局属各单位认真对照附件1逐项检查，确保全市民政系统安全生产形势稳定的良好局面。局属单位于8月5日前将附件1报局工会。

各地要及时总结检查的情况，对存在的问题进行整改。市民政局将对局直属单位开展消防安全检查，对各县（市）区民政局相关情况进行督查，对发现存在重大安全隐患的，除要求立即整改以外，将严肃追究相关人员的责任。

××市民政局（盖印）

二〇一一年七月二十四日

附件：

关于印发全市党的十八大保卫消防安全检查治理方案的通知

（1）实训目的。通过挑上述病文的毛病并作出修改，掌握转发性通知的正确写法。

（2）实训思路。运用教材中通知的结构和写法（重点是通知转发性标题的写法以及转发性通知的正文的写法），挑出上述病文的毛病，提出修改思路并作出修改。

（3）实训做法。教师组织同学们对病文进行讨论，挑出病文的毛病，教师再在此基础上进行讲评。

这篇通知的主要毛病有以下几个方面（供参考）：

1. 标题表述不当。

2. 内容条理不清。

3. 成文日期不合规范。

二、知识训练

1. 根据下列材料拟写公文标题：

国家税务总局_____的通知

各省、自治区、直辖市和计划单列市地方税务局：

为了维护国家税收权益，加强对来源于中国境外所得的个人所得税征收

·201·

管理，总局制定了《境外所得个人所得税征收管理暂行办法》，现印发给你们，请结合本地实际情况认真组织实施。

执行中如有问题，请及时报告。

国家税务总局

一九九八年八月十二日

国务院办公厅_____的通知

各省、自治区、直辖市人民政府，国务院各部委、各直属机构：

国家行政学院《关于青年干部培训班有关问题的意见》已经国务院同意，现转发给你们，请认真贯彻执行。

国务院办公厅

一九九八年七月二十七日

国务院_____的通知

各省、自治区、直辖市人民政府，国务院各部委、各直属机构：

国务院同意国防科工委、国家计委国家经贸委、国家科委、财政部，外经贸部《关于加强军工科研院所与企业结合，进一步促进军转民工作的若干意见》，现转发给你们，请认真贯彻执行。

国务院

二〇〇一年七月四日

2. 指出下列公文标题中的错误，并加以修改：

（1）福乐乡村委会关于麦田灌溉供水时间安排的公告

（2）铁道部关于春运期间在部分车站旅客购票试行实名制的通知

（3）新华社关于我国将在近期发射"神舟五号"载人等航天飞船的通告

（4）院学生处关于保证夏季午休寝室内外良好秩序的公告

3. 以下四个标题，只有_____最正确。

（1）××县关于召开治理"三乱"工作会议的通知

（2）××县关于召开"三乱"会议的通知

（3）××县人民政府关于召开治理"三乱"工作会议的通知

（4）××县关于召开治理"三乱"会议的通知

4. 请分析下面的文字，判断这属于什么类型的通知？它有什么样的语言特点？

目前一些单位层层召开表彰大会，并借表彰会之机，巧立名目，滥发奖金实物，不仅浪费了国家资财，增加了财政负担，而且败坏了社会风气，为了加强廉政建设，节约财政开支，各级国家机关采取不同措施加以纠正。××市人民政府发出通知，要求各区、县原则上不再召开表彰大会。确需召开的必须报经市人民政府批准，凡经批准召开的县、区和各系统范围的表彰大会，可发奖状或口头表扬，一律不得发奖金、实物、纪念品等。各级财务部门和财会人员必须实行严格的财经监督。凡违反上述规定的，要追究领导责任，严肃处理。

5. 请修改下列标题

国务院转发国家医药管理局关于进一步治理整顿医药市场意见的通知

国务院办公厅批转关于国家旅游局进一步清理整顿旅行社意见的通知

××乡人民政府关于印发××县人民政府（1989）10 号文件

6. 判断题

（1）两个以上单位发通知，标题部分一般可以省略发文单位。（　　）

（2）除批转法规性文件外，通知的标题中一般不含书名号。（　　）

（3）发布、批转性通知的正文由批语部分和批转件部分组成。（　　）

（4）转发下级机关与同级机关的公文，应用"批转"。（　　）

（5）转发上级机关或不相隶属机关的公文，用"转发"。（　　）

（6）总公司拟用通知颁发一项内部管理办法。（　　）

（7）××市水电局将召开全市清查水库隐患工作会议，以通知行文通知各县、区水电部门提前做好工作准备。（　　）

7. 通知的分类？通告和通知的区别？

三、拓展训练

（一）下面是一篇病文，请指出其毛病并写出修改稿

××县卫生局《会议通知》

全县各食品加工业：

根据上级要求，对全县食品加工行业的安全卫生状况进行一次全面大检

查，我们拟召开食品加工行业负责人会议，现将有关事项通知如下：

一、会议时间：二〇〇八年七月十四日在县第三招待所报到，会期两天。

二、参加会议人员：全县国营、集体、个体食品加工业及县工商联各来一名负责人，各乡、镇派一名代表列席会议，不得缺席，否则一切后果自负。

三、食宿等一切费用完全由个人自理。

2008 年 7 月 10 日

（二）分析下面的公文，看看属于什么类型的通知，其事项的写作及语言
　　　各有什么特点

国务院办公厅关于继续做好

房地产市场调控工作的通知

国办发〔2013〕17 号

各省、自治区、直辖市人民政府，国务院各部委、各直属机构：

2011 年以来，各地区、各部门认真贯彻落实中央关于加强房地产市场调控的决策和部署，取得了积极成效。当前房地产市场调控仍处在关键时期，房价上涨预期增强，不同地区房地产市场出现分化。为继续做好今年房地产市场调控工作，促进房地产市场平稳健康发展，经国务院同意，现就有关问题通知如下：

一、完善稳定房价工作责任制

认真落实省级人民政府负总责、城市人民政府抓落实的稳定房价工作责任制。各直辖市、计划单列市和省会城市（除拉萨外），要按照保持房价基本稳定的原则，制定本地区年度新建商品住房（不含保障性住房，下同）价格控制目标，并于一季度向社会公布。各省级人民政府要更加注重区域差异，加强分类指导。对行政区域内住房供不应求、房价上涨过快的热点城市，应指导其增加住房及住房用地的有效供应，制定并公布年度新建商品住房价格控制目标；对存在住房供过于求等情况的城市，也应指导其采取有效措施保持市场稳定。要建立健全稳定房价工作的考核问责制度，加强对所辖城市的督查、考核和问责工作。国务院有关部门要加强对省级人民政府稳定房价工

作的监督和检查。对执行住房限购和差别化住房信贷、税收等政策措施不到位、房价上涨过快的，要进行约谈和问责。

二、坚决抑制投机投资性购房

继续严格执行商品住房限购措施。已实施限购措施的直辖市、计划单列市和省会城市，要在严格执行《国务院办公厅关于进一步做好房地产市场调控工作有关问题的通知》（国办发〔2011〕1号）基础上，进一步完善现行住房限购措施。限购区域应覆盖城市全部行政区域；限购住房类型应包括所有新建商品住房和二手住房；购房资格审查环节应前移至签订购房合同（认购）前；对拥有1套及以上住房的非当地户籍居民家庭、无法连续提供一定年限当地纳税证明或社会保险缴纳证明的非当地户籍居民家庭，要暂停在本行政区域内向其售房。住房供需矛盾突出、房价上涨压力较大的城市，要在上述要求的基础上进一步从严调整限购措施；其他城市出现房价过快上涨情况的，省级人民政府应要求其及时采取限购等措施。各地区住房城乡建设、公安、民政、税务、人力资源社会保障等部门要建立分工明确、协调有序的审核工作机制。要严肃查处限购措施执行中的违法违规行为，对存在规避住房限购措施行为的项目，要责令房地产开发企业整改；购房人不具备购房资格的，企业要与购房人解除合同；对教唆、协助购房人伪造证明材料、骗取购房资格的中介机构，要责令其停业整顿，并严肃处理相关责任人；情节严重的，要追究当事人的法律责任。

继续严格实施差别化住房信贷政策。银行业金融机构要进一步落实好对首套房贷款的首付款比例和贷款利率政策，严格执行第二套（及以上）住房信贷政策。要强化借款人资格审查，严格按规定调查家庭住房登记记录和借款人征信记录，不得向不符合信贷政策的借款人违规发放贷款。银行业监管部门要加强对银行业金融机构执行差别化住房信贷政策的日常管理和专项检查，对违反政策规定的，要及时制止、纠正。对房价上涨过快的城市，人民银行当地分支机构可根据城市人民政府新建商品住房价格控制目标和政策要求，进一步提高第二套住房贷款的首付款比例和贷款利率。

充分发挥税收政策的调节作用。税务、住房城乡建设部门要密切配合，对出售自有住房按规定应征收的个人所得税，通过税收征管、房屋登记等历史信息能核实房屋原值的，应依法严格按转让所得的20%计征。总结个人住房房产税改革试点城市经验，加快推进扩大试点工作，引导住房合理消费。税务部门要继续推进应用房地产价格评估方法加强存量房交易税收征管工作。

三、增加普通商品住房及用地供应

各地区要根据供需情况科学编制年度住房用地供应计划，保持合理、稳定的住房用地供应规模。原则上2013年住房用地供应总量应不低于过去5年平均实际供应量。住房供需矛盾突出、房价上涨压力较大的部分热点城市和区域中心城市，以及前两年住房用地供应计划完成率偏低的城市，要进一步增加年度住房用地供应总量，提高其占年度土地供应计划的比例。加大土地市场信息公开力度，市、县人民政府应于一季度公布年度住房用地供应计划，稳定土地市场预期。各地区要继续采取有效措施，完善土地出让方式，严防高价地扰乱市场预期。各地区住房城乡建设部门要提出商品住房项目的住宅建设套数、套型建筑面积、设施条件、开竣工时间等要求，作为土地出让的依据，并纳入出让合同。

各地区发展改革、国土资源、住房城乡建设部门要建立中小套型普通商品住房建设项目行政审批快速通道，提高办事效率，严格落实开竣工申报制度，督促房地产开发企业严格按照合同约定建设施工，加快中小套型普通商品住房项目的供地、建设和上市，尽快形成有效供应。对中小套型住房套数达到项目开发建设总套数70%以上的普通商品住房建设项目，银行业金融机构要在符合信贷条件的前提下优先支持其开发贷款需求。

四、加快保障性安居工程规划建设

全面落实2013年城镇保障性安居工程基本建成470万套、新开工630万套的任务。各地区要抓紧把建设任务落实到项目和地块，确保资金尽快到位，尽早开工建设。继续抓好城市和国有工矿（含煤矿）、国有林区、垦区棚户区改造，重点抓好资源型城市及独立工矿区棚户区改造；积极推进非成片棚户区和危旧房改造，逐步开展城镇旧住宅区综合整治，稳步实施城中村改造。

强化规划统筹，从城镇化发展和改善居民住房条件等实际需要出发，把保障性安居工程建设和城市发展充分结合起来，在城市总体规划和土地利用、住房建设等规划中统筹安排保障性安居工程项目。要把好规划设计关、施工质量关、建筑材料关和竣工验收关，落实工程质量责任，确保工程质量安全。要合理安排布局，改进户型设计，方便保障对象的工作和生活。要加大配套基础设施投入力度，做到配套设施与保障性安居工程项目同步规划、同期建设、同时交付使用，确保竣工项目及早投入使用。

加强分配管理。要继续探索创新保障性住房建设和管理机制，完善保障性住房申请家庭经济状况审核机制，严格准入退出，确保公平分配。加大保障性安居工程建设、分配和退出的信息公开力度。严肃查处擅自改变保障性安居工程用途、套型面积等违法违规行为。2013 年底前，地级以上城市要把符合条件的、有稳定就业的外来务工人员纳入当地住房保障范围。要加强小区运营管理，完善社区公共服务，优化居住环境。

五、加强市场监管和预期管理

2013 年起，各地区要提高商品房预售门槛，从工程投资和形象进度、交付时限等方面强化商品房预售许可管理，引导房地产开发企业理性定价，稳步推进商品房预售制度改革。继续严格执行商品房销售明码标价、一房一价规定，严格按照申报价格对外销售。各地区要切实强化预售资金管理，完善监管制度；尚未实行预售资金监管的地区，要加快制定本地区商品房预售资金监管办法。对预售方案报价过高且不接受城市住房城乡建设部门指导，或没有实行预售资金监管的商品房项目，可暂不核发预售许可证书。各地区要大力推进城镇个人住房信息系统建设，完善管理制度，到"十二五"期末，所有地级以上城市原则上要实现联网。

加强房地产企业信用管理，研究建立住房城乡建设、发展改革、国土资源、金融、税务、工商、统计等部门联动共享的信用管理系统，及时记录、公布房地产企业的违法违规行为。对存在闲置土地和炒地、捂盘惜售、哄抬房价等违法违规行为的房地产开发企业，有关部门要建立联动机制，加大查处力度。国土资源部门要禁止其参加土地竞买，银行业金融机构不得发放新开发项目贷款，证券监管部门暂停批准其上市、再融资或重大资产重组，银行业监管部门要禁止其通过信托计划融资。税务部门要强化土地增值税的征收管理工作，严格按照有关规定进行清算审核和稽查。住房城乡建设、工商等部门要联合开展对房屋中介市场的专项治理工作，整顿和规范市场秩序，严肃查处中介机构和经纪人员的违法违规行为。有关部门要加强房地产开发企业资本金管理，加大对资产负债情况的监测力度，有效防范风险。

各地区、各有关部门要加强市场监测和研究分析，及时主动发布商品住房建设、交易及房价、房租等方面的权威信息，正确解读市场走势和有关调控政策措施，引导社会舆论，稳定市场预期。要加强舆情监测，对涉及房地产市场的不实信息，要及时、主动澄清。对诱导购房者违反限购、限贷等政策措施，造谣、传谣以及炒作不实信息误导消费者的企业、机构、媒体和个人，要进行严肃处理。

六、加快建立和完善引导房地产市场健康发展的长效机制

各有关部门要加强基础性工作，加快研究提出完善住房供应体系、健全房地产市场运行和监管机制的工作思路和政策框架，推进房地产税制改革，完善住房金融体系和住房用地供应机制，推进住宅产业化，促进房地产市场持续平稳健康发展。

国务院办公厅
2013 年 2 月 26 日

◆ 项目四：通报

一、综合技能训练

（一）引入案例

某连战士王××等 5 人不假外出，私自到驻地白庄乡街头与社会青年打台球。打球时因与社会青年发生矛盾，引起打架斗殴事件，在当地造成了恶劣的影响，为了警示部队，教育本人，经连部研究决定，给予王××等五人作出通报批评。请代连部制发这份批评通报。

学生习作：

以下是学生代某连部制发的公文，请指出公文中的问题？

关于王×等五名战士违纪事件的通报

各营、直属单位：

王×系我旅三连上等兵，平时作风松散，组织纪律观念较差，曾先后3次因不假外出，受到连队干部批评。今年9月24日，王×趁午休时间，私自到驻地白庄乡街头与社会青年打台球。王先胜一盘，社会青年刘某不服气。在进行第二盘比赛时，王开球，一杆捅进3个球，刘某说王犯规，王不承认，随后两人发生了争吵。正在这时，本连外出购物的4名战士路经此地，其中有2名是王的老乡。王感到有人助威，遂动手打了刘一拳。刘不甘示弱，边还击边唤在场的其他社会青年帮架，5名社会青年一拥而上，将王按倒在地，拳打脚踢。见此情景，4名战士迅速上阵，王的2名老乡将刘按倒在地，朝其臀部猛踢。结果酿成了一场群架。旅领导得知情况后，迅速与驻地派出所取得联系并制止了事态的发展。双方在冲突中，有2名战士、3名社会青年受伤。

这次群架斗殴事件是一起性质极其恶劣的严重违纪事件，在社会上造成一定的负面影响，破坏了我部长期以来在驻地群众中树立的良好形象。为警示部队，教育本人，经三连党支部上报，旅党委研究决定，对王×等5人作出以下处理：

三连从×月×日至×日进行为期×天的作风纪律整顿；王×警告处分一次，并在旅军人大会上作检讨；给予×××、×××等四人通报批评，并在连队军人大会上作检讨，作出深刻反省。

此次群架斗殴事件，暴露出我部基层管理教育存在许多漏洞，主要有以下三个方面：一是重点对象不关注。王曾三次不假外出，说明该士兵作风散漫，纪律观念差，连队主官虽曾经批评教育过，但却不看结果，不追踪观察其是否真的改正错误，致使其再次私自外出，并发生违纪事件。二是八小时外不严控。旅党委下发《关于八小时外人员从严管理的规定》刚刚一个月，某些单位自以为是过了风头，便放松了八小时外管理，不假外出人员不占少数。三是活动组织不广泛。每个连队俱乐部都配有乒乓球桌、台球桌等娱乐设施。但王×仍然宁愿私自外出打台球，反映了基层单位文化活动组织不够广泛、不够深入。

根据存在的问题，各单位坚持依法治军、从严治军，以此次违纪事件为警示，抓好部队正规化建设。一是正确引导官兵思想。针对老兵、新兵、士官等不同对象做好思想工作，实事求是地分析问题、彻彻底底地解决问题。二是抓好基层文化教育。开展好科学文化教育是提高部队官兵素养的重要途径，要努力为官兵创造优越的学习环境。另一方面，要将文体活动组织得有特色、有吸引力，使官兵的才能得到最大程度发挥，为集体出谋划策，凝聚党支部向心力。三是要严格落实法规制度。前段时间旅党委下发的《关于八小时外人员从严管理的规定》具有很强的指导性和可操作性，如果三连严格执行《规定》，完全可以避免群架事件的发生。这就警示我们，一定要严格按照规章制度办事。

×集团炮兵旅司令部

×××年×月××日

（二）实训目的

通过挑上述病文的毛病并作出修改，掌握通报的正确写法。

（三）实训思路

运用教材中通报的结构和写法、通知与通报的区别及通报的写作要求等知识，挑出上述病文的毛病，提出修改思路并作出修改。

（四）实训做法

方案一：在教师的启发下，组织同学们讨论上文存在的问题，并提出修改思路。

方案二：在同学们讨论的基础上，教师给出如下的修改思路，供同学们参考：

1. 标题制作不符合要求，违纪事件不具体；

2. 开头直接交代事情经过不妥；

3. 影响及危害、处理决定的写法与通知、通报二个文种混淆了；

4. 总结归纳的四条教训不是很贴切；

5. 提出的希望和要求比较笼统，针对性不强；

6. 多处语言表述不规范，语意不明。

二、知识训练

1. 以下用何文种行文

材料一：

为净化市场环境，让法律更好地为社会服务，××省司法厅晓谕全省各地司法局：凡未正式注册律师身份的律师工作者不得从事诉讼辩护活动。

材料二：

因检修管道，从 8 月 20 日上午 9 点至 21 日凌晨 1 点，城南××片区暂停供水，请该地区用户提前做好准备。

材料三：

回迁通知：原住××区××街的动迁户，于明年 6 月底前回迁。请所有回迁户持动迁证、动迁协议书以及交款单据，于明年 5 月底前，到我公司办理回迁手续。具体办理时间：上午 8 时至 12 时，下午 2 时 30 分至 5 时 30 分。

特此通知

××房地产开发公司

2. 下面的文字是通报的节选，请你分析一下这段文字属于通报的哪个组成部分，有什么样的语言特点？

武汉工业大学教师石国建同志，面对突然降临的灾难，在自己身负重伤的情况下，奋不顾身救助伤员，并号召、组织党员和解放军旅客形成抢险集体，投入救援行动，体现了一名共产党员的先锋模范作用。石国建同志的儿子，武汉工业大学建筑学院二年级学生石虎在以父亲为代表的共产党员和解放军集体的感召下，与大家一道投入救援行动，展现了一名大学生积极向上的精神风貌和舍己救人的高贵品质。

3. 判断题

试判断下列事项哪些可以用通报行文。

A. ××总公司拟宣传奋不顾身抢救落水儿童的青年工人的事迹。（　　　）

B. ×厂拟向市工业局汇报本厂遭受火灾的情况。（　　　）

C. ×市安全办公室拟向各有关单位知照全市安全大检查的情况。（　　　）

D. ×县县政府拟公布加强机关廉政建设的几条规定。（　　　）

E. ×市水电局将召开水利建设工作会议，需告知各县、区水电部门事先做好准备。（　　　）

· 211 ·

F. ×县纪委拟批评×局×××等干部玩忽职守、造成国家经济损失的错误。（　　）

4. 比较下面两段文字，说说哪个更符合通报中的叙述，为什么？

（1）某集团公司总工程师黄志清，在带队赴德国进行技术考察期间，拒绝该国企业高薪聘请及定居安排，不参加外方安排的带色情性质的娱乐活动，带领考察组成员圆满完成考察任务后按时回国。

（2）黄志清同志是某集团公司总工程师。2011年8月，为解决公司车间关键设备技术难题，他带领公司5名技术人员赴德国有关企业进行技术考察。到德国后他不休息，立即带领考察组成员赶赴有关企业开展技术考察。他克服重重困难，在极短的时间内收集了大量解决技术难题的重要资料，并提出初步方案。他这种实干精神和解决技术难题的才干令外方叹服不已。某著名大公司董事长亲自到考察组下榻处，提出以高薪聘请黄志清同志为该公司技术部主管，并为他定居德国作了安排。对外方提供的优厚待遇，黄志清同志没有动心，只说了一句话："我的事业在我的祖国，我的寄托在我们公司"，便婉然拒绝了外方的请求。为挽留黄志清，外方还专门为他举办酒宴。当黄志清同志得知酒宴后安排有带色情性质的娱乐活动时，当即退场离去。黄志清同志在圆满完成考察任务后，毅然率考察组按时回国。

三、拓展训练

请评析下面这份通报，分析其结构内容及其语言特点。

国务院安委会办公室关于近期三起重大道路交通事故情况的通报

各省、自治区、直辖市及新疆生产建设兵团安全生产委员会：

2013年8月以来，安徽、云南、河南境内先后发生三起重大道路交通事故，分别是：

8月9日3时30分左右，上海瑞锦旅游客运有限公司一辆号牌为沪B67525号的大型客车，行驶至蚌合高速安徽省合肥市境内时，与安徽春雨物流有限公司一辆号牌为皖S55940/SC859挂的重型半挂汽车列车发生追尾碰撞，造成大客车上10人死亡、36人受伤。据初步调查，事故直接原因是大客车驾驶人疲劳驾驶。

8月11日8时10分左右，一辆号牌为云DV5586的个人所有面包车（核载 7 人、实载 15 人），在云南省曲靖市罗平县一村道发生翻坠事故，造成面包车上 11 人死亡、4 人受伤。据初步调查，事故直接原因是车辆在急弯陡坡、路面湿滑路段行驶时速度过快。

8 月 12 日 16 时左右，河南省周口市金豫汽车运输公司一辆号牌为豫 PP6696 的重型货车，行驶至 312 国道河南省信阳市光山县境内时，与对向信阳市运输集团有限责任公司第三客运公司一辆号牌为豫 SA0905 的大型普通客车发生侧面碰撞，造成 11 人死亡、10 人受伤。据初步调查，事故直接原因是重型货车驾驶人疲劳驾驶。

上述事故集中发生在全国深入开展安全生产大检查期间，给人民群众生命和财产安全造成重大损失，且普遍存在严重非法违规行为和重大交通安全隐患，性质恶劣、后果严重。事故充分暴露出当前部分地区道路交通安全大检查和日常安全监管执法等工作未真正落到实处：一是客运市场和道路交通安全监管不到位，部分地区客运包车长期非法从事班线客运，长途客车夜间停驶或接驳运输的政策未有效执行；二是打非治违不得力，农村地区超员等非法违规行为突出；三是货运车辆安全隐患排查整治不彻底。

为深刻吸取事故教训，使各地区、各有关部门和单位真正警醒起来，采取有力措施遏制近期重大道路交通事故多发的势头，现提出以下要求：

一、认真开展道路交通安全大检查工作

各地区、各有关部门要迅速对客运包车开展一次全面彻底的清查，认真审核包车标志牌申请材料，GPS 监控系统故障、未安装安全带的不予批准包车标志牌。要充分运用全国重点营运车辆联网联控系统，将包车申请的线路与实际运营情况进行认真比对，严查不按审批路线行驶、非法从事班线运输等行为；要对企业 GPS 动态监控系统的应用管理情况进行深入排查、彻底整治，坚决防止和纠正 24 小时动态监控要求不落实、企业内部管理处罚措施不到位等问题，严防凌晨 2 时至 5 时车辆违规运行的情况发生；要继续深化"大排查、大教育、大整治"货车违法行为专项行动，运用公安交通管理综合应用平台对货车逾期未检验、逾期未审验、违法未处理的情况进行一次再清理，通过手机短信、电话或书面形式逐一告知当事人，确保隐患及时得到处理。对道路交通安全大检查期间发现的安全管理混乱、存在重大安全隐患的企业，要依法责令停业整顿，对整改不达标的按规定取消其相应资质。

二、严厉打击道路交通非法违规行为

各地区、各有关部门要抓住超速、超员、超载、疲劳驾驶、非法营运等严重危害道路交通安全的行为，突出客车、货车、农村面包车等重点车辆，严厉打击道路交通非法违规行为。要科学布警设点，根据当地实际，在辖区划定管控的重点路段、重要节点，设立固定执勤点和临时管控点，对发现的交通违法行为及时查处；要提高农村地区路面巡查管控的针对性，确保农民赶集、赶场等重大节日活动期间主要路段和节点不能漏管失控，并进一步落实责任，对勤务定人、定车、定时；要进一步完善动态监控系统的功能，严格按照客运车辆夜间行驶速度不得超过日间限速80%的规定设定夜间超速报警，严防车辆夜间超速行驶；要加强对营运车辆异地经营行为的监督管理，按照规定定期上报、汇总、抄告对外省籍营运车辆非法违规行为的查处情况，加强对车辆营运全过程的监管。

三、从严从快查处道路交通事故

各地区、各有关部门要提高道路交通事故调查工作效率，加快工作进度，严肃处理肇事车辆所属企业、单位及有关部门责任人员，并提出有针对性的整改意见，切实用事故教训推动安全生产工作。要及时公布事故调查处理结果，运用典型事故案例开展警示教育，举一反三，完善安全措施，接受社会监督。

国务院安委会办公室将于近期派工作组，对有关地区道路交通安全工作进行督导。

国务院安委会办公室
2013 年 8 月 16 日

◆ 项目五：报告

一、综合技能训练

（一）引入案例

200×年××县××乡××屯发生石山崩塌灾情，灾情发生后，市委、市政府和××县委、县人民政府马上组织抢险救灾工作，你作为政府的工作人员，及时把抢险救灾情况向省政府汇报，让上级及时了解相关情况，以便做出相应的应急方案。

学生习作：

以下是学生代某市政府制发的公文，请指出公文中的问题？

关于××县××乡××屯发生石山崩塌造成严重损失情况的报告

××副省长：

今年七月十日下午两点多，我市××县××乡××屯后面的石山发生崩塌，塌下山石九千九百立方米，造成的损失无法估量。受灾的有十多户、近百人；死亡十余人，受伤九人；倒塌房屋七十多间；压死生猪二十多头；损失粮食六千多斤。

灾情出现后，我市委、市政府和××县委、县人民政府高度重视，坚决贯彻以人为本的理念，马上组织抢险救灾工作组赴现场抢险救灾，当即发给受灾群众每人大米七点五公斤，面条一点五公斤，食油零点五公斤，洗衣粉两包（一公斤），以及日常生活用品等十九种。并组织民兵应急小分队三百多人投入抢险救灾。灾民的吃、穿、住、行已得到初步安排。并计划每人安排两个月的口粮。灾民情绪稳定，××县广大干部、职工发扬"一方有难，八方支援"的精神，共捐献衣物×件，帐篷×顶，人民币××元。这些款物均已及时发到灾民手中。目前，救灾各项工作正在有组织、有秩序地进行中。

××市政府

二〇〇×年×月×日

（二）实训目的

通过训练，能较熟练地利用材料写作报告。

（三）实训思路

学习报告的结构与写法，模仿教材中事故情况报告例文，写出这篇事故情况报告。

（四）实训做法

教师引导同学们学习教材中事故情况报告例文及事故情况报告写作模式，再阅读分析上述材料，进行写作。

事故情况报告写作模式：

灾情＋损失＋直接原因 ＋深层原因＋教训＋ 处理情况＋结果＋态度＋措施。

方案一：在教师的启发下，组织同学们讨论上文存在的问题，并提出修改思路。

方案二：在同学们讨论的基础上，教师给出如下的修改思路，供同学们参考：

1. 标题欠规范、简洁；

2. 主送机关不当；

3. 概念不准确；

4. 判断欠妥当；

5. 逻辑顺序不尽合理；

6. 略带八股腔。

二、知识训练

1. 填空题

下级机关向上级机关汇报某一阶段的工作情况，使用的公文是_____。

某地发生一起突发性重要事故，要将此事故的发生原因、过程、结果、性质和处理意见反映给上级，用_____行文。

下级机关向上级领导机关或主管机关提出工作建议，可用_____行文。

报告具有_____和_____两个特点。

报告可分为_____、_____和_____三种类型。

2. 判断题

在工作报告中可提出有关工作建议，要求上级机关认可。（　　　）

有的工作报告在提出工作建议的同时，还要求上级机关将此报告批转给下级机关执行，这种报告的结尾通常用"如无不妥，请批转有关部门执行"。（　　　）

报告的行文方式主要以概括叙述和说明为主。（　　　）

工作报告可以写本单位进行到一半的工作。（　　　）

情况报告只需要写出事件的发生原因和经过。（　　　）

3. 多项选择题

（1）适用于报告写作的事项有（　　）。

A. 向上级汇报工作，反映情况

B. 向下级或有关方面介绍工作情况

C. 向上级提出工作建议

D. 答复群众的查询、提问

E. 答复上级机关的查询、提问

（2）工作报告的内容包括（　　）。

A. 经常性的工作情况

B. 偶发性的特殊情况

C. 向上级汇报今后工作的打算

D. 对上级机关的查问做出答复

E. 向上级汇报的工作经验

（3）适合作报告结尾的习惯用语有（　　）。

A. "特此报告"　　　　　　　　B. "以上报告，请批复"

C. "以上报告，请审示"　　　　D. "请批准"

E. "如无不妥，请批准"

◆ 项目六：请示

一、综合技能训练

（一）引入案例

某电力局要对本辖区内的某些路段进行农网二期改造，中标单位××电力公司因材料涨价，导致工程投资增加，为了顺利完成工程工期，特向上级机关请求增加投资资金，请你代×电力公司制作一份申请增加投资的公文。

学生习作：

以下是学生代电力公司制发的公文，请指出公文中的问题？

关于××110KV输变电工程增加投资的申请报告

××电力公司：

我局农网二期建设改造工程，××110KV输变电工程项目，为与××城市总体规划相配套，市政府及市规划土地管理局要求该站110KV进线自北塔路北侧以110KV电缆入地至变电站内，长度约580米，由此引起该站投资较原科研报告投资增加284万元（110KV电缆价格330元/米，电缆头6万元/个），请予批复。

附件：投资估算表

2003年7月24日

（二）实训目的

通过训练，能较熟练地掌握请示的写作。

（三）实训思路

在学习请示的使用范围及特点、请示的结构与写法、请示与报告的异同等知识点之后，阅读分析训练题以完成训练。

（四）实训做法

教师组织同学们讨论应如何写作这篇请示，再在讨论的基础上确定写作思路，让同学们根据写作思路作文。

修改思路：

1. 标题欠严谨，文种用错；

2. 正文表达混乱，语气生硬，缺乏请示应有的特征；

3. 结语不符合请示的要求。

二、知识训练

1. 从下列公文的发布者及名称看，文种使用正确的是（　　　）。

A. 某县公路局《关于高速公路维修封路问题的公告》

B. 某市教育局《关于某某学校乱收费问题的通报》

C. 某县教育局致某民间慈善基金会《关于商请助学资金赞助问题的请示》

D. 某省财政厅致该省人民政府《关于上报财政预算问题的函》

2. 在"请示"的写作中，应该重点阐述的部分是（　　　）。

（A）所请示事项的现实意义

（B）所请示事项的理由

（C）所请示事项的目的

（D）所请示事项的背景

3. 请根据下文回答第 1 题至 6 题

关于请求派车运送民工的请示

××省交通厅各位领导：

　　为做好今年的春运工作，及时运送在我省工作的外省民工回家过年，我省组织了民工运送专门车队，有着很好的社会影响，估计也会有较好的经济效益。但由于我们力量有限，恐怕不能满足民工要求。特请贵省派出大型客车 20 辆，与我省组成运送民工车队，负责运送贵省在我省工作的民工。

　　请尽快批复，以便办理手续。

　　谢谢！

××省交通厅
2003 年 1 月 15 日

（1）文中标题上不当之处是（　　　）。

A. "关于……的……"句式运用

B. "请求"与"请示"重复

C. 文种错误，应用函

D. 事由概括不够精当

（2）主送对象在写作上的不当是（　　　）。

A. 应在前加"尊敬的"三字　　　B. 应去掉"各位领导"

C. 空两格写　　　　　　　　　　D. 没有不当之处，正确

（3）"为做好今年的春运工作，……估计也会有较好的经济效益"一段文字中，应当（　　　）。

A. 去掉对社会影响和经济效益的说明

B. 去掉这一段文字

C. 应当对社会影响重点说明

D. 应当对经济效益重点说明

（4）结尾部分，要求对方派车 20 辆（　　　）。

A. 需要说明该数字产生的理由

B. 说明清楚，便于对方工作

C. 有向对方布置工作的意味，不妥

D. 不应该具体数字，便于对方根据实情决定

（5）文末部分，（　　　）。

A. 应删掉"谢谢"

B. 发文机关应加盖公章

C. 日期应写为"2003 年 1 月 15 日"

D. 日期应写为"二〇〇三年一月十五日"

（6）分析上面公文文本，写出修改稿。

4. 判断题

缘由是否有理有据是请示事项能否得到上级机关批准的关键。（　　　）

凡必须得到上级机关批准和指示后才能办理的公务，都可用"请示"行文。（　　　）

请示一般只写一个主送机关和领导人。（　　　）

请示如需有关上级单位知道，可用抄送形式。（　　　）

受双重领导的机关向上级机关请示，应当写明两个主送机关。（　　　）

请示不得下发给下级机关。（　　　）

为提高办事效率，同一份请示可请求指示或批准若干事项。（　　　）

情况紧急可以越级请示。（　　　）

报告和请示都是陈述性公文。（　　　）

5. 多项选择题

（1）适合请示的事项有（　　　）。

A. 向上级汇报工作情况，请求上级指导

B. 下级无权解决的问题，请求上级机关作出指示

C. 下级无力解决的问题，请求上级机关帮助解决

D. 按规定不能自行处理，应经上级批准的事项

E. 工作中出现的一些涉及面广而下级无法独立解决必须请求上级机关协调和帮助的问题

（2）下列事项中，应该用请示行文的有（　　）。

A. ××县教育局拟行文请求上级拨款修复台风刮毁的学校

B. ××县政府拟行文向上级汇报本县灾情

C. ××集团公司拟行文请求上级批准引进肉食品加工自动化生产线

D. ××海关拟行文请求上级明确车辆养路费缴纳标准

E. ××市政府拟行文向上级反映农民负担增加的情况

（3）"请示"应当（　　）。

A. 一文一事

B. 抄送下级机关

C. 一般只写一个主送机关

D. 不考虑上级机关的审批权限和承受能力

（4）下列标题中正确的有（　　）。

A. ××分公司关于请求批准开发新产品的报告

B. ××县人民政府关于解决我县高寒山区贫困户移民搬迁经费的请示

C. ××县人民政府关于请求将××风景区列为省级自然保护区的请示报告

D. ××公司关于解决生产用地的请示

E. ××省移民办公室关于对移民区域作适当调整的请示

（5）请示的下列结语中，正确的有（　　）。

A. 特此请求，请批复　　　　　　B. 当否？请批准

C. 可否，请批复　　　　　　　　D. 请审批

三、拓展训练

请分析评价下面请示的写作方法及特点。

关于解决社区矫正监控管理系统建设经费的请示

县人民政府：

社区矫正是社会管理创新的重要内容，是司法体制改革和加强特殊人群管理的重要举措。

为加强社区矫正人员管理，根据司法部《社区矫正管理信息系统技术规范》和《社区矫正人员定位系统技术规范》、《关于开展社区矫正规范化建设

的实施意见》（×司发［2013］××号）的要求，××司法局同中国电信股份有限公司××分公司合作建设一套社区矫正监控管理系统，运用手机定位管理的方式对社区矫正人员进行监督管理。该系统预算经费××万元（附预算经费表）。根据省、市要求县司法局同××市××心理咨询公司合作，就矫正对象的心理健康教育、心理测试、心理咨询、心理危机干预或心理治疗，建立心理健康档案和矫治效果评估，提高社区矫正对象的心理健康水平，增强其服刑意识，预防和减少重新犯罪，该项合作每年需经费2万。以上两项共需经费18.08万元，特请求县人民政府财政解决为盼。

××县司法局

2013 年 7 月 30 日

◆ 项目七：函

一、综合技能训练

（一）引入案例

××自然村因发展的需要，急需修建连接其他两个自然村的一条村级公路，村民虽自筹了部分资金，但资金缺口仍很大。为了响应中央建设社会主义新农村战略，××村村委会决定向××交通局申请改扩建这条村级路的资金。请代村委会写相关公文。

学生习作：

以下是学生代某村委会制发的公文，请指出公文中的问题？

关于请示拨款修建村级公路的报告

××市交通局：

我向阳村、大地村、龙井村是××镇××村委会管辖的三个自然村。同属于革命老区村庄。由于地理环境条件和种种原因，时到今天从向阳村到××墟有一段8公里长的泥路，弯度大，路面差。这段路是村民每日出街的必经之路，与生产、生活息息相关，该路段经黄州，途经大地村大部分路段是当地有关村民自发修建的泥路。但崎岖不平的山路给村民们生产、生活以及商品流通带来诸多的不便，尤其是在下雨天，这样泥泞的山路更加寸步难行，更不用说使用现代化交通工具了。更有甚者在下雨天，学生上学、走路、坐自行车因路滑，跌伤多人严重影响了学生学习。由于道路所致，仅5月份在此路段发生的货车侧翻事故就有多起，造成经济损失10多万元。

基于上述情况，三个村的村民一直被这段泥路所折腾着。当前全党全民坚持科学发展观，建设社会主义新农村正在深入开展，发展生产提高生活质量，彻底改变农村交通落后面貌，为此，我们村民共同提出扩路，修建水泥路面硬底化的要求，目前大多数村民都是在家务农，经济收入较低，并不富裕，虽村民自筹了一部分款，但与修路款相比还远远不够。

经核查此路全长15公里，要把上述路段建成宽×米，厚×米的水泥路，至少还要资金××万元。为此，特恳请贵局对上述老区自然村村路的贯通拨款××万元，解决修路的资金。

以上报告，恳请批复，谢谢！

××市××镇××村委会××村

2009年7月13日

（二）实训目的

通过挑上述病文的毛病，熟练掌握函的写法。

（三）实训思路

运用教材中函的特点、函的结构和写法、函的写作要求等知识，挑出上述病文的毛病，提出修改思路并作出修改。

（四）实训做法

在教师的启发下，组织同学们讨论上文存在的问题，并提出修改思路。同学们再在此基础上改写，教师最后讲评。

修改思路：

1. 文种选择有误。主送机关与发文机关是不相隶属机关；

2. 行文欠简洁明了，层次不尽清晰；

3. 语言文字瑕疵较多；

4. 成文时间书写不正确；

5. 漏一个附件。

申请修建公路的拨款，应有工程的预算表，让主管部门核查款数是否正确。

二、知识训练

1. 这是一篇答复函的开头节选，请分析其写法

贵厂《关于请求协助解决技术人员进修外语的函》（×厂〔2003〕18号）收悉，现答复如下：

经与外语系研究，同意接受贵厂10名技术人员到我校英语强化班进修。关于经费、时间安排等具体事宜，请贵厂速派人到我校与外语系有关人员作具体商议。

2. 填空题

函具有_____、_____和_____三个特点。

函按内容和用途可分为_____、_____、_____和_____四个类型。

函按文本格式分类可分为_____和_____。

函按行文方向分类可分为_____和_____。

3. 判断题

请批函与请示的共同点是"请求批准"。（　　　）

县教育局向县财政局要求拨建校款项用请示行文。（　　　）

便函不是函。（　　　）

函追求短小精悍，因而复函不必引用对方来函的标题及发文字号。（　　　）

三、拓展训练

1. 下面是一组陶瓷器皿交易的商务信函，从询盘到报价，从价格磋商到最终成交，反映了一次商务交易的全过程，从中可了解各类商务信函在商务交易中的不同功用。请分析函的写作手法（此案来源于《应用写作》）

商函之一：

中国天津轻工业品进出口公司：

通过商界朋友的介绍，得知贵公司是天津陶瓷器皿的独家出口者。

我公司经销陶瓷器皿已有多年历史，在此期间是最大的批发兼零售者之一。我公司愿与贵公司建立贸易关系。为此请将贵公司经营的陶瓷器皿目录

及价单寄来，以便我公司考虑试购一批作为开端，如蒙寄来几只实样，更为感激。价格要 CIF 伦敦，包括 5% 佣金，并希望附告大概的装运期。

等候贵公司的回信。

美国××贸易有限公司

2000 年 10 月 2 日

商函之二：复函

美国××贸易有限公司：

顷接贵公司 10 月 2 日来函，询购我陶瓷器皿，甚为高兴。

今遵嘱附上 CIF 伦敦报价单一份，包装情况具在价单上列明，请参考。

为了早日达成开笔交易，已另邮寄有关目录两册及实样（口盘、茶盘各 3 只）。我们相信我方商品的外形及质量均可获得贵公司的满意。请即选购一试。

通常我方能接受的起码数量是每订单要 5 标准箱，以满足起码运费。见证后 50 天内付运。既然贵公司试购，数量可随意，交期也可更快些。顺告，我们的付款条件是即期信用证或预付。

期待早日试购，顺祝商安。

附件：报价单一份

骆驼牌陶瓷茶盘第 90 号，1000 标准箱，每箱 20 打，CIF 伦敦佣金 5%，每打 15 美元。交货期：2000 年 12 月。付款条件：不可撤销即期信用证，最迟在交货期前一个月开到，在中国议付。信用证有效期间应为装船后 15 天。上述发盘 10 月 30 日复到有效。

中国天津轻工业品进出口公司

2000 年 10 月 20 日

商函之三：

中国天津轻工业品进出口公司

很高兴收到贵公司 10 月 20 日的来函。目录、价单及有关样品也于今日收到。谢谢。我们对贵公司产品的外形的质量非常满意。只是价格较香港货略嫌高昂，如能在贵方价格的基础上削减 5%—7%，来日大量订购将不成问题。

现本着早日达成大量交易的宗旨，我们先不商讨价格问题，而决定按贵公司价试购一小批以试探销路。今把试购订单 101 附上。货款 US￥300，已通过中国银行电汇。收到后望及时发货并告船名、船期为荷。

请相信，我们努力推销，多揽订单，以谋互利。为此，请在价格方面再行考虑优惠些，以利今后经常性大量订购。

附件：试购订单 101 一份

美国××贸易有限公司

商函之四：

美国××贸易有限公司：

贵公司 11 月 18 日来函及试购订单收悉。今随函附去我方售货合同第 89G－153 号一式三份，望签字后退还一份，供我方保存参考。

货款已收到，有关货物将尽快发运，船名、船期也即奉告。

关于贵方提出的价格要求，我方已慎重考虑。香港货质量比我方低下，这是多年来各地经销商一致的评价，所以不能答应贵方的减价要求。为促进双方业务往来，我方打算根据订购数量的大小，在佣金 5% 以外适当给予折扣。即购满 10 箱者给予折扣 2%；20 箱者 3%；30 箱及以上者 4%。

不知贵方意见如何？望来函告知。

中国天津轻工业进出口公司
2000 年 12 月 10 日

商函之五：

中国天津轻工业进出口公司：

贵公司 12 月 10 日来函收悉。同意你方关于价格给予折扣的建议。我们决定大量订购。不日将派人前往，就有关具体问题进行洽谈。

愿双方业务往来日益密切。

美国××贸易有限公司
2000 年 12 月 16 日

2. 以下是一篇函，请你分析存在什么样的问题，并予以修改。

关于对天然林保护情况开展调研的函

××市林业局：

根据市政协工作安排，市政协副主席、市民革主委叶××组织市政协民革界委员，于2011年10月10日赴市林业局就我市天然林保护问题开展调研。现将调研有关事宜通知如下：

一、　调研目的

市委二届九次全会审议通过《××市生态文明建设纲要》，市政协民革界别委员将紧紧围绕全会提出的生态文明建设目标和具体部署，通过对我市天然林保护问题开展调研，了解天然林保护的现状以及存在的主要问题，研究向市委、市政府提出意见和建议，促使我市天然林健康、可持续发展，为推进我市生态文明建设，把××市建设成为我省生态屏障提供有力支撑。

二、　调研行程安排

10日（星期五）下午2：45到市林业局听取有关我市天然林保护问题的情况介绍（请提供书面材料）。

三、　调研组人员

1. 调研组组长：市政协副主席、民革市委主委叶××。

2. 调研组成员：市政协委员傅××、章××、黄××、彭××、何××。

希望你们接此通知后，认真做好协助调查工作。

特此函告

政协××市委员办公室
2011年10月7日

联系人：黄××；联系电话：×××××

病文析评：

1. 发文目的材料分散、文字冗长，商洽联系的事宜不够清楚、明确。

2. 本文的主题不清楚。请求协助对天然林保护情况开展调研，因此一定要说清楚调研的具体内容。

3. 语言不得体，缺乏礼貌。文中有多种语言带有命令式语气"现将调研有关事宜通知如下""希望你们接此通知后，认真做好协调调查工作"。

◆ 项目八：意见

一、综合技能训练

（一）引入案例

××县近期连续遭受暴雨袭击，6 月 20 日上午，位于巴巫山西侧的山体出现大面积滑坡，造成永乐村 5 组受损，县政府为了妥善处理此次事故，提出了对事故的处理意见。请代县政府撰写相关公文。

学生习作，试指出其存在的毛病：

××县关于处理山体滑坡事故的意见

××市人民政府：

由于我县近期连续遭受暴雨袭击，6 月 20 日上午，位于巴巫山西侧的山体出现大面积滑坡；除毁林近百亩外，还使位于山下的永乐村 5 组的 11 户农房被毁，7 头牲畜死亡；幸好山体滑坡发生在白天，故无人员伤亡。为处理好这一事故，特提出如下意见：

一、巴巫山体仍有滑坡的可能，加之永乐村地处山区，远未脱贫，建议干脆将该村的全部 250 户村民迁往市外安置，请国家按三峡移民迁建政策，给这 250 户村民予以一次性补贴。

二、请上级速派有关专家来现场排除滑坡险情，若排险成功，我县可酌情给有关专家作点小小的表示。

三、请上级顺便给我县拨 20 万元排险救灾款。

××县人民政府办公室

2002 年 6 月 27 日

（二）实训目的

通过挑上述病文的毛病，熟练掌握意见的写法。

（三）实训思路

运用教材中意见的特点、意见的结构和写法、意见的写作要求等知识，挑出上述病文的毛病，提出修改思路并作出修改。

（四）实训做法

在教师的启发下，组织同学们讨论上文存在的问题，并提出修改思路。同学们再在此基础上改写，教师最后讲评。

修改思路：

（1）所提的措施缺乏可操作性针对性。此篇病文是下级机关向上级机关提出工作建议的上行文，写明提出意见的依据、背景和目的，事项部分是下级机关对有关问题或某项工作提出的见解、建议或解决办法。事项部分要符合政策法规，有理有据，具有合理性或可操作性。呈报类建议意见一般用"以上意见供领导决策参考"、"以上意见供参考"作结。

（2）语言不准确，随意性很大。

（3）意见中夹带了请示的事项。

二、知识训练

1. 填空题

意见具有_____、_____、_____和_____四个特点。

意见可分为_____、_____和_____三种类型。

建议性意见又分为_____和_____两种类型。

2. 判断题

意见适用于表达要求下级机关和有关单位需要周知或共同执行的事项。（　　）

意见适用于对上级机关提出工作建议。（　　）

下层机关的意见一般具体性、可操作性较强。（　　）

呈转类建议意见的写法、用法都与呈转类建议报告相似，且都希望成为"形式上的上行文，实质上的下行文。"（　　）

3. 多项选择题

（1）下列结语中，可用于呈报类建议意见的有（　　）。

A. 以上意见供领导决策参考

B. 以上意见供参考

C. 以上意见如无不妥，请批转各地执行

D. 以上意见请审阅

E. 以上意见，请结合实际情况贯彻执行

（2）在提建议上，意见侧重于（　　）。

A. 以客观工作的叙述为基础；

B. 针对问题提看法；

C. 针对问题提出处理办法；

D. 大段大段的陈述

4. 综合实训

情景设计：某旅游局与某区人民政府联合举办油菜花节，拟向某市人民政府报请，请按照各要素思考下列问题：

（1）联合发文的标题制作和发文字号的要求；

（2）联合发文机关标题应该如何设计；

（3）公文该如何落款并加盖印章

（4）以下内容是某学生在油菜花节上采风所记录的文字，请问下列哪些要素可以用在公文中，为什么？请根据下面提供的素材，为某旅游局拟写相关公文。

（A）油菜花美

一棵一棵的油菜，连成一片一片的，那油菜花的颜色好像是被精灵的画笔渲染过的一样，黄颜色，使人陶醉，其中，有风的时候，更是阵阵清香扑面而来，在花的清香中似乎夹杂着泥土味。

一片金黄色的油菜花映入眼帘，远远望去，绿色的田里像铺上了一大块厚厚的黄色地毯。又好似春姑娘裙子上的美丽点缀，一大片油菜花在阳光的照耀下，像金子一样闪闪发光，十分美丽，路边的油菜花挨挨挤挤，争相斗艳。一阵阵微风吹过，油菜花翩翩起舞，我仿佛也成为其中的一员，和着清风正在舞蹈了……

（B）我的感受

看到乡野铺开的金色画卷，我的心像灌了蜜，有说不出的甜美。

我看家乡的油菜花，因为它很美，油菜花因为它的美丽为家乡增添了色彩；油菜花还因为它用自己为人们做出了贡献。

油菜花的种植情况：连成片，共计 × 亩。

举办油菜花节的目的：

发挥中国最美油菜花的品牌价值，进一步提升旅游在国内外的知名度和影响力，通过节庆活动的方式，带动城市风景塑造进程，快速提高公民文明素质。加快城乡环境整治和乡村健康文明新生活运动的步伐，进一步宣传××，推介××文化旅游品牌，展示一年来我县中行业取得令人瞩目的成就，丰富广大人民群众健康文明的文化生活，力争早日将我县打造成人文、生态、宜居城市。

举办油菜花节方案：包括指导思想、活动目的、活动内容、时间安排。

其他要素：时间、区域。

三、拓展训练

请评析下面这份意见，分析其结构内容及其语言特点。

国务院关于城市优先发展公共交通的指导意见

国发〔2012〕64号

各省、自治区、直辖市人民政府，国务院各部委、各直属机构：

近年来，我国城市公共交通得到快速发展，技术装备水平不断提高，基础设施建设运营成绩显著，人民群众出行更加方便，但随着我国城镇化加速发展，城市交通发展面临新的挑战。城市公共交通具有集约高效、节能环保等优点，优先发展公共交通是缓解交通拥堵、转变城市交通发展方式、提升人民群众生活品质、提高政府基本公共服务水平的必然要求，是构建资源节约型、环境友好型社会的战略选择。为实施城市公共交通优先发展战略，现提出以下指导意见：

一、树立优先发展理念

深入贯彻落实科学发展观，加快转变城市交通发展方式，突出城市公共交通的公益属性，将公共交通发展放在城市交通发展的首要位置，着力提升城市公共交通保障水平。在规划布局、设施建设、技术装备、运营服务等方面，明确公共交通发展目标，落实保障措施，创新体制机制，形成城市公共交通优先发展的新格局。

二、把握科学发展原则

一是方便群众。把改善城市公共交通条件、方便群众日常出行作为首要原则，推动网络化建设，增强供给能力，优化换乘条件，提高服务品质，确保群众出行安全可靠、经济适用、便捷高效。

二是综合衔接。突出公共交通在城市总体规划中的地位和作用，按照科学合理、适度超前的原则编制城市公共交通规划，加强与其他交通方式的衔接，提高一体化水平，统筹基础设施建设与运营组织管理，引导城市空间布局的优化调整。

三是绿色发展。按照资源节约和环境保护的要求，以节能减排为重点，大力发展低碳、高效、大容量的城市公共交通系统，加快新技术、新能源、新装备的推广应用，倡导绿色出行。

四是因地制宜。根据城市功能定位、发展条件和交通需求等特点，科学确定公共交通发展目标和发展模式。明确城市公共交通的主导方式，选择合理的建设实施方案，建立适宜的运行管理机制，配套相应的政策保障措施。

三、明确总体发展目标

通过提高运输能力、提升服务水平、增强公共交通竞争力和吸引力，构建以公共交通为主的城市机动化出行系统，同时改善步行、自行车出行条件。要发展多种形式的大容量公共交通工具，建设综合交通枢纽，优化换乘中心功能和布局，提高站点覆盖率，提升公共交通出行分担比例，确立公共交通在城市交通中的主体地位。

科学研究确定城市公共交通模式，根据城市实际发展需要合理规划建设以公共汽（电）车为主体的地面公共交通系统，包括快速公共汽车、现代有轨电车等大容量地面公共交通系统，有条件的特大城市、大城市有序推进轨道交通系统建设。提高城市公共交通车辆的保有水平和公共汽（电）车平均运营时速，大城市要基本实现中心城区公共交通站点500米全覆盖，公共交通占机动化出行比例达到60%左右。

四、实施加快发展政策

（一）强化规划调控

要强化城市总体规划对城市发展建设的综合调控，统筹城市发展布局、功能分区、用地配置和交通发展，倡导公共交通支撑和引导城市发展的规划模式，科学制定城市综合交通规划和公共交通规划。城市综合交通规划应明确公共交通优先发展原则，统筹重大交通基础设施建设，合理配置和利用各种交通资源。城市公共交通规划要科学规划线网布局，优化重要交通节点设置和方便衔接换乘，落实各种公共交通方式的功能分工，加强与个体机动化交通以及步行、自行车出行的协调，促进城市内外交通便利衔接和城乡公共交通一体化发展。

（二）加快基础设施建设

提升公共交通设施和装备水平，提高公共交通的便利性和舒适性。科学有序发展城市轨道交通，积极发展大容量地面公共交通，加快调度中心、停车场、保养场、首末站以及停靠站的建设，提高公共汽（电）车的进场率；推进换乘枢纽及步行道、自行车道、公共停车场等配套服务设施建设，将其纳入城市旧城改造和新城建设规划同步实施。鼓励新能源公共交通车辆应用，加快老旧车辆更新淘汰，保障公共交通运营设备的更新和维护，提高整体运输能力。

（三）加强公共交通用地综合开发

城市控制性详细规划要与城市综合交通规划和公共交通规划相互衔接，优先保障公共交通设施用地。加强公共交通用地监管，改变土地用途的由政府收回后重新供应用于公共交通基础设施建设。对新建公共交通设施用地的地上、地下空间，按照市场化原则实施土地综合开发。对现有公共交通设施用地，支持原土地使用者在符合规划且不改变用途的前提下进行立体开发。公共交通用地综合开发的收益用于公共交通基础设施建设和弥补运营亏损。

（四）加大政府投入

城市人民政府要将公共交通发展资金纳入公共财政体系，重点增加大容量公共交通、综合交通枢纽、场站建设以及车辆设备购置和更新的投入。"十二五"期间，免征城市公共交通企业新购置的公共汽（电）车的车辆购置税；依法减征或者免征公共交通车船的车船税；落实对城市公共交通行业的成品油价格补贴政策，确保补贴及时足额到位。对城市轨道交通运营企业实施电价优惠。

（五）拓宽投资渠道

推进公共交通投融资体制改革，进一步发挥市场机制的作用。支持公共交通企业利用优质存量资产，通过特许经营、战略投资、信托投资、股权融资等多种形式，吸引和鼓励社会资金参与公共交通基础设施建设和运营，在市场准入标准和优惠扶持政策方面，对各类投资主体同等对待。公共交通企业可以开展与运输服务主业相关的其他经营业务，改善企业财务状况，增强市场融资能力。要加强银企合作，创新金融服务，为城市公共交通发展提供优质、低成本的融资服务。

（六）保障公共交通路权优先

优化公共交通线路和站点设置，逐步提高覆盖率、准点率和运行速度，改善公共交通通达性和便捷性。增加公共交通优先车道，扩大信号优先范围，逐步形成公共交通优先通行网络。集约利用城市道路资源，允许机场巴士、校车、班车使用公共交通优先车道。增加公共交通优先通行管理设施投入，加强公共交通优先车道的监控和管理，在拥堵区域和路段取消占道停车，充分利用科技手段，加大对交通违法行为的执法力度。

（七）鼓励智能交通发展

按照智能化、综合化、人性化的要求，推进信息技术在城市公共交通运营管理、服务监管和行业管理等方面的应用，重点建设公众出行信息服务系统、车辆运营调度管理系统、安全监控系统和应急处置系统。加强城市公共交通与其他交通方式、城市道路交通管理系统的信息共享和资源整合，提高服务效率。"十二五"期间，进一步完善城市公共交通移动支付体系建设，全面推广普及城市公共交通"一卡通"，加快其在城市不同交通方式中的应用。加快完善标准体系，逐步实现跨市域公共交通"一卡通"的互联互通。

五、建立持续发展机制

（一）完善价格补贴机制

综合考虑社会承受能力、企业运营成本和交通供求状况，完善价格形成机制，根据服务质量、运输距离以及各种公共交通换乘方式等因素，建立多层次、差别化的价格体系，增强公共交通吸引力。合理界定补贴补偿范围，对实行低票价、减免票、承担政府指令性任务等形成的政策性亏损，对企业在技术改造、节能减排、经营冷僻线路等方面的投入，地方财政给予适当补贴补偿。建立公共交通企业职工工资收入正常增长机制。

（二）健全技术标准体系

修订和完善公共交通基础设施的建设标准；规范轨道交通、公共汽（电）车等装备的产品标准；建立新能源车辆性能检验等技术标准；制定公共交通运营的服务标准，构建服务质量评价指标体系。研究公共交通技术政策，明确技术发展方向。

（三）推行交通综合管理

综合运用法律、经济、行政等手段，有效调控、合理引导个体机动化交通需求。在特大城市尝试实施不同区域、不同类型停车场差异化收费和建设驻车换乘系统等需求管理措施，加强停车设施规划建设及管理。发展中小学校车服务系统，加强资质管理，制定安全和服务标准。"十二五"期间，初步建立出租汽车服务管理信息系统，大力推广出租汽车电话约车服务，方便群众乘车，减少空驶。大力发展汽车租赁、包车客运等交通服务方式，通过社会化、市场化手段，满足企事业单位和个人商务、旅游等多样化的出行需求，提高车辆的利用效率。落实城市建设项目交通影响评价制度，并作为项目实施的前置性条件，严格落实公共交通配建标准，实现同步设计、同步建设、同步验收。大力加强公共交通和绿色出行的宣传和引导。

（四）健全安全管理制度

强化安全第一、质量为本的理念。城市人民政府要切实加强公共交通的安全监管，完善安全标准体系，健全安全管理制度，落实监管责任，加大安全投入，制定应急预案。重大公共交通项目建设要严格执行法定程序和工程标准，保证合理工期，加强验收管理。城市公共交通企业作为安全责任主体，要完善各项规章制度和岗位规范，健全安全管理机构，配备专职管理人员，落实安全管理责任，加大经费投入，定期开展安全检查和隐患排查，严格实施车辆维修和报废制度，增强突发事件防范和应急能力。规范技术和产品标准，构建服务质量评价指标体系。要高度重视轨道交通的建设、运营安全，强化风险评估与防控，完善轨道交通工程验收和试运营审核及第三方安全评估制度。

（五）规范重大决策程序

推进城市公共交通重大决策法制化、民主化、公开化。研究出台公共交通优先发展的法规规章，地方人民政府推动配套制订和完善地方性法规，为城市公共交通的资金投入、土地开发、路权优先等扶持政策提供法律保障。规范城市人民政府公共交通重大决策程序，实行线网规划编制公示制度和运营价格听证制度。建立城市公共交通运营成本和服务质量信息公开制度，加强社会监督。

（六）建立绩效评价制度

加快建立健全城市公共交通发展绩效评价制度，国务院有关部门研究制定评价办法，定期对全国重点城市公共交通发展水平进行绩效评价。各城市要通过公众参与、专家咨询等多种方式，对公共交通企业服务质量和运营安全进行定期评价，结果作为衡量公交企业运营绩效、发放政府补贴的重要依据。

发展城市公共交通，城市人民政府是责任主体，省级人民政府负责监督、指导，国务院有关部门要做好制定宏观发展政策和完善相关法规规章等工作。各级人民政府、各有关部门要按照职责分工，主动协调、密切配合，推动城市公共交通实现又好又快发展。

国务院
2012 年 12 月 29 日

◆ 项目九：纪要

一、综合技能训练

（一）引入案例

×××市人民政府在全市范围内开了全市节水灌溉工作座谈会，研究了全市节水灌溉有关事宜，现就会议情况形成专题会议纪要。

学生习作：

以下是学生代××市政府的秘书制发了如下的公文，请指出公文中的问题？

×××市人民政府办公室专题会议纪要

时间：201×年×月×日

地点：×××××

主持人：×××

参加人：略

研究事项：研究全市节水灌溉有关事宜

与会人员于 11 月 19 日赴×省××市××县进行了学习考察，参观了××县水务局地下水资源管理系统，听取了××县副县长、××大学××教授关于××县节水农业总体情况、地下水资源信息管理等方面的情况介绍，实地考察了××县××镇××村等节水灌溉示范工程。在市副秘书长××同志的主持下，于××市××大厦召开了全市节水灌溉工作座谈会。进一步学习了××市长 8 月 14 日在坝上节水灌溉工作会议上的讲话；听取了与会各县区考察学习××县节水农业的收获和体会，以及下一步本县区节水灌溉工作的思路和举措。市水务局××局长对全市当前和下步节水灌溉工作进行了安排。

会议认为，我市水资源十分匮乏，节水已成为推进全市经济社会更好更快发展的迫切要求。大力发展节水农业是解决制约我市农业发展瓶颈的最有效途径之一，是实现农业现代化的有力抓手。目前，我市地下水资源管理还存在许多亟须解决的困难和问题。××县节水农业和地下水资源信息化管理工作的成功经验，为我市提供了难得的典范和样板，要认真研究，充分借鉴，消化吸收。借鉴××的成功经验，结合我市实际，加快推进我市节水农业发展，必须要做到三个结合，即：整体推进与精品示范相结合，工程节水与调整结构相结合，环节突破与系统完善相结合。把握"四条原则"，即规划先行、项目管理、求实求是、因地制宜；整合资源、机制创新；整体规划、分步实施。考察结束后，坝上各县区要立即着手开展节水灌溉工程规划、招标、建设等各项前期准备工作，确保明年开春后迅速进行施工作业。

会议决定：

一、抓紧进行方案审批论证。各县区要加快制定节水灌溉规划方案，务于 11 月 21 日前完成并报市水务局，市水务局汇总后尽快报市政府。

二、制定科技培训方案。市水务局结合全市今冬明春农业科技培训，制定节水灌溉技术培训方案，政府办公室负责协调市农牧局、市人社局，将节水灌溉技术培训列入今冬明春"农民实用技术培训"整体工作方案。市水务局负责培训师资，各县区负责培训乡村技术人员。在条件允许的情况下，要组织乡村干部和技术人员到山西清徐县以及我市××县××乡就节水灌溉工作进行考察学习，在全市形成外学××县、内学×××，大力开展节水灌溉的深厚的氛围。

三、全力推进工程招标工作。全市节水灌溉和信息化管理工作招标工作由全市水务局统一组织，按照国家法律法规和上级规定尽快实施，在方案未批之前，各项工作及有关资料要先行准备，一旦批准，立即进入招投标程序。

四、完善基层水利服务体系建设。年底前，××四县要全部落实乡镇水利服务站的编制、人员和场地。重点村要在春耕前成立村级用水者协会，不具备条件的要暂时由村委会代行职责。明年召开农村工作会时，要对××四县基层水利服务体系建设情况进行通报。加快地下水资源管理信息采集工作，对于当前可以采集的一些基础数据，如水源井位、控制面积、电力配套、机泵管网、农户资料等，从现在入手进行统计、录入，形成数据基础。

五、形成借鉴的基础上实现创新突破。特别注重在重点监测与管理环节上实现突破。借鉴××县的做法，进一步规范已有的节水灌溉工程及模式，形成多元化、多模式、多投入和高点站位、高层设计、高效管理的节水系统，争取进入全国节水示范先进行列。对水权分配、设备功能、软件应用、水价机制等技术性问题要从长计议、多方比较、逐步到位。同时，市水务局要责成专人专题研究坝下灌区末级渠系及水价改革节水改造新机制。

六、执行最严格的水资源管理制度。从现在到节水规划正式批复之前，坝上各县区一律不得打新井。如按照新规划确需打新井的，则要严格按照新打机井水利部门审核、县长审批签字的制度执行。同时，各县区要抓紧研究机井布局、集约使用等问题，确保与批准的规划方案紧密配套。

七、认真研究消化学习考察成果。市水务局负责撰写此次学习考察的报告，一周内报市政府主管领导、主要领导。考察报告要结合清徐县节水灌溉工作经验，对做好我市节水工作提出切实可行的建议，市领导批示后下发各相关县区。

八、开展好督导检查工作。市水务局要针对当前我市节水灌溉和信息化管理系统建设的各项工作进度，尽快制定督导检查工作方案，并迅速组成专门的工作组，采取局长包县区、科技人员包乡进村的方式，深入县区和有关乡镇、村进行督导检查。每周对工程进度进行一次系统调度，每月进行通报，以此促进工作落实。

（一）实训目的

通过挑上述病文的毛病，熟练掌握纪要的写法。

（三）实训思路

运用教材中纪要的特点、纪要的结构和写法、纪要的写作要求等知识，挑出上述病文的毛病，提出修改思路并作出修改。

（四）实训做法

在教师的启发下，组织同学们讨论上文存在的问题，并提出修改思路。同学们再在此基础上改写，教师最后讲评。

修改思路：

1. 把会议主题概括为"研究全市节水灌溉有关事宜"不准确、不清楚。这是一次学习某县经验的座谈会，不仅是一次部署全市节水灌溉工作的会议。

2. 忽视了作为座谈会的主要内容之一，即学习某县节水经验。但全文中的不同部分都有这方面内容，但与其他内容杂糅在一起，中心不突出。

3. 条理不清楚，缺乏逻辑性。

二、知识训练

纪要与会议记录有什么差异？

三、拓展训练

为贯彻落实李克强总理在今年 2 月 26 日主持的国务院常务会议上关于加快发展现代职业教育的部署，促进学校省级示范性高职院校建设，深化校监校所合作，5 月 22 日 – 23 日，由学院主办，金盾职业教育中心（筹）承办的校监校所战略合作研讨会在学院隆重开幕。省司法厅党委委员、副厅长姚正奇出席会议，省监狱管理局、省戒毒局相关部门领导、全省 21 所监狱、6 所强制隔离戒毒所的领导及学院相关部门负责人和刑事司法系全体教师参加了研讨会。

要求：请根据下面的材料，拟写一份会议纪要。

协力同心求发展 共襄盛举谋双赢
——校监校所战略合作研讨会综述

为贯彻落实李克强总理在今年 2 月 26 日主持的国务院常务会议上关于加快发展现代职业教育的部署，促进学校省级示范性高职院校建设，深化校监校所合作，推进专业设置与产业需求、课程内容与职业标准、教学过程与生产过程的"三对接"，全面提高人才培养质量，5月22日~23日，由学院主办，金盾职业教育中心（筹）承办的校监校所战略合作研讨会在学院隆重开幕。本次研讨会也是贯彻落实省司法厅确定的"集全省司法行政系统之力，办好警官职业学院"的集中反映。省司法厅党委委员、副厅长姚正奇出席会议，省监狱管理局、省戒毒局相关部门领导、全省21所监狱、6所强制隔离戒毒所的领导及学院相关部门负责人和刑事司法系全体教师参加了研讨会。

5月22日下午，研讨会正式开始，研讨会由学院党委副书记刘志刚主持。

学院党委书记刘丹福在欢迎辞中对省厅、两局及全省监狱、强戒单位高度重视学院工作表示感谢，对本次研讨会召开的背景、主题和希望实现的目标作了简明扼要的说明。接着，学院副院长张大立重点介绍了学院"金盾职业教育中心"的建设方案及校监校所合作开展以来学院人才培养工作取得的成绩，同时，也对校监校所合作中存在的问题进行了深入剖析，诚恳希望与会的领导和同志们对学院在校监校所合作过程中存在的问题提出宝贵意见。

随后，成都女子监狱、川东监狱、锦江监狱、成都病犯监狱、成都未成年犯管教所、邑州监狱、绵阳监狱、攀西监狱、甘孜监狱、自贡监狱、资阳强戒所等单位的领导在会上进行了发言。他们从学生实习的制度管理、实习导师指导、教学练战岗位设置、实习学生的生活安排、学生特长发挥等方面进行了经验交流，肯定了学院长期以来坚持走校监校所合作之路，称赞了我们的学生在单位进行实训实习所反映出来的过硬的政治素质、良好的精神面貌、较扎实的专业知识技能，不少单位表示要在今后根据工作需要在公务员招录岗位设置上加大对学院学生的倾斜。与此同时，他们指出了实训实习基地在运转中存在的问题。由于校监校所合作的深度有所欠缺，基地的运行机制还不完善，基地的功能还主要停留在接纳学生实训实习的浅层次，合作的深度和水平还有待挖掘和提高。他们殷切希望在实训实习基地的平台基础上，扩大校监校所合作的领域，将平台建设成为在职培训、应用研究、实训实习、干警互聘互派等多功能一体化基地，更好体现出校监校所的合作优势，为行业工作提供更多的智力支持。

最后，刘志刚副书记代表学院向发言的行业单位表达了诚挚的谢意，并表示学院将对这些意见和建议进行认真思考和研究，拿出改进的具体措施，回应行业对学院工作的支持与厚爱。

5月23日的会议由学院副院长张大立主持。

张大立副院长首先就"校监校所战略合作协议书"及"金盾职业教育中心章程"（草案）作了说明，希望大家继续充分发表意见，提出建议。

阿坝监狱、巴中监狱、成都未成年犯管教所、资阳强戒所、四川省女子强戒所、成都监狱、眉山强戒所等单位的领导针对校监校所战略合作的主题，纷纷发表意见，使会议气氛达到了高潮。

与会单位领导主要从学生技能提高、学生就业、理论联系实践、干警素质培训等方面发表了看法，并提出了拓宽实习实训新思路和建立干警培训新格局的建议。其中，川北监狱监狱长袁洪认为，应加强对合作一词内涵的深刻理解，要加强合作，共筑平台，要深度融合，同台唱戏，要优势互补，创新载体，监狱要当好配角，积极作为，只有在理念上达成共识，才能由合作走向融合。资阳强戒所所长赵泽勇认为，自己单位目前正在开展循证戒毒的试点工作，特别希望得到学院的智力和人才支持，同时，学院培养的人才要在新形势下不断适应行业工作的新要求，希望学院戒毒康复专业要把握戒毒工作的新方向，如与省戒毒局合作，参加戒毒局组织的戒毒业务工作会议等。成都未成年犯管教所所长刘英斌认为，学院学历教育必须根据行业对人才需求的变化着眼于解决学生的就业问题进行谋划，如学生在校学习三年期间可以同时取得本科文凭，同时在学院组织公务员招录考试的培训等，继续教育必须根据行业对岗位技能的更高要求，对民警的在职培训工作进行细化，将学生的技能培训与民警的在职培训对接，聘请更多的实务专家加入，由粗放式培训向针对性培训转变。

大会讨论结束后，学院刘丹福书记向首批 21 个监狱和 6 个强戒所授予了"四川司法警官职业学院战略合作单位"铭牌。

最后，省司法厅、省监狱局、省戒毒局和学院有关领导发表了讲话。

省戒毒局政治部副主任张学六从学院与监所之间的共性，干警培训、学院与监所的合作三个层面谈了自己的看法。他认为，学院立足于监所，发挥着理论引导的主体作用，反过来监所又为学院发展提供了深厚的实践平台；学院承担的干警培训既要注重能力提升，更要关注素质培养；针对合作，他认为学院此次会议提供了一个合作的好平台，但要理清思路，做好合作的计划，要明确道路，抓好合作的谋划。

省监狱局政治部副主任曾智在讲话中指出，学院应当以中央确定的现代职业教育发展的方向为导向，以省级示范性高职院校建设为契机，以现有的校监校所合作取得的成绩为基础，抓住机遇，拓展合作内容，创新合作方式，延伸合作层次，提高合作水平；他认为学院可以积极加入行业成立的各类工作协会，使合作的平台多元化；合作各方必须高度重视，明确职责，相互配合，严格管理，加强保障，建立起合作的长效机制。

学院党委书记刘丹福同志代表学院对研讨会进行了总结。他首先向与会领导的热情交流和提出的宝贵意见表示感谢，他指出，此次会议既是司法人才培养交流会，也是务虚与务实结合的工作交流会，还是一次朋友、战友之间的联谊会。既然战略合作是双方的，就要相互了解，清楚合作中存在的问题，现在学院与监所的合作还是浅表和短期的，要进行战略上的长久合作，学院必须从合作的方向性、根本性、持久性、科学性来深入思考。当前学院正处于由传统教育向现代职业教育转型的关键时期，学院正以创建省级示范性高职院校为抓手，全面夯实基层基础的建设工作，需要与行业在行业参与教学、教师互聘互派、先进资源和技术共享、学生实训实习和学生就业等方面更加紧密地开展合作，努力实现双赢。为此，学院将在司法厅的坚强领导下，在省监狱局和省戒毒局的通力协助下，在全省监狱与强戒系统的大力支持下，按照学院的工作部署，努力将学院的校监校所战略合作推向一个新的高度。

最后，司法厅副厅长姚正奇代表司法厅对校监校所进行战略合作作出了重要指示。他指出，这次战略合作研讨会，擦出了思想的火花，许多同志的发言见解独到，既有理论，又有实践，在校监、校所合作办学的问题上达成了不少共识。他进一步指出，金盾职业教育中心这个平台对于打破校监校所的分割局面，建立资源交流与共享平台，强化校监校所之间的服务意识，激发合作育人的积极性与主动性具有重要作用，厅党委也对此进行了研究，将从政策上和工作协调上大力支持平台的建设。对于如何优化这个平台，学院相关部门要对研讨成果进行梳理、提炼，上升到制度层面，将研讨会成果运用到合作育人的过程中，类似研讨会这样的合作形式应当经常组织。他强调，战略合作双方要顺应时代潮流建立新型的合作关系，理顺思路切实构建校监校所互惠共赢的长效机制，要树立全局观念，建立融通机制，成立领导机构，明确责任，落实目标，具体合作可以以项目的形式作为校监校所合作的立足点，提升双方合作的内涵品质。

本次战略合作研讨会必将有效促进学院省级示范性高职院校的建设，必将对学院和监狱、强戒所的改革发展产生积极的影响。

姚正奇副厅长在校监校所战略合作研讨会上的讲话

（根据录音整理）

2014 年 5 月 23 日

同志们：

大家上午好！

在这里，我首先代表省厅党委、代表仲彬厅长对校监校所战略合作研讨会的召开表示祝贺，向来自监狱、戒毒所一线的同志们表示敬意！

一、谈点对这次研讨会的认识和看法

这两天听了大家的发言，很受教育和启发，感触颇多。很多同志的发言很有质量，有不少思想火花，有一些独到的见解，既有理论的归纳总结，也有实践经验的概括。结合丹福书记刚才的介绍，以及昨天大立副院长关于战略合作设想的说明，我认为学院组织召开这次研讨会很有意义，在很多问题上达成了共识，归纳起来有三个方面：

1. 对校监校所合作办学、合作育人、合作就业、合作发展这样一种合作模式有了新的共识。这两天，关于校监校所合作从理论和实践两个方面进行了很多探讨，理论认识达到一定深度，经验总结比较实在、管用。对合作运作方式作了进一步探讨，对合作模式的认识进一步深化。这是第一个共识。

2. 对校监校所合作既有坚实的基础、又有广阔的空间达成了新的共识。从丹福书记、大立副院长介绍的情况和大家的发言看，都有一个共同的结论，就是这几年学院与监狱、戒毒所之间的合作是富有成效的，合作基础是比较好的。从 2004 年学院升格以来，先后与 18 个监狱、戒毒所建立了合作关系，有 30 多个实践基地，前后 4000 多名学员到监狱和戒毒所进行实习实训。听了大家对学员实习实训工作的介绍，各单位都建立了一整套的制度、措施，效果比较明显。主要做法有：监狱、戒毒所党委、主要领导高度重视，成立了领导小组；建立和完善了管理制度和工作措施；指派老师进行指导；各单位根据自己的条件，力所能及地为学生提供了较好的住宿和学习条件。这些都为我们下一步的战略合作打下了比较好的基础。但大家也认为双方还有很多合作空间。换句话说，我们的合作还存在一些不足和问题，如学院师资队伍建设、专业课教师培养、双师素质培养等。我们可以到监狱、戒毒所请一些善于学习、有一定理论素养、口才好、文字功底扎实的同志到学院做客座教授，也可以把教师派到监狱、戒毒所一线，带着课题去做一些深入调研。双方可就民警在职培训的系统性问题、机制问题进行研究，包括学历教育的人才培养方案、课程的设置和开发等方面都还有很多合作资源可开发。随着时代的发展，我们的观念还要转变，合作还有很大的提升空间。

3. 对于如何利用建立"金盾职业教育中心"平台来推动和促进合作的深度融合达成了新的共识。大家从怎样更好的聚集资源、怎样建立长效机制、怎样从运作程序和制度等方面进行探讨。发言中，很多单位的领导都有了深入的思考，提了很多建设性的意见。我们依托"金盾职业教育中心"（以前叫"金盾学院"）这个平台，可以打破校监、校所过去各自为政的分割局面，整合各方资源，进行合理配置，实现优势互补，比如各方可借助平台建设好资源的交流渠道，行业可以为校方提供急需的实务资源，校方可以为行业提供一定的智力资源，并实现资源的共享。研讨会倡导的协作精神，就是校监校所进行深度融合所要求的服务意识。展现这种协作精神，可以强化校监校所之间的服务意识，尤其是可以强化学校主动服务行业的意识，不断提升学校服务水平与能力。通过这种合作，可以充分调动各方在合作育人中的积极性、创造性和主动性。

二、要努力把研讨会的成果运用好、落实好

如何把研讨会的成果运用好，真正推动校监校所深度融合，应该是我们今天研讨会要回答和解决的问题。

1. 学院要把这次研讨会的成果认真进行梳理、分类、提炼，使之能进入政策、制度的层面。

2. 要制定相关推进和落实的措施，明确目标、明确责任、明确时限。学院对各单位提出的意见和建议，包括一些理论问题，都是值得深入研究的，比如戒毒模式的研究、戒毒人员的管理、转化的研究，学院应组织教师到戒毒所和民警一起探讨；再如监狱建设标准的研究、罪犯信仰宗教问题的研究，还有就是民警在职培训的实用性、针对性、专业化问题等等。大家发言中谈到，我们的在职干警培训不少是处于被动、应付状态，内容相同、纯完成任务性的培训，效果不是很好。学院可在深入调研的基础上向司法部提出建议。近年来，学院毕业生进入监狱、戒毒所的人数比较少，一方面可能是因为现在的青年对监狱、戒毒单位的认识问题、选择问题，另一方面就是公务员考试这个关过不去，考不过社会上和其他大学的人员。学院应当加强研究，学历教育如何把专业学习和考公务员培训结合起来，很值得深入思考。

下一步要做的工作就是要把这两天研讨会的成果梳理出来，排一个时间表，哪些需要马上做，哪些需要长远的考虑，学院应有一个整体规划。

3. 像这样的研讨会要经常组织。作为高职学院，开放办学，提升办学质量，有课题、项目的研讨会，本身就是一个很好的平台。要根据学院办学发展方向和内容，研究布置一些课题，经常组织一些研讨。这样可以开阔视野、转变观念、相互启发、扩宽思路、促进合作，不断提升教育培训质量。

三、就怎样进一步深化战略合作问题讲点个人看法

1. 要充分认识构建校监校所合作的新型关系，优化合作平台对双方发展的战略意义。

深化认识，优化平台，要在深度融合上下功夫。大家知道，战略最先是个军事概念、军事术语，现在广泛使用在各行各业中。我理解的战略就是对事业、工作、重大问题带有长远性、根本性、方向性、全局性的思考和谋划。它有指导思想、有目标、有路径，有政策措施。今天就是要把校监校所合作放在战略这个层面来进行思考。深化战略合作，应从三个方面来加深认识：

（1）这是适应时代发展，转变职业教育教学方式，努力满足行业社会需求的必然要求。今年2月26日，李克强总理主持召开的国务院常务会议，将职业教育的发展提到了转方式、调结构和民生改善的战略高度，会议就加快发展现代职业教育作出了一系列重大部署，为职业学院的发展指明了方向。我们今天的研讨会，其实也是研究、讨论贯彻落实国务院会议精神，就是要把"以提高质量、促进就业、服务发展为导向，发挥好政府引导、规范和督导作用，充分调动社会力量，吸引更多资源向职业教育汇聚，加快发展与技术进步和生产方式变革以及社会公共服务相适应、产教深度融合的现代职业教育"的要求落到实处。开放办学就是要社会办学，就是要把办学融到行业中去，合作育人。

（2）这是新时期对法律服务类、管理类高职院校提高人才培养质量的必然要求。习近平总书记在中央政法工作会议上强调，要按照"政治过硬、业务过硬、责任过硬、纪律过硬、作风过硬"的要求，努力建设一支信念坚定、执法为民、敢于担当、清正廉洁的政法队伍。司法部吴爱英部长在全国司法厅局长会议上指出，监狱民警要具有五种能力，即教育改造能力、持续保持监狱安全能力、公平公正执法能力、正规化管理能力和改革创新能力。从这个意义上讲，今天我们构建校监校所战略合作的新型关系，就是在整合各方优质资源，全方位、多领域开展合作，旨在提升人才培养质量，全方位打造和培养我们的人才和干警队伍。

（3）这是"省级示范高职院校"建设的必然要求。去年六月，学院被批准为"省级示范高等职业学院"建设的立项单位。这是我们全省司法行政系统的大事和喜事，是非常不容易的。这个立项是学院全体教职员工同心协力、不畏困难、负重前行，经过三年的连续创建、坚持争取，才获得的成绩。成绩的取得与厅党委、监狱局党委、戒毒局党委的大力支持帮助分不开，也凝聚着在座合作单位的辛勤和汗水。建立示范院校，校监校所合作是示范校建设的重要内容，包括项目建设、组织机构、经费保障、时间节点等方面都有明确要求，今天的研讨会就是从理论和实践两方面对项目建设作一些探讨，是一个开端，也是示范校建设总体规划的具体落实。

2. 切实加强校监校所合作互惠共赢的机制建设。

校监校所的战略合作如何才能深度融合、有序推进，如何才能取得更大的成效，机制建设是根本保障。如果没有机制建设，我们的合作很可能是短期的、被动的、没有生命力的，也是没有前景的。制度、政策、机制更带有长远性、科学性、保障性。

（1）我们要有全局观念，全力参与和支持"金盾职业教育中心"的建设。成立"金盾职业教育中心"，就是加强合作平台和载体建设。合作单位要明晰"金盾职业教育中心"的建设目标、建设内容、建设思路。具体由省厅牵头，成立由两局和学院各级领导参与的组织领导机构，参与各方本着互惠共赢的利益驱动，以实质性的合作项目牵头，以行业为主，以人才培养为载体，共同参与。希望监狱局、戒毒局机关和各监狱、戒毒所等单位真正参与到"金盾职业教育中心"建设中来，全力支持配合，把这个项目建设好。学院要严格按照工作部署和时间节点，加强组织领导，切实抓紧推进落实。

（2）建立合作各方的融通机制。所谓融通，指的是我们要在信息上互享互惠。监狱、戒毒所每年都有一些研讨会，希望互通信息，主动请学院派人参加。学院组织的研讨会，或请专家学者讲课，也要主动请相关监狱、戒毒所派人参加。例如，8 月份，学院将邀请香港的老师来校讲学，监狱和戒毒所就可以派人参加，听听课，开阔眼界，拓宽思路。此外，还要建立参与机制、协调机制。监狱、戒毒所怎样参与教学？怎样运作？我们要作为制度和措施固定下来，这样才能保障长期有效合作。两局机关，监狱、戒毒所对战略合作机制建设也要高度重视，要把它作为自己的工作认真谋划和思考，要站在配角上唱主角的戏，当成自己的事，认真抓落实。

（3）立足项目，提升合作内涵建设品质。要将校监校所战略合作真正推向深入，必须以具体项目为牵引。学院提出了建设"四个基地"的目标，这就是项目。还可根据监狱和戒毒所的实际需要，如心理培训室、专家工作室、干警监狱平台建设等项目都要在合作中抓紧建设，使我们的合作在教学内容、教学手段、教学模式上实现深度融合。

以上是我的发言，仅供参考。

第二章　事务公文实训

◆ 项目一：计划

一、综合技能训练

（一）引入案例

××公司第一季度的销售迎来了开门红，公司上下，无不欢欣鼓舞，士气正旺。为了使第二季度的销售工作跃上一个新台阶，请为××公司制定第二季度销售计划。

学生习作，请指出其毛病并写出修改稿：

×××公司销售处第二季度计划

借"两会"胜利召开的东风，经全体员工齐心协力，团结奋斗，我公司第一季度的销售来了个开门红，取得了骄人的成绩，公司上下，无不欢欣鼓舞，士气正旺。当然也存在着许多问题。为了使第二季度的销售工作跃上一个新台阶，特制订以下计划。

一、按照公司董事会制订的公司五年发展规划行事，加大市场营销的力度，开创公司销售工作新局面，力争本季度的销售量大幅度的上升，为完成全年的销售总目标奠定坚实的基础。

二、市场调查和市场预测是做好市场营销工作的前提条件，因此，要重视市场调查和预测，深入细致地做好市场调查和预测工作，尽可能掌握丰富的市场信息，摸清行情，掌握销售工作的主动权。

三、采取得力措施，加大推销力度。推销人员要加强责任心，多为公司着想，深入市场第一线，不怕苦，不怕累，向用户热心宣传本公司的新产品，为客户排忧解难，使客户对本公司的新产品更了解，更有好感，家喻户晓。

四、广告是让客户了解新产品的重要营销手段，必须运用好这种手段来加大宣传力度。这就必须加大对广告的投入，做到在思想上重视，在行动上坚决，在经费上保证。

五、电子商务是现代社会新兴的营销工具，积极开展电子商务是新形势下市场营销发展的必由之路，我们必须给予足够的重视。要想尽千方百计，不惜一切代价，在本季度内使电子商务在我公司开展起来。

××××公司销售处

×××年××月××日

（二）实训目的

通过对病文的修改，掌握计划的正确写法。

（三）实训思路

运用教材中计划的结构和写法、计划写作的注意事项等知识，掌握计划的写法。

（四）实训做法

步骤一：教师组织同学们对材料进行讨论，指导学生在计划时产生的问题，教师再在此基础上进行讲评。

步骤二：教师与同学们共同讨论，确定思路，评析同学们修改方案，教师进行讲评。

修改思路（供参考）：

（1）认清形势，树立信心；

（2）做好市场调查和预测工作；

（3）采取得力措施，加大推销力度；

（4）加大新产品宣传力度；

（5）积极开展电子商务。

二、知识训练

1. 计划三要素的是（　　　）。

A. 目标　　　B. 措施　　　C. 任务　　　D. 步骤

2. 下列哪些特点属于计划的写作特点（　　　）。

A. 预见性　　B. 目标性　　C. 可行性　　D. 约束性

三、拓展训练

请分析下面这则工作计划，看看计划有什么写作特点，深刻领会它的写作方法。

2011 年度全省监狱工作计划

2011 年是"十二五"开局之年，全省监狱系统将主动适应江苏全面实现小康并向基本现代化迈进的新形势，主动适应现代行刑趋势以及司法部、省司法厅对监狱工作的新要求，主动适应人民群众对社会公平正义的新期待，牢牢把握推动科学发展、建设美好江苏这个主题，紧紧围绕加快转变经济发展方式这条主线和"持续安全，提升水平，科学发展，全面领先"的"十二五"发展总定位，以深入推进安防一体化、执法规范化、警务效能三大建设为重点，加快创新发展，注重统筹协调，奋力推动江苏监狱工作再上新台阶。按照这个要求，2011 年重点将抓好以下六个方面的工作：

一、加强监狱安全管理，进一步提升安全防范能力

1. 开展"监所管理规范化建设年"活动，全面加强监狱管理规范化建设。

2. 强化安全责任。开展狱情警示、案件点评等活动，进一步强化广大民警"安全为天"理念。严明安全稳定工作责任，严格执行一票否决制和责任倒查追究制。

3. 全面推行精细化管理，加强监狱大门等重点部位的管理。

4. 抓好罪犯行为规范整训，进一步整顿监管秩序。

5. 深化罪犯分类管理。突出功能监区建设，进一步改善监区设施条件，加快推进各监所完成独立建制出监监区（分监区）组建任务。修订完善罪犯分级管理暂行规定。

6. 加强狱内侦查工作。健全狱侦工作组织机构，按规定配齐配强狱侦力量。进一步规范狱情排查、分析、处置流程，提高对狱情的预知、预判、预警能力。

7. 整合应急指挥中心和监控中心资源，实行由监狱领导值守的值班长制度，充分发挥应急指挥（监控）中心的接警处警、视频巡防、指挥调度、应急处置等职能。

8. 深化"三共"活动。与地方公安机关、驻监武警部队联合建立网络联通、报警联动和信息互通的应急处突新机制。

9. 加强危机处置专业队伍建设，建立全省应急防暴队员信息库。

10. 加强安全生产管理。全面开展机械加工生产现场安全管理专项整治，强化安全生产预警评估。

二、坚持"首要标准"，切实增强教育改造实效

1. 积极推动"5＋1＋1"教育管理模式规范运行。制定出台并严格落实《关于进一步规范"5＋1＋1"教育管理模式的意见》，扎实开展"5＋1＋1"教育管理模式"规范年"活动。

2. 突出教育改造内容针对性，不断提高罪犯改造质量。加强罪犯思想道德和服刑意识教育，积极推进"六五"普法教育。抓好罪犯扫盲、小学文化教育。抓好罪犯教材建设，探索分类分层教育。建好服刑指导中心，规范新犯入监教育和管理。规范出监教育，建好出监教育示范点，推进回归指导中心规范化建设。推进监区文化建设创新，开展传统文化教育，打造特色监区文化。

3. 深入推进罪犯改造质量评估工作。突出对出、入监环节的评估，加强对重点罪犯的管控和矫正。

4. 加强罪犯心理矫治，加快心理健康指导中心规范化建设。强化因人施教，进一步建好个别化矫正案例库。

5. 完善与安置帮教机构的信息沟通机制，利用好社会力量开展帮教工作。

6. 全面推行罪犯劳动报酬制度，罪犯劳动岗位满足率保持100%。

7. 扎实开展罪犯岗位技术培训和职业技能培训，探索完善刑满释放前就业指导和职业推介工作，举办首届服刑人员创业计划设计大赛。

三、加强执法规范化建设，深入推进公正文明执法

1. 推行民警执法岗位标准化管理。对规范性文件进行全面梳理，进一步完善不同执法岗位相关的程序规定和操作性强的执法规范。编发《执法岗位标准化管理手册》。

2. 调研制定全省暂予监外执行工作程序规定，进一步规范暂予监外执行工作。

3. 抓好江苏省监狱老病残罪犯管理办法的落实。

4. 配合法院全面做好狱内巡回法庭建设。

5. 修订完善和严格落实《罪犯计分考核实施办法》等考核奖惩制度。

6. 切实维护罪犯合法权益。规范罪犯生活卫生管理。加强罪犯劳动保护，严格劳动防护用品管理。

7. 加强执法监督。建立健全考核监督机制。强化监狱内部监督，进一步整合纪检监察、组织人事、内部审计等部门的监督力量。深化狱务公开，实施"阳光执法工程"。

四、牢固树立固本强基思想，进一步夯实监狱工作发展根基

1. 加快推进监狱建设。按照司法部要求有序推进监狱达标建设，切实抓好省局既定重点项目建设，确保按时序进度推进。

2. 大力提升监狱信息化建设应用水平。认真贯彻落实全国司法行政信息化建设工作会议精神，按照全国监狱信息化一期工程项目建设的目标要求，加快推进监狱信息化建设。推进科技强警"金剑工程"建设，突出抓好试点单位的科技专项计划项目管理。全面建成全省罪犯教育网站。开发升级监管日报信息等应用系统，有序推进罪犯管理、监管安全等应用系统的整合，加强监控报警系统建设。

3. 切实加强基层基础建设。修订完善《监区建设标准（试行）》，完善监区功能设施，强化基层装备配备。进一步规范监区设置。优化警力资源配置，研究出台规范民警带班、值班和备勤的指导意见。大力压缩会议、文件、活动，切实减轻基层负担。

4. 积极推进部级现代化文明监狱创建。

5. 巩固和深化监狱体制改革成果，确保通过司法部检查验收。

五、抓紧制定"十二五"规划，科学谋划好监狱未来发展

1. 完成《江苏监狱系统"十二五"发展规划纲要》编制工作以及各监狱单位发展规划编制工作。

2. 加快专项规划编制工作。完成江苏省监狱系统"十二五"监管工作、改造工作、布局调整与监狱建设、技术装备与信息化建设、人才发展与队伍建设等专项规划编制工作以及各监狱单位专项规划编制工作。

六、坚持以党建带队建，凝聚推动科学发展的强大合力

1. 深入推进创先争优活动，扎实开展"发扬传统、坚定信念、执法为民"主题教育实践活动和争创"群众满意的窗口服务单位"主题实践活动等。

2. 认真贯彻民主集中制，建立健全领导班子和领导干部考核评价机制。

3. 深化干部人事制度改革。进一步推进竞争性选拔干部工作，组织开展新一轮副处级领导干部和局管后备干部公开选拔。推进领导干部轮岗交流，优化班子结构，促进干部成长。

4. 大力推进学习型党组织和学习型领导班子建设。

5. 深化分类分层培训和岗位练兵。重点抓好新录用民警、民警执勤规范的训练。

6. 加快人才培养步伐。完成"212"高层次人才入库选拔工作，出台高层次人才培养管理办法，组织高层次人才培养对象及其团队与社会高效、科研机构合作进行课题研究和技术攻关，促进培养对象成长发展。建立和完善专业技术职务竞岗聘任机制，落实专业技术职务与警衔晋升挂钩待遇。大力开展监狱理论研究创新，促进成果应用转化。

7. 推进民警分类管理。探索实施警官、警员、警务技术人员分类管理和职务序列工作。总结推广矫正警务技术职务试点工作经验。

8. 推进民警队伍正规化建设。严格落实队伍管理责任，全面推行民警工作绩效考核，进一步提高队伍管理水平。

9. 加强基层党支部建设。"七一"前，召开基层党支部建设工作会议，表彰一批"五好党支部"、优秀党务工作者和优秀共产党员。

10. 加强离退休干部、工会、共青团工作。加强对离退休干部教育引导工作，落实离退休干部政治、生活待遇。开展"工会建设加强年"活动，加强"警民之家"创建工作。在团员青年中开展"高举团旗跟党走、创先争优促发展"主题实践活动，深化"以师带徒"和职业生涯规划工作。

11. 推进思想政治工作创新，加强对民警队伍思想状况的分析研判。

12. 认真落实从优待警措施。继续做好非领导职务晋升工作。抓好民警、职工医疗和特困帮扶工作。加快推进农村监狱单位饮水改造工程。

13. 加强党风廉政建设。认真贯彻中共中央、国务院《关于实行党风廉政建设责任制的规定》，严格落实领导干部一岗双责。完善监狱系统惩防体系基本框架，推进廉政教育制度化、制度建设体系化、权力运行规范化，进一步增强民警队伍拒腐防变能力。全面落实《中国共产党党员领导干部廉洁从政若干准则》，促进领导干部廉洁自律。按照中央政法委"四个一律"的要求，以"零容忍"的态度严肃查处违纪违法问题。

14. 深入推进警察文化建设。大力弘扬"崇法崇德 致正致新"江苏监狱人民警察精神，制定出台进一步加强警察文化建设工作指导意见，举办全省监狱系统民警职工书画展。

15. 积极选树先进典型，深入开展向汪家杰同志学习活动，激发民警建功立业热情。

16. 切实转变机关作风。严格落实"九个不准"的工作纪律，大力弘扬求真务实、改革创新的精神，树立监狱机关的良好形象。

◆ 项目二：总结

一、综合技能训练

（一）引入案例

某综合性大学写教育管理工作的总结，请根据下列收集到的材料提炼出"经验体会"。

1. 卫生处的体会是：只有对职工深入了解，才能做好管理教育工作。在工作实际中，有些干部工作作风不够深入，只重视医院的经济效益和重点部门的职工工作，对一般职工，不关心他们想什么，干什么，针对这种倾向……我们体会到，只有早知道、早预防，真正掌握职工的心态，我们才能掌握基层工作的主动权，从而推动医院的全面工作。

2. 后勤处的经验是：基层工作中，有的干部喜欢所谓的"倾斜政策"，这是思想方法存在的一种片面性。实践告诉我们，对后进职工，要严格管理，耐心教育；对平时表现好的职工也要多鼓励和教育。我们还是提倡那句老话：工作中要一碗水端平。

3. 汽车队的体会是：管理工作中，对骨干放心是相对的，不是绝对的。管理教育工作的规律告诉我们，太放心的人往往做出容易使人担心的事。因此，我们在管理教育工作中，一定要杜绝"空档"，消灭"死角"，对平时最放心的人也不应忽视教育和严格要求。

学生习作：

学生提炼出的规律性认识：

1. 巩固根基——加强基层工作。

2. 一视同仁——领导公平公正。

3. 科学管理。

理性认识：实行全方位管理

（二）实训目的

通过对上面材料的梳理，能够透过现象看本质，提炼出规律性认识，掌握总结的正确写法。

（三）实训思路

运用教材中总结的结构和写法、总结写作的注意事项等知识，认识写总结的本质是从感性认识上升为理性认识的过程，提炼出规律性认识。

（四）实训做法

步骤一：教师组织同学们对材料进行讨论，指导学生在总结时产生的问题，教师再在此基础上进行讲评。

步骤二：教师与同学们共同讨论，确定思路，评析同学们提炼出的规律性认识，教师进行讲评。

修改思路（供参考）：

1. 总的：管理工作方面的经验体会。

2. 提炼规律性认识：既要重点设防，又要全面管理，全面教育。

二、知识训练

（一）撰写经验性的总结，其目的在于把工作中的主要经验，包括成功的经验和失误的经验，使这些有益的经验得到推广，从那些失误的经验中吸取教训。请为下面的语段提炼经验总结的观点。

1. 公文写作重要特点是实践性强，公文写作能力的提高靠什么？靠实践，只有实践，才能把知识转化为能力。实践证明，只有坚持多写多练，才能不断提高公文写作能力。这是一条规律。多写多练与提高公文写作能力是一个必然的本质联系。

2. 部队精减整编中的后勤保障工作之所以完成得比较好，我们感到最重要的一条，就是各级后勤加强了思想政治工作，保证了后勤队伍思想稳定，增强了全体人员在大局下行动的自觉性。首先，我们从党员队伍使命职责教育入手……其次……

（二）经验性总结的内容的表达通常使用夹叙夹议的方法。叙是摆事实，议是讲道理。摆事实就是要摆工作中取得的成功或失败的事实，重点摆事实的结果。议，就是要分析，重点分析工作成功或失败的原因，并分析了值得吸取的经验和教训，总结升华成认识和理论。请分析下面这段文字是怎样做到叙议结合、互相照应的。

人是战斗力诸要素中的首要因素，保障部队广大指战员吃穿住用，使他们的生活随着社会生产的发展逐步改善，是保持和提高部队战斗力的最基本条件。近几年来，在军委的关怀下，总部先后调整了部队的伙食费、干部薪金和战士津贴费标准，各级都狠抓了农副业的生产，积极开源创收，使干部战士的生活有了不同程度的改善。但是由于物价上涨过快，经费有限，加之有些单位在管理中存在问题，致使不少部队特别是一些连队等基层单位在生活上还有许多实际困难。

在面临军费紧缺等困难的情况下，能否继续把部队的生活搞好，这是关系到能否提高部队战斗力，保持部队的稳定，增强部队凝聚力的大事。因此，各级千方百计安排好部队的生活，从多方面做了许多艰苦细致的工作。在后勤工作的指导思想上……在经费分配使用上……在工作作风上……通过这些努力，全军上下……

（三）判断题

1. 能否找出带有规律性的认识，用以指导今后的工作，是衡量一篇总结质量好坏的标准。（　　　）

2. 总结要既报喜，又报忧。（　　　）

3. 总结要把感性认识上升到理性认识的高度。（　　　）

4. 写总结一般用第三人称。（　　　）

5. 写总结一定要按照完成工作的时间先后顺序来写。（　　　）

6. 总结的正文在结构安排上只有分部式和纵式两种。（　　　）

三、拓展训练

1. 以下是一篇总结节选的两种写法，请析评它的构成模式，并指出有何问题。

示例一：

稳定是发展的前提和基础，年初，先后有×个乡镇出现了集体上访事件后，市委及时采取了非常措施，及时平息了事态，稳定了群众情绪。同时，市委又不失时机地引导各级领导干部从中吸取教训，在全市范围内开展为农民增收减负活动，彻底清查了一大批不合理的项目和税收，受到了群众普遍欢迎，密切了干群关系。通过各级的共同努力，我市的各项建设完成了年初既定的目标。

示例二：

稳定是发展的前提和基础。稳定压倒一切，没有一个稳定的环境，什么事也做不成。同样，发展也离不开稳定的环境。实践告诉我们，抓发展必须保稳定，保稳定为的是促发展。作为一级班子、一名领导干部，既要兴一方经济，又要保一方平安，否则就是工作失职。

示例三：

①深入的思想发动是开展机关作风教育整顿活动取得实效的重要前提。②要想工作取得实效，就要想方设法加大工作力度。③广大干部充分认识到开展机关作风教育整顿活动的重要意义，统一了思想，提高了认识，明确了要求，能以高度的政治责任感和使命感，积极投入到活动中去，为活动取得实效奠定了基础。

2. 析评下面总结的写法特点？

示例一：

领导真抓实干是做好党建工作的关键。党建工作再困难，书记真抓就不难。真抓就要动真格的，就要明确责任，做到奖惩分明。否则，书记只会当老好人、光会和稀泥、工作浮在面上，是做不好党建工作的。

示例二：

市委始终坚持把党建工作作为"一把手"工程、"主管工作"来抓，旗帜鲜明地指出，"书记抓党建是天职，不抓是失职，抓不好是不称职，出了问题是渎职"，先后制定了基层党建系列措施，层层签订了党建责任书，人人领到了自己的党建"责任田"，形成了各部门党建责任人主动谋划工作、下大力狠抓工作的局面，严肃了党纪，纯正了党风。

3. 深刻领会温家宝总理于2011年3月5日在第十一届人代会第四次会议上的政府工作报告。

①必须坚持政府调控与市场机制有机统一。②健全市场机制，有效的宏观调控，都是社会主义市场经济体制不可或缺的重要组成部分。市场作用多一些还是政府作用多一些，必须相机抉择。③在应对国际金融危机冲击中，

我们加强和改善宏观调控，及时纠正市场扭曲，弥补市场失灵，防止经济出现大的起落，实践证明是完全正确的。④我们必须不断完善社会主义市场经济体制，充分发挥市场在资源配置中的基础性作用，激发经济的内在活力，同时科学运用宏观调控手段，促进经济长期平衡较快发展。

4. 析评下列总结的实例，体会总结的写作特点？

放手发展多种经营努力增加农民收入

近年来，江夏区政府在稳定发展粮棉油生产的同时，把突出发展多种经营作为增加农民收入的突破口，充分利用现有土地资源，依托近城优势，建设具有地方特色的城郊经济，显示出"服务城市、富裕农村"的战略效应。1993年，全县人均纯收入达到1107元，比上年增加310元，增长38.9%成为全省农村人均纯收入增幅最高的县。我县的主要做法是：

一、积极引导，鼓励发展。县委、县政府把发展多种经营作为农民增收的主要渠道，制定了鼓励发展多种经营的政策，并不断总结经验，推广典型。将全县发展多种经营的各类专业户、典型户、示范户的经验进行总结，编印《致富百颗星》一书，把身边看得见、学得到的典型介绍给农民，有效地刺激了农民的积极性。

二、因地制宜、发扬优势。全县各地针对自身优势，寻找突破。近城地区以发展蔬菜、鸡为主，沿湖地区以发展水产品和养鸭、鹅为主，丘陵地区以发展林、果、茶、瓜、生姜等为主。走一乡一品，一村一品，一户一品的路子，形成规模效应。全县初步形成"山脚林果茶，山腰油果杉，山顶混交杂，庭院园林化，湖区林网化，水上莲鹅鸭，水中鱼蟹虾"的多种经营布局。到1993年底，已建成林果茶基地40万亩，水产品养殖基地30万亩。年产水果5000吨，茶叶745吨，鲜鱼2.78万吨，年增加活木积蓄3万立法米，分别比上年增长16.7%、16.2%、23.6%和4.8%；年产值达到1.25亿元，创纯利6265万元。

三、综合利用，立体种养。全县广泛运用食物链、生物链和产业链的理论，在种、养、加方面创造出多种立体开发模式。根据植物相生、伴生、互与序生规律，在林果基地间作套种粮、油、药、茶、瓜等，实行以短养长，取得最佳效果。全县1993年多种经营间作套种13万亩，亩平收入500元，有的高达1000元。全县推广农副产品加工的下脚料喂猪养禽，用畜牧粪便养鱼，最后用塘泥肥田、综合利用，极大地促进了畜牧业的发展。1993年全县生猪栏达到35.5万头，家禽出笼741万头，鲜蛋产量1.93万吨，分别比上年增长11%、40%和17.8%

四、大力发展乡镇企业和个体、私营经济。一是抓乡村两级重点企业的突破。去年，全县开展了"创亿元乡镇、千万元村"的活动，到去年底，全县已有企业产值过1000万元的有8个、500万元的有15个、100万元的村104个，过亿元的乡镇12个。1993年，全县完成乡镇企业产值28.4亿元，实现利润税1687亿元，分别比上年增长93.4%和36%；农民在乡镇企业业务工人数达到81 587人，比上年增加1723人，人均收入比上年增加43.7%；从事第三产业农民比上年增加3800余人，人均年收入在3000元以上。而是放手发展个体私营企业，支持、鼓励农村剩余劳动力从事个体、私营经济。给个体、私营经济发展创造良好的外部环境，鼓励合法经营。到1993年，全县已发展个体、私营企业16 640个，总产值达9.3亿元，分别比上年增长1.1倍和1.3倍。

◆ 项目三：简报

一、综合技能训练

（一）引入案例

学院要在雷锋同志逝世50周年和青年志愿者行动实施13周年之际，为进一步推动我院学雷锋和志愿者行动的深入持久开展，弘扬中华传统美德，引导广大青年团员积极投身于学院的精神文明建设为构建和谐校园做出新的贡献，经院团委研究，决定在"向雷锋同志学习"四十九周年到来之际，举行板报评比活动，请根据活动要求制作本班开展此次活动的简报。

关于举办学雷锋活动板报的通知

各系团总支：

今年是雷锋同志逝世50周年和青年志愿者行动实施13周年，为全面贯彻落实十七届六中全会提出的关于深入开展学雷锋活动和广泛开展志愿服务活动的要求，进一步推动我院学雷锋和志愿者行动的深入持久开展，弘扬中华传统美德，引导广大青年团员积极投身于学院的精神文明建设，为构建和谐校园做出新的贡献，经院团委研究，决定在"向雷锋同志学习"四十九周年到来之际，举行板报评比活动，现将有关事项通知如下：

一、活动主题：

志愿服务我奉献，雷锋精神代代传

二、活动目的：

今年3月5日是毛泽东同志发出向雷锋同志学习49周年之际，为歌颂雷锋全心全意为人民服务的高尚品质，宣传雷锋精神的内涵，使同学们树立正确的人生观、世界观、价值观。

三、评选方法及评分细则：

1. 本次的板报检查及评选由各系自行组织。

2. 以"志愿服务我奉献，雷锋精神代代传"为主题，赞扬雷锋精神。

3. 版面布局设计合理，编排得当，版面整洁。

4. 书写工整，语言表达规范，无错别字和语病。

四、活动要求：

1. 以十七届六中全会精神为指导，将学雷锋精神与志愿者服务精神相结合。

2. 各支部积极学习雷锋精神，使雷锋精神真正内化为青年学生自身的思想道德素质。

3. 要将阶段性活动与长期性活动相结合，要将学雷锋与学风建设、"五四"评比表彰活动相结合、与志愿者服务活动相结合，要将学雷锋活动深入持久地开展下去，使学雷锋活动成为一项长期性、经常性的活动。

此活动将纳入"五四优秀团总支""五四红旗团支部"考评中，望各系团总支按照通知要求认真组织此次工作，共同掀起活动高潮。

共青团四川司法警官职业学院委员会
二〇一二年三月五日

学生习作，请指出其毛病并写出修改稿

"志愿服务我奉献，雷锋精神代代传"主题板报活动圆满完成

为纪念雷锋同志，弘扬雷锋精神，我班级积极响应学院的号召，开展了主题为"志愿服务我奉献，雷锋精神代代传"主题板报活动。

4月10日至28日，我班级各同学在团支书的带领下，踊跃参加此次主题板报的设计与制作，在制作过程中，大家分工明确又积极配合，此次板报活动于4月28日下午圆满完成。本班此次制作的主题板报特点有四个，具体如下：

一是主题突出，此次板报完全是紧扣主题，以郭明义等先进人物的先进事迹来阐述雷锋精神对后世的影响及不断传承。

二是内容紧扣主题。从板报中的文字、篇章可深刻了解"弘扬雷锋精神"的重要性。

三是图文相结合，整体和谐。此次板报本班有别于以往只给画的旧形式，还张贴了雷锋同志的多张照片，使雷锋同志的形象更加清晰地亮于我们眼前。

四是版面干净不简单。此次板报本班以黄色和红色为主，看似简单，却明显突出了雷锋同志如阳光带给群众温暖和火红的热情。

4月28日晚，由学生会宣传部各成员组成评委，评出了"志愿服务我奉献，雷锋精神代代传"主题板报活动的名次，我班以9.9的高分获得了此次板报活动的第一名并得到了相应的奖励，至此，本次板报活动已圆满完成。

×中队×班

2012年3月7日

（二）实训目的

通过对病文的修改，掌握简报的正确写法。

（三）实训思路

运用教材中简报的结构和写法、简报写作的注意事项等知识，掌握简报的写法。

（四）实训做法

步骤一：教师组织同学们对材料进行讨论，指导学生制作简报时产生的问题，教师再在此基础上进行讲评。

步骤二：教师与同学们共同讨论，确定思路，评析同学们修改方案，教师进行讲评。

修改思路（供参考）：

1. 制作中的安排。

2. 制作设计的思路。

3. 主题内容。

4. 板报的整体感观（效果）。

二、知识训练

参考案例

某省监狱局狱侦处在国庆 60 周年即将到来的前夕，即 9 月 23 日，获得有关监狱狱情：①某监狱几名罪犯联名向监狱写信，要求改善伙食，该监狱一方面检查食堂工作，一方面与写信罪犯进行个别谈话，了解真实情况。②某监狱几名"法轮功"罪犯一天没有吃饭只喝水和饮料，自称练功，没有说明是否绝食，该监狱正针对性地开展工作。③某监狱本省罪犯与外省罪犯发生群殴参加事件，参加人数 13 人，7 人受轻伤，事态已被当场制止，后续工作正抓紧进行。④某监狱一分监区同室 8 名罪犯×年×月×日上工时，集体称病不上工，据了解其中 2 人确实生病，其他人无病，该分监区正进行个别谈话，了解真实情况。

请你为某省监狱局狱侦处拟写一份狱情动态信息。

说明：动态信息

动态信息是一种信息反馈，通过及时反映当前以及未来工作中发展变化趋势状况的信息，使管理者及时掌握工作中的情况，便于决策指导。

广义地讲，动态信息也属于简报的一类，动态信息在工作中运用较为广泛。

三、拓展训练

请分析下面这则简报，看看简报有什么特点，深刻领会它的写作方法。

四川川南监狱整体搬迁　首批 600 余名服刑人员成功转移

3 日早上 7 时 30 分，随着四川省川南监狱监狱长李跃辉一声令下，川南监狱第二关押点沉重的监门缓缓打开，在警车的戒严守备下，满载服刑人员的客车缓缓驶出监区，代号为"123"行动的搬迁押犯任务正式开始。途径四市，于 13 时 35 分到达成都大邑县晋原镇，拉开了四川省川南监狱整体搬迁行动的序幕。

据了解，川南监狱是四川监狱系统大型监狱，三面环山，道路交通极为不便，监狱原址周边地质灾害严重，山体滑坡、泥石流严重威胁着广大民警职工和服刑人员的生命安全，为保证监狱在押人员和监狱民警的生命安全，维护社会治安环境的稳定，川南监狱按照四川全省监狱布局调整计划，2003年新监狱选址成都市大邑县晋原镇，项目于2011年6月1日正式开工建设，2013年11月全面竣工。新监狱位于西岭雪山脚下，取名"西岭监狱"。

新建的西岭监狱，占地465亩，新监狱设计理念先进、设施功能完备、外观标识规范。图书馆、阅览室、文体中心使特色监狱文化气息格外浓厚。监内高墙、电网、刀刺网、内外隔离带标准规范；监控设备实现了全方位、全天候、无死角，指挥中心和监区分控中心联合监控体系实现了整体联动，无缝对接；监狱AB门采取指纹识别、人像识别、登记审核、搜身检查等多种方式严格把关。服刑人员会见中心、网络探视中心实现了数字化、智能化监控，会见中心可供80名罪犯同时会见，设有等候大厅、民警值班室、检查室、登记室、问询室及25间亲情接待室。服刑人员教育中心独立而建，设立了多媒体教室、心理健康指导中心、心理咨询室、心理辅导站、出入监指导中心、电教中心、宣泄室等。14个监区对应排开，篮球场、图书室、晾衣房等功能场所科学规划、一应俱全。

"由于目前正值四川冬季，天气寒冷，监狱民警还为服刑人员提供大量棉衣、棉裤和棉鞋；押解途中为罪犯提供了充足的面包、火腿肠、矿泉水、药品等；并由医院组织医疗队伍全程跟随押解车队，以及时为罪犯提供医疗保障。"川南监狱五监区监区长郑崇斌说。

川南监狱监狱长李跃辉告诉记者，监狱的搬迁行动将分批次进行，今日为首批，共有600多名服刑人员被调往新监狱。此次押解行动共计投入武警、民警警力1000余人次，警犬20余只，押解车辆140余台次，大型物资运输车辆50余台次，途径四市。川南监狱的建成投入使用，标志着四川监狱布局调整重大项目建设圆满收官，四川监狱基本实现从偏远山区向大中城市、交通沿线转移，硬件面貌和设施水平从全国落后一跃进入全国监狱先进水平。

据悉，此次转移过程中，四川省武警总队宜宾支队派出150名武警，负责全程武装押解和处突，保障押解过程安全。同时，还得到各地交警部门密切配合，确保了转移交通运输畅通。（文字来源：中新网）

附件一

党政机关公文处理工作条例

第一章 总 则

第一条 为了适应中国共产党机关和国家行政机关（以下简称党政机关）工作需要，推进党政机关公文处理工作科学化、制度化、规范化，制定本条例。

第二条 本条例适用于各级党政机关公文处理工作。

第三条 党政机关公文是党政机关实施领导、履行职能、处理公务的具有特定效力和规范体式的文书，是传达贯彻党和国家方针政策，公布法规和规章，指导、布置和商洽工作，请示和答复问题，报告、通报和交流情况等的重要工具。

第四条 公文处理工作是指公文拟制、办理、管理等一系列相互关联、衔接有序的工作。

第五条 公文处理工作应当坚持实事求是、准确规范、精简高效、安全保密的原则。

第六条 各级党政机关应当高度重视公文处理工作，加强组织领导，强化队伍建设，设立文秘部门或者由专人负责公文处理工作。

第七条 各级党政机关办公厅（室）主管本机关的公文处理工作，并对下级机关的公文处理工作进行业务指导和督促检查。

第二章 公文种类

第八条 公文种类主要有：

（一）决议。适用于会议讨论通过的重大决策事项。

（二）决定。适用于对重要事项作出决策和部署、奖惩有关单位和人员、变更或者撤销下级机关不适当的决定事项。

（三）命令（令）。适用于公布行政法规和规章、宣布施行重大强制性措施、批准授予和晋升衔级、嘉奖有关单位和人员。

（四）公报。适用于公布重要决定或者重大事项。

（五）公告。适用于向国内外宣布重要事项或者法定事项。

（六）通告。适用于在一定范围内公布应当遵守或者周知的事项。

（七）意见。适用于对重要问题提出见解和处理办法。

（八）通知。适用于发布、传达要求下级机关执行和有关单位周知或者执行的事项，批转、转发公文。

（九）通报。适用于表彰先进、批评错误、传达重要精神和告知重要情况。

（十）报告。适用于向上级机关汇报工作、反映情况，回复上级机关的询问。

（十一）请示。适用于向上级机关请求指示、批准。

（十二）批复。适用于答复下级机关请示事项。

（十三）议案。适用于各级人民政府按照法律程序向同级人民代表大会或者人民代表大会常务委员会提请审议事项。

（十四）函。适用于不相隶属机关之间商洽工作、询问和答复问题、请求批准和答复审批事项。

（十五）纪要。适用于记载会议主要情况和议定事项。

第三章　公文格式

第九条　公文一般由份号、密级和保密期限、紧急程度、发文机关标志、发文字号、签发人、标题、主送机关、正文、附件说明、发文机关署名、成文日期、印章、附注、附件、抄送机关、印发机关和印发日期、页码等组成。

（一）份号。公文印制份数的顺序号。涉密公文应当标注份号。

（二）密级和保密期限。公文的秘密等级和保密的期限。涉密公文应当根据涉密程度分别标注"绝密""机密""秘密"和保密期限。

（三）紧急程度。公文送达和办理的时限要求。根据紧急程度，紧急公文应当分别标注"特急""加急"，电报应当分别标注"特提""特急""加急""平急"。

（四）发文机关标志。由发文机关全称或者规范化简称加"文件"二字组成，也可以使用发文机关全称或者规范化简称。联合行文时，发文机关标志可以并用联合发文机关名称，也可以单独用主办机关名称。

（五）发文字号。由发文机关代字、年份、发文顺序号组成。联合行文时，使用主办机关的发文字号。

（六）签发人。上行文应当标注签发人姓名。

（七）标题。由发文机关名称、事由和文种组成。

（八）主送机关。公文的主要受理机关，应当使用机关全称、规范化简称或者同类型机关统称。

（九）正文。公文的主体，用来表述公文的内容。

（十）附件说明。公文附件的顺序号和名称。

（十一）发文机关署名。署发文机关全称或者规范化简称。

（十二）成文日期。署会议通过或者发文机关负责人签发的日期。联合行文时，署最后签发机关负责人签发的日期。

（十三）印章。公文中有发文机关署名的，应当加盖发文机关印章，并与署名机关相符。有特定发文机关标志的普发性公文和电报可以不加盖印章。

（十四）附注。公文印发传达范围等需要说明的事项。

（十五）附件。公文正文的说明、补充或者参考资料。

（十六）抄送机关。除主送机关外需要执行或者知晓公文内容的其他机关，应当使用机关全称、规范化简称或者同类型机关统称。

（十七）印发机关和印发日期。公文的送印机关和送印日期。

第十条　公文的版式按照《党政机关公文格式》国家标准执行。

第十一条　公文使用的汉字、数字、外文字符、计量单位和标点符号等，按照有关国家标准和规定执行。民族自治地方的公文，可以并用汉字和当地通用的少数民族文字。

第十二条　公文用纸幅面采用国际标准 A4 型。特殊形式的公文用纸幅面，根据实际需要确定。

第四章　行文规则

第十三条　行文应当确有必要，讲求实效，注重针对性和可操作性。

第十四条　行文关系根据隶属关系和职权范围确定。一般不得越级行文，特殊情况需要越级行文的，应当同时抄送被越过的机关。

第十五条　向上级机关行文，应当遵循以下规则：

（一）原则上主送一个上级机关，根据需要同时抄送相关上级机关和同级机关，不抄送下级机关。

（二）党委、政府的部门向上级主管部门请示、报告重大事项，应当经本级党委、政府同意或者授权；属于部门职权范围内的事项应当直接报送上级主管部门。

（三）下级机关的请示事项，如需以本机关名义向上级机关请示，应当提出倾向性意见后上报，不得原文转报上级机关。

（四）请示应当一文一事。不得在报告等非请示性公文中夹带请示事项。

（五）除上级机关负责人直接交办事项外，不得以本机关名义向上级机关负责人报送公文，不得以本机关负责人名义向上级机关报送公文。

（六）受双重领导的机关向一个上级机关行文，必要时抄送另一个上级机关。

第十六条　向下级机关行文，应当遵循以下规则：

（一）主送受理机关，根据需要抄送相关机关。重要行文应当同时抄送发文机关的直接上级机关。

（二）党委、政府的办公厅（室）根据本级党委、政府授权，可以向下级党委、政府行文，其他部门和单位不得向下级党委、政府发布指令性公文或者在公文中向下级党委、政府提出指令性要求。需经政府审批的具体事项，经政府同意后可以由政府职能部门行文，文中须注明已经政府同意。

（三）党委、政府的部门在各自职权范围内可以向下级党委、政府的相关部门行文。

（四）涉及多个部门职权范围内的事务，部门之间未协商一致的，不得向下行文；擅自行文的，上级机关应当责令其纠正或者撤销。

（五）上级机关向受双重领导的下级机关行文，必要时抄送该下级机关的另一个上级机关。

第十七条　同级党政机关、党政机关与其他同级机关必要时可以联合行文。属于党委、政府各自职权范围内的工作，不得联合行文。党委、政府的部门依据职权可以相互行文。部门内设机构除办公厅（室）外不得对外正式行文。

第五章　公文拟制

第十八条　公文拟制包括公文的起草、审核、签发等程序。

第十九条　公文起草应当做到：

（一）符合国家法律法规和党的路线方针政策，完整准确体现发文机关意图，并同现行有关公文相衔接。

（二）一切从实际出发，分析问题实事求是，所提政策措施和办法切实可行。

（三）内容简洁，主题突出，观点鲜明，结构严谨，表述准确，文字精练。

（四）文种正确，格式规范。

（五）深入调查研究，充分进行论证，广泛听取意见。

（六）公文涉及其他地区或者部门职权范围内的事项，起草单位必须征求相关地区或者部门意见，力求达成一致。

（七）机关负责人应当主持、指导重要公文起草工作。

第二十条　公文文稿签发前，应当由发文机关办公厅（室）进行审核。审核的重点是：

（一）行文理由是否充分，行文依据是否准确。

（二）内容是否符合国家法律法规和党的路线方针政策；是否完整准确体现发文机关意图；是否同现行有关公文相衔接；所提政策措施和办法是否切实可行。

（三）涉及有关地区或者部门职权范围内的事项是否经过充分协商并达成一致意见。

（四）文种是否正确，格式是否规范；人名、地名、时间、数字、段落顺序、引文等是否准确；文字、数字、计量单位和标点符号等用法是否规范。

（五）其他内容是否符合公文起草的有关要求。

需要发文机关审议的重要公文文稿，审议前由发文机关办公厅（室）进行初核。

第二十一条　经审核不宜发文的公文文稿，应当退回起草单位并说明理由；符合发文条件但内容需作进一步研究和修改的，由起草单位修改后重新报送。

第二十二条　公文应当经本机关负责人审批签发。重要公文和上行文由机关主要负责人签发。党委、政府的办公厅（室）根据党委、政府授权制发的公文，由受权机关主要负责人签发或者按照有关规定签发。签发人签发公文，应当签署意见、姓名和完整日期；圈阅或者签名的，视为同意。联合发文由所有联署机关的负责人会签。

第六章　公文办理

第二十三条　公文办理包括收文办理、发文办理和整理归档。

第二十四条　收文办理主要程序是：

（一）签收。对收到的公文应当逐件清点，核对无误后签字或者盖章，并注明签收时间。

（二）登记。对公文的主要信息和办理情况应当详细记载。

（三）初审。对收到的公文应当进行初审。初审的重点是：是否应当由本机关办理，是否符合行文规则，文种、格式是否符合要求，涉及其他地区或者部门职权范围内的事项是否已经协商、会签，是否符合公文起草的其他要求。经初审不符合规定的公文，应当及时退回来文单位并说明理由。

（四）承办。阅知性公文应当根据公文内容、要求和工作需要确定范围后分送。批办性公文应当提出拟办意见报本机关负责人批示或者转有关部门办理；需要两个以上部门办理的，应当明确主办部门。紧急公文应当明确办理时限。承办部门对交办的公文应当及时办理，有明确办理时限要求的应当在规定时限内办理完毕。

（五）传阅。根据领导批示和工作需要将公文及时送传阅对象阅知或者批示。办理公文传阅应当随时掌握公文去向，不得漏传、误传、延误。

（六）催办。及时了解掌握公文的办理进展情况，督促承办部门按期办结。紧急公文或者重要公文应当由专人负责催办。

（七）答复。公文的办理结果应当及时答复来文单位，并根据需要告知相关单位。

第二十五条　发文办理主要程序是：

（一）复核。已经发文机关负责人签批的公文，印发前应当对公文的审批手续、内容、文种、格式等进行复核；需作实质性修改的，应当报原签批人复审。

（二）登记。对复核后的公文，应当确定发文字号、分送范围和印制份数并详细记载。

（三）印制。公文印制必须确保质量和时效。涉密公文应当在符合保密要求的场所印制。

（四）核发。公文印制完毕，应当对公文的文字、格式和印刷质量进行检查后分发。

第二十六条 涉密公文应当通过机要交通、邮政机要通信、城市机要文件交换站或者收发件机关机要收发人员进行传递，通过密码电报或者符合国家保密规定的计算机信息系统进行传输。

第二十七条 需要归档的公文及有关材料，应当根据有关档案法律法规以及机关档案管理规定，及时收集齐全、整理归档。两个以上机关联合办理的公文，原件由主办机关归档，相关机关保存复制件。机关负责人兼任其他机关职务的，在履行所兼职务过程中形成的公文，由其兼职机关归档。

第二十八条 各级党政机关应当建立健全本机关公文管理制度，确保管理严格规范，充分发挥公文效用。

第二十九条 党政机关公文由文秘部门或者专人统一管理。设立党委（党组）的县级以上单位应当建立机要保密室和机要阅文室，并按照有关保密规定配备工作人员和必要的安全保密设施设备。

第三十条 公文确定密级前，应当按照拟定的密级先行采取保密措施。确定密级后，应当按照所定密级严格管理。绝密级公文应当由专人管理。公文的密级需要变更或者解除的，由原确定密级的机关或者其上级机关决定。

第三十一条 公文的印发传达范围应当按照发文机关的要求执行；需要变更的，应当经发文机关批准。涉密公文公开发布前应当履行解密程序。公开发布的时间、形式和渠道，由发文机关确定。经批准公开发布的公文，同发文机关正式印发的公文具有同等效力。

第三十二条 复制、汇编机密级、秘密级公文，应当符合有关规定并经本机关负责人批准。绝密级公文一般不得复制、汇编，确有工作需要的，应当经发文机关或者其上级机关批准。复制、汇编的公文视同原件管理。复制件应当加盖复制机关戳记。翻印件应当注明翻印的机关名称、日期。汇编本的密级按照编入公文的最高密级标注。汇编，确有工作需要的，应当经发文机关或者其上级机关批准。复制、汇编的公文视同原件管理。

复制件应当加盖复制机关戳记。翻印件应当注明翻印的机关名称、日期。汇编本的密级按照编入公文的最高密级标注。

第三十三条　公文的撤销和废止，由发文机关、上级机关或者权力机关根据职权范围和有关法律法规决定。公文被撤销的，视为自始无效；公文被废止的，视为自废止之日起失效。

第三十四条　涉密公文应当按照发文机关的要求和有关规定进行清退或者销毁。

第三十五条　不具备归档和保存价值的公文，经批准后可以销毁。销毁涉密公文必须严格按照有关规定履行审批登记手续，确保不丢失、不漏销。个人不得私自销毁、留存涉密公文。

第三十六条　机关合并时，全部公文应当随之合并管理；机关撤销时，需要归档的公文经整理后按照有关规定移交档案管理部门。

工作人员离岗离职时，所在机关应当督促其将暂存、借用的公文按照有关规定移交、清退。

第三十七条　新设立的机关应当向本级党委、政府的办公厅（室）提出发文立户申请。经审查符合条件的，列为发文单位，机关合并或者撤销时，相应进行调整。

第七章　附　则

第三十八条　党政机关公文含电子公文。电子公文处理工作的具体办法另行制定。

第三十九条　法规、规章方面的公文，依照有关规定处理。外事方面的公文，依照外事主管部门的有关规定处理。第四十条其他机关和单位的公文处理工作，可以参照本条例执行。

第四十一条　本条例由中共中央办公厅、国务院办公厅负责解释。

第四十二条　本条例自 2012 年 7 月 1 日起施行。1996 年 5 月 3 日中共中央办公厅发布的《中国共产党机关公文处理条例》和 2000 年 8 月 24 日国务院发布的《国家行政机关公文处理办法》停止执行。